U0145107

孫國祥 著

論混合戰之概念與實踐

戰略的視角

五南圖書出版公司 印行

本書付梓獲得國科會專題研究計畫（一般研究計畫）「東亞海洋『灰色地帶』挑戰與展望之研究」（NSTC 110－2410－H－343－001－MY3）的支持，特此表示感謝。

序

　　筆者對「混合戰」的研究衍生自對「灰色地帶」問題研究的延伸，對灰色地帶的探討又是源自圍繞南海的相關問題。作為臺灣的國際關係研究，除了臺美、臺日、臺海兩岸關係的主流之外，臺灣周邊海域之東海、南海，以及臺海議題也是對主流議題的輔助，其中，海洋議題伴隨島礁主權的爭議。海洋灰色地帶與陸地、海洋的「混合戰」脈絡息息相關。因此，既為爭議島礁的聲索國，臺灣本身也是四面環海的島嶼，對於印太海洋非動能式的現狀改變必須高度察覺。印太是臺灣「天然」的安生立命之處，是臺灣國關學界與實務界終身的研究事業所在。

　　多年來，戰爭的概念已經發生了巨大的演變，國家間衝突的傳統概念日益讓位於更複雜的交戰形式。混合和非線性戰爭的概念是系統地模糊戰爭與和平之間界限的戰略，及其對國際安全的影響。俄烏戰爭（2014 年）和中國的混合戰方式，尤其是在臺灣和南海問題上，可以作為案例研究來說明這些概念的實際應用。

　　混合戰結合了常規和非常規方法，包括軍事行動、網路戰、虛假資訊活動和經濟壓力。另一方面，非線性戰爭是指擾亂傳統戰場、難以區分戰鬥人員與平民、戰爭與和平時期的戰略。隨著國家和非國家行為者尋求在不訴諸全面常規戰爭的情況下獲得戰略優勢，這些戰略在 21 世紀變得日益普遍。

　　俄烏戰爭為該等策略的實際運用提供了明顯的案例。這場衝突始於 2014 年俄羅斯吞併克里米亞，其特點是傳統軍事行動、網路攻擊和資訊戰的混合。戰爭的另一個特點是非線性，前線以及戰爭與和平的狀態往往是模糊的。與此同時，中國的混合戰方式，尤其是在臺灣和南海問題上，為這些戰略提供了另一個視角。中國軍事理論家喬良和王湘穗在其著作《超限戰》中概述了解決衝突的廣泛方法，其中不僅包括軍事行動，還包括經濟、資訊和其他非軍事手段。這種做法在中國在南海和所謂「臺灣問題」上的行動中得到了體現，反映出中國向混合和非線性戰爭的戰略轉變。因此，本書主要探討混合戰的概念與實踐，終極目的是中國的海洋則以南海仲裁案為依據。當然，臺海兩岸學者對南海仲裁具有不同的觀點，但本書為避免出現不同的詮釋，基本皆以南海仲裁案為本，而不涉入臺灣自身立場的辯論。

克勞塞維茲曾指出：「每個時代都有自己的戰爭。」在我們當代的國際安全環境中，技術及其應用愈是有利於大國挑戰現狀，就愈不需要明確使用武力和開脫罪責。因此，世界變得不那麼可預測，而且更加複雜，無法阻止更新的威脅或與之結成聯盟。無論如何，新的概念和戰略也獲得發展，以定義和涵蓋新的威脅。在這種情況下，自 2006 年黎巴嫩戰爭以來，尤其是在 2014 年克里米亞危機之後，混合戰和混合威脅已經成為安全研究的一個重要組成部分。

本書以混合戰為研究對象。自從有了歷史，就有了戰爭。事實上，把人類歷史視為衝突和脅迫的歷史十分合理。如果遵循此前提，下一個合乎邏輯的步驟是承認人類一直在尋求創新和新的戰爭方式，並建立新的戰爭形式。雖然有許多激烈衝突與和平的時期，但戰爭的演變始終在繼續。在全球戰略不穩定的背景下，此創新過程在過去二十年中產生了嶄新、複雜的現象，即混合戰。它在一些關鍵方面有別於其他形式的現代戰爭，提出了獨特的挑戰，似乎讓政策制定者和安全專家感到困惑，同時在面對西方長期的常規、理論和戰略優勢時，給採用它的行為者提供了實現其目標的新途徑。

當 2000 年代中期首次出現時，一般認為，混合戰只不過是另一個用來解釋現代衝突的長串術語。然而，它慢慢地獲得了吸引力，現在不僅成為國家安全討論的主要內容，而且成為國家政府安全決策實務人士和一般政治話語中常用的短語。在術語已經充斥的環境中，混合戰無疑為自身打下了烙印，尤其是在 2014 年和俄羅斯干預烏克蘭事件之後。然而，它真的是一個巨大的進步，還是僅僅代表了對時代和全球戰略平衡的必要適應？此術語的新穎性以及各國似乎不可能創造出面對它的解決方案，並與採用它的行為者打交道，表明混合戰是複雜而重要的發展，需要進一步研究，以便準確地定義之，並探索其應用方式，以期評估混合戰是否以及如何改變衝突的未來。不幸的是，混合戰產生的這種術語飽和的環境也意味著它經常被誤解。與任何新現象一樣，圍繞著它的各種反覆運算，從混合戰略和混合戰爭到混合威脅和混合行為者，都有很多辯論。

　　本書的目的之一是為混合戰提供一些亟需的秩序和結構。途徑有兩方面。首先，本書創建較為嚴謹的定義，並為進一步討論和審查此現象建立架構。其次，本書以理論架構應用於一系列的實際案例，以確立此途徑的有效性。目標是建立並提出統一的混合戰理論，然後可以應用於任何案例研究。統一的混合戰理論能夠確定其出現的原因和理由，以及導致未來混合戰發生的關鍵標誌。經由超越既定的關於混合戰的正統思維方式，此項研究將藉由提出關於混合戰的行為和影響的理論、定義、架構和實際政策指南，為該領域做出貢獻。

　　每一種現象都是在特定的背景或環境下所發生。研究混合戰現象的方法有很多，本分析將從基於國際關係學科的理論角度研究之。有一些主要的和次要的典範，旨在解釋國際體系以及國際體系內外的行為者彼此之間的關係。與其他許多涉及現代戰爭的書籍不同，本書仍根植於現實主義典範。然而，重要的是要承認，在處理歐洲，或更廣泛地處理西方的國際關係途徑時，研究限制在某典範上已經變得愈來愈脆弱。國際關係中更多的自由主義或後現代思維的趨勢也起源於西方世界，因此它對理解個別行為者的反應和立場十分重要。儘管與戰爭有關的現象植根於現實主義思維，但對它的反應，或導致它的事件，可能是其他途徑的結果，即使最終是現實主義的結果。因此，至關重要的是，尤其是在處理新的現象時，應慮及不同的行為者從不同的角度看待新的發展，甚至可能是相互的矛盾。

　　顯然，此項工作符合國際關係的安全子領域。然而，隨著安全研究的擴散和與之相關的「安全」含義的擴大，存在著過度界定安全範圍的危險，尤其是在自由民主的西方世界，其重點已經從傳統的安全問題上有了相當大的轉移，與混合戰的出現大致吻合。正如下面幾章所顯示的，這種轉變影響了對混合戰的研究，因為這種現象的安全化方面得到了特別的關注。然而，這種方法未能充分概括混合戰爭的本質和意義，需要進行更狹義和更集中的研究。因此，雖然就廣義而言，本書屬於國際關係中的安全子領域，但它主要來自戰略研究這一專門領域。戰略研究通常被認為是安全研究中以軍事為中心的現實主義專業，這也是對新現象的戰略分析在以安全化為重點的西方世界中被廢棄的部分原因。本書試圖突破對混合戰的安全化看法，以更加集中和嚴格的戰略方式來研究這一現象。然而，這並不排除在研究中承認圍繞混合戰爭的不同且經常相互矛盾的理論和典範，因為這些理論和典範代表了瀰漫在這個主題中的辯論的重要部分。相反，目標之一是重新引入對該問題的戰略思考，因為不這樣做的現實生活後果可能很嚴重。

每一個新的現象都面臨缺乏普遍接受的解釋問題，但趨勢和模式仍然可以被確立。此戰略分析將尋求納入混合戰爭的全部內容，從技術和戰術軍事方面到不同文化對發動戰爭的影響對事件的看法是任何衝突的一個重要組成部分，在混合衝突中也許程度更高，因為混合方式本身具有模糊性，而且需要對可能的升級進行嚴格控制。這適用於公眾和專業人員的看法以及與混合戰有關的各種行動的介紹。混合戰的普及，主要是作為一種基於現代資訊技術的宣傳或網路活動的形式，本身就有問題，因為它掩蓋了混合戰的真實特徵。這並不是說，宣傳是混合戰的特殊和獨特的組成部分。它是任何形式的衝突的一個重要組成部分；然而，在現代社會中，也許人們過多地強調了這一方面，儘管在處理混合戰爭時還有其他更為關鍵和根本的問題。

文化差異也很重要，因為它們在國內和國際政治中扮演愈來愈重要的角色。什麼是國家的核心概念，或者一個國家可能有什麼理由發動任何形式的戰爭，這些都因利益、地理位置、人口結構和歷史情況等最明顯的因素而大不相同。社會經濟和地緣政治目標在衝突中不斷重疊和競爭，因此在衡量一個新概念對這些目標的影響時，應該仔細考慮。雖然有時被稱為一種新型的權力政治，但混合戰爭通常是由那些不希望參與經典的公開形式的權力政治，但仍希望實現與之相關的目標的行為體所使用。它旨在為國際行為體提供非常規方法的靈活性，並有可能實現通常與常規戰爭相關的目標。

本書的主旨將集中在這個問題上。什麼是混合戰爭，它是如何運作的？其主要目的是建立一個統一的混合戰爭理論，它不僅概述了混合戰爭，而且將該術語置於其背景中，並提供工具，使觀察者能夠識別混合戰爭的未來實例並做出反應。這一理論的實際應用符合本書的戰略性質，因為它將歷史背景、當代背景和理論框架聯繫在一起，以提供對未來可能的衝突的一瞥。混合戰是新的現象，而不僅僅是新的名字或流行的稱呼。作為國際脅迫的形式之一，它在政治上有吸引力，在行動上也很有用，因為它效率高，成本低，能使行為者實現他們用其他手段無法實現的目標。它主要被那些希望挑戰國際體系的權力和影響力平衡的行為體所採用。此外，在戰略競爭激烈的地區，混合方法可以用來挑戰國際體系的霸主。

由於範圍如此廣泛，混合戰可以視為修正主義大國的工具；也就是說，那些試圖以某種形式挑戰主導世界秩序的大國。與戰爭中的政治目的相對應的認識上的差異，反映了每個行為者的特定情況。因此，如果混合戰爭是修正主義大國的一種工具，那麼他們尋求改變的是哪種世界秩序？這個問題沒有簡單的答案，因為像「西方」或「自由民主」這樣的術語本身就很含糊。然而，在混合戰爭的背景下，這種模糊性是好的，因為它顯示了衝突雙方的流動性。作為本書的參考點，將國際秩序理解為包括一套關於公正安排和權力分配的概念的實際應用，其影響力足以影響全球權力平衡。

因此，強調西方世界的重要性，而對全球其他地區的看法或實際損害相對有益。不同的區域和文明的模糊性和解釋只會加強這種觀點，並使人相信將混合戰作為行為者的工具，因為他們自己的公正安排和權力分配的概念，試圖修改國際秩序。全球秩序不是靜態的概念，而是過程。該體系目前的霸主尋求加強或維持它，而其他大國則尋求挑戰它。雖然就長遠而言，關於該體系性質的全球對抗是值得懷疑的，但混合戰是有用的工具，可以評估該體系的侷限性，並測試霸權者維護該體系的決心。

為了更詳細地探討混合戰爭的現象，將討論幾個補充要點。這些內容將集中在混合戰爭的某些要素或方面，如混合戰爭究竟有什麼新的特點，它的關鍵組成部分是什麼，它是如何發展的，以及它如何和在哪裡融入現有的安全格局中。由於這一概念影響深遠，範圍廣泛，因此審查將側重於戰略概述。地緣政治、社會經濟和安全影響將成為研究的一部分，歷史背景也是如此。將要研究的其他五個關鍵概念是：混合戰爭的組成部分及其實際實施，混合戰與其他「新戰爭」之間的區別，混合戰是反西方或反霸權的政治工具的概念，混合戰爭的有效性以及混合戰爭在海洋領域的相關性。

　　即使是對相關文獻的簡單回顧也表明，混合戰爭明顯缺乏一個一致的、被廣泛接受的定義。即使在最知名的組織中，無論是政府組織，如英國國防部或美國國防部，還是非政府組織，如國際戰略研究所、皇家聯合服務研究所和戰略與國際研究中心，都沒有明確的協定或任何定義的闡述。另一方面，一些組織，如北約、歐盟和歐安組織，精心設計了一些定義，這些定義包羅萬象，缺乏任何實用價值。後者的一個很好的例子是 2015 年的慕尼黑安全會議（MSC），它試圖創建一個泛歐洲的混合戰爭定義。雖然它對知識體系有所貢獻，但混合戰爭的定義，即多種常規和非常規戰爭工具的結合，過於不精確，沒有任何用處。它也很好地體現了一種有問題的定義類型，列出了混合戰爭的特徵，但沒有提供一個實際的定義。

　　一種新的戰爭形式可能很難包含在一個單一的定義中，但指導原則肯定應該是精確和簡潔的。試圖納入現代戰爭所有方面的定義不是在定義混合戰爭，而是在定義戰爭本身。甚至學術智囊團和軍事院校也在為混合戰爭的定義而苦惱。對一個如此龐大的現象進行定義的問題主要是政治性的，而不是軍事性的，但儘管如此，當涉及到軍事行動或混合戰爭的威脅時，對這種威脅的分析以及打擊這種威脅的手段具有巨大的重要性。「混合」一詞的廣泛性意味著它不僅僅包括簡單的動能脅迫和直接的衝突。外交、政治和經濟因素也在起作用，儘管應該明確的是，這是任何國際行為者的大型努力的一個方面，並不是混合戰爭所特有的。這一點說明了定義這一概念的另一個關鍵問題。在不扭曲其實際價值的情況下，參數應該有多大的狹義，才能囊括其主要特徵？

　　關於混合戰的文獻相對新穎，智庫、學術界和政策制定者幾乎每天都在進行更多的辯論。因此，文獻的主體仍在增長，對「混合」一詞的研究提出了額外的挑戰。現有的工作大多基於相對較少的原始資料，首先是對車臣衝突和 2006 年黎巴嫩戰爭的研究。該等衝突雖然提供了不錯的出發點，但並不能準確地說明混合戰的全部範圍，而只是其新生階段。與任何新出現的概念一樣，即使是採用此類概念的行為者通常也不了解使用這種概念的全部潛力，或由此產生的影響。烏克蘭衝突和南海活動的增加，使人們更好地了解混合戰的運作方式和潛力。

　　處於常規戰爭和非常規戰爭的楚河漢界之間，並擁有兩者的特點，致使利用混合戰的行為者有能力根據需要合併或分散其部隊，以迷惑對手並獲得戰術和戰略優勢。俄羅斯在 2014 年入侵克里米亞和隨後在烏克蘭頓巴斯地區的衝突中展示了這種使用的高峰。就某種意義而言，圍繞混合戰的大部分辯論清楚地表明了它的成功。各國無法就定義和是否構成巨大威脅達成一致，可以說是代表了混合戰的巔峰。以前只由非國家團體使用的概念（諸如游擊隊或和恐怖團夥）現在已經由大國所採用，並取得了相當大的成功。從而創造了混合威脅的新水準，並可能鼓勵其他國家模仿追隨之。

　　國際媒體已經展現採用混合方式的潛在大國無疑是中國。南海島嶼的長期爭端對中國提供了採用自己的混合戰略的完美舞臺。事實上，此情形已經發生。混合戰在最初使用時，主要被認為是由非國家行為者發動的陸上衝突類型。後來，「混合戰」演變成由類似國家行為者和國家發動的陸基和空基衝突，而現在它有可能成為由陸、海、空和其他組成部分（網路和空間）組成的全光譜衝突。雖然此絕非普遍的獲勝策略，但它似乎確實利用了更容易獲得的大眾通信設備的出現以及隨之而來的社會互動的增加。藉由使用混合戰略，此類進步的戰略和戰術影響變得更加明顯，它給予行為者較以往更多的行動自由和可否認性，同時為他們提供了無與倫比的能力，以戰術上最佳和更有成本效益的方式塑造他們的力量。

　　在結構上，本書由七個核心章節和結論組成。本書核心章節分為兩個相關的部分。第一部分共四章，建立「混合戰」概念的定義和背景基礎，並為本書後面更深入的經驗分析提供必要的資訊。第一部分還為本研究提供理論和方法學之基礎。第二部分由三章所組成，經由對三個獨立的案例研究的分析，論述了「混合戰」的實際問題。

　　在整本專書中，筆者將試圖保持對「混合戰」戰略視野的關注。過去曾經使用「混合戰」的行為者之所如此為之，是因為「混合戰」有可能實現通常只能經由常規戰爭實現的目標。就戰略而言，此意味行為者實現了現狀國際體系所不認可的目標，因為他們打擊了原有國際體系內部的權力平衡基礎。「混合戰」不僅僅是有用的權宜之計；它還是解決國際體系中（實際或感知的）不平衡的方式之一，而不會完全擾亂原本國際體系。迄今為止，「混合戰」的目標主要是在戰略競爭的主要舞臺之邊緣。在以西方為主導的自由民主的國際秩序中，該等希望挑戰既有現狀的行為者，未來選擇的工具十分可能是「混合戰」。

目　錄

第一章　國際關係理論中的混合戰

　　本文闡述廣泛的理論基礎論述，主要重點是確立支撐本書主要主題的理論概念。由於這些主題主要與戰略與戰爭有關，理論架構以現實主義為基礎。其他主要的國際關係典範，諸如自由主義和建構主義，在「混合戰」中也扮演適當的角色，但只是在有限的程度之上，解釋了一些圍繞「混合戰」的當代和歷史背景，但並非「混合戰」現象本身，「混合戰」的結果導向還是以現實主義為依歸，符合國際體系中的秩序。

　　當代社會科學領域中，國際關係（International Relations, IR）學術學科是高度地多樣化，而且具有愈來愈廣闊與深遠的內涵。從第一次世界大戰（World War I, WWI）之後相對粗略地圍繞戰爭與和平為開端，當前國際關係學科已經擴展成為各國社會科學的旗艦學科之一。[1]事實上，相對於政治科學，國際關係學是相對較新的學術學科，部分原因是在第一次世界大戰之前，現在歸入「國際關係」學科的一切內容，當時都認為是不言自明之理。換言之，沒有成為學術學科的必要。國家之間的關係在西方數百年的傳統和歷史中根深蒂固，很少或沒有變革的動力。其中，一般認為戰爭是武官的職權領域，而國際政治是外交官的職權範圍。兩個群體在自身領域內的專業知識都不會受到任何的挑戰。此外，一般而言，武官和外交官（文官）相互對對方負責的事務無願涉入，似乎也缺乏知識上的興趣和學術上的交融辯論。[2]

　　公民社會和軍事社會之間區別的消失及其對社會帶來的破壞潛能，引發了學界與實務界的重新思考；不言而喻的真理突然可以重新加以討論。從此類歷史的極端轉變當中，國際關係中的兩個主要思想流派，自由主義（Liberalism）和現實主義（Realism）得以發展。引起此一系列的發展來自一場戰爭，此點十分重要，因為國際關係作為一門學科，主要致力於回答國家之

1　雖然國際關係（國際政治）自古以來就有分析認識，但直到 1919 年，國際關係才成為獨立的學術領域，當時首次由英國阿伯里斯特威斯大學（Aberystwyth University）開設為大學部專業。第二次世界大戰後，國際關係在重要性和學術上都迅速發展（尤其是在北美和西歐），部分是為了回應冷戰的地緣戰略問題。蘇聯解體和隨後在 20 世紀後期的全球化興起，對迅速變化的國際體系提出了新的理論和評估。21 世紀後仍然持續發展。

2　Edward H. Carr, *The Twenty Years' Crisis, 1919-1939* (Basingstoke: Palgrave Macmillan, 2001), p. 3.

間為何會發生戰爭的問題，[3] 或是換個角度而言，國際體系為何是建立在衝突和脅迫之上。當與戰爭有關的新興現象出現時，就像本書所要探討的「混合戰」（Hybrid Warfare, HW）一樣，為了獲得更好的理解，必須將重點放在國際關係領域中以尋找答案。然而，在如此廣泛的領域中，又有許多研究途徑可用。

　　為了圍繞「混合戰」的研究目的，本文挑選的途徑為「戰略」。戰略研究是安全研究的子（次）領域之一，戰略研究也是國際關係中相當重要、重點突出的專業領域，專門用於回答關於脅迫的角色，尤其是軍事力量的問題。雖然「戰略」的重點可能十分的尖端（尖銳），但架構卻是基於多學科，因為對戰略領域的理解需要跨學科的途徑，除了軍事知識之外，還要包括諸如歷史學、政治學、經濟學、心理學和地理學等，[4] 科技也扮演愈來愈重要的基礎。

　　本文試圖提出「混合戰」的理論架構，在此架構中探討和發展「混合戰」的概念。「混合戰」定義得以說明有爭議的戰爭原因與武力使用的概念。兩個問題可以藉由更仔細地檢視，以了解國際政治中脅迫的意涵。在該等基本探討之後，「混合戰」的概念係透過現實主義的視角進行研究，以便將「混合戰」置入本書賴以推論的理論架構之中。此乃為「混合戰」現象創建堅實和可理解定義之關鍵第一步，然後將此界定用於進一步推展本書的案例檢驗。

第一節　戰爭的原因與安全的追求

　　雖然試圖回答「國家為什麼要戰爭」的問題本身就可以長篇大論，但為了本書研究的目的，僅做扼要的概述。古今對戰爭探討有用的起點是修昔底德（Thucydides）的《伯羅奔尼撒戰爭史》（The History of the Peloponnesian War），他在書中確立了戰爭的三個基本原因：威望（榮譽）、恐懼和自身利益。[5] 即使到了今天，國關學界對美中兩國競爭仍不時提及「修昔底德陷阱」

3　Chris Brown and Kirsten Ainley, *Understanding International Relations*, 4th ed. (Basingstoke: Palgrave Macmillan, 2009), p. 8.

4　John Baylis, James J. Wirtz, and Jeannie L. Johnson, "Introduction: Strategy in the Contemporary World," in John Baylis, James J. Wirtz, and Colin S. Gray, eds., *Strategy in the Contemporary World*, 7th ed. (Oxford: Oxford University Press, 2022), p. 5.

5　Thucydides, *The History of the Peloponnesian War* (Oxford World's Classics, Oxford: Oxford University Press, 2009), Book 1, para. 76.

（Thucydides's Trap），它可能會導致新興大國和霸權國家之間的衝突。[6]

　　雖然對現代觀察家而言，國家會因為威望而開戰聽起來似乎不可思議，但絕非不可能，尤其是當威望與恐懼結合在一起之時。在亞洲、拉丁美洲和非洲的街頭（以及在亞拉非各國中央政府部門中），常常可以聽到該國（民族）過去歷史上的羞辱、認為遭受外國不公平待遇的深深怨恨，或者深刻相信國際體系受到「操縱」，經由犧牲其他國家為代價以支持既得利益的大國，該等都是集結（群體）的呼聲。

　　當然，正式宣示的不滿可能以更加細膩的方式表達，但修昔底德指出，此並不能掩蓋其背後的真正原因。[7]崛起的大國幾乎總是會[8]試圖挑戰當時霸權國家的統治地位，而霸權國家很可能會在其他選項用完，或代價太高時訴諸戰爭。兩者都是出於威望（新興大國希望獲得更多的威望，而霸權國家則認為有必要捍衛自身既有的威望）和恐懼（新興大國擔心遭受霸權國家攻擊和摧毀或降低地位，而霸權國家則擔心自身的力量不足以維持原有地位）的結合，並受到自身利益的驅使（都渴望獲得霸權帶來的政治、經濟和社會利益）。[9]

　　由於當今的霸權國家是美國，其他有抱負的大國挑戰者與之競爭從而不足為奇；其中最引人注目的是中華人民共和國（以下簡稱「中國」），[10]但也包括俄羅斯。[11]當然，這種觀念不僅限於全球霸權國家，也可能發生在區域的環境之中。區域霸權絕佳的案例是以色列，它可以說是中東的次區域霸權國家，而

6　參見 Graham Allison, *Destined for War: Can America and China Escape Thucydides's Trap?* (New York: Houghton Mifflin Harcourt, 2017); Huiyun Feng and Kai He, *China's Challenges and International Order Transition: Beyond "Thucydides's Trap"* (Ann Arbor: University of Michigan Press, 2020); Steve Chan, *Thucydides's Trap?: Historical Interpretation, Logic of Inquiry, and the Future of Sino-American Relations* (Ann Arbor: University of Michigan Press, 2020); Dong Wang and Travis Tanner, eds., *Avoiding the "Thucydides Trap": U.S.-China Relations in Strategic Domains* (London: Routledge, 2022).

7　Thucydides, *The History of the Peloponnesian War* (Oxford World's Classics, Oxford: Oxford University Press, 2008), Book 1, para. 23.

8　Graham Allison, "Thucydide's Trap Case File," *Belfer Center for Science and International Affairs*, 23 September 2015, http://belfercenter.ksg.harvard.edu/publication/24928/thucydides_trap_case_file.html.

9　韓愛勇，〈大國地緣政治競爭的新嬗變──以混合戰爭和灰色地帶為例〉，《教學與研究》，第 2 期（2022 年），頁 71-82。

10　Leon Whyte, "The Real Thucydides' Trap," *The Diplomat*, 6 May 2015, http://thediplomat.com/2015/05/the-real-thucydides-trap/.

11　舉例而言，參見 Steve A. Yetiv and Katerina Oskarsson, *Challenged Hegemony: The United States, China, and Russia in the Persian Gulf* (Stanford: Stanford University Press, 2018).

歐洲的北大西洋公約組織（North Atlantic Treaty Organization, NATO；以下簡稱「北約」）則受到了俄羅斯的挑戰。由於當今的霸權國家往往在技術上和軍事上都非常的強大，因此挑戰可能以不同於公開戰爭的形式出現，「混合戰」是最近和最受歡迎的挑戰類型。[12]

　　就現代社會而言，尤其是在西方，民主國家視戰爭為非常態的事物，戰爭作為外交政策行為規範的歷史紀錄被認定為缺乏道德，甚至是犯罪（非法）的行為。[13]然而，作為國家政策的工具之一，包括在西方世界內部，尤其是在西方世界外，都以愈來愈細膩的形式持續戰爭作為的存在。在修昔底德遺產的基礎上，霍華德（Michael Howard）對戰爭的原因提出了重要的見解。戰爭不應該被視為病態和不正常，而在其核心部分，戰爭僅僅是作為特定社會群體，即主權國家之間的衝突形式之一。因此，如果沒有國家，「就不會有戰爭，正如盧梭（Jean-Jacques Rousseau）正確地指出的那樣；然而，又如霍布斯（Thomas Hobbes）同樣正確地指出的那樣，我們可能也不會有和平」。[14]

　　霍華德呼應修昔底德的論點，即戰爭是經由恐懼感而發生，但卻是由一系列有意識、理性的決定所發動，也就是霍華德所言：在過去的兩百年裡，人們之所以戰鬥，既不是因為他們具有侵略性，也不是因為他們是貪婪性的動物，而是因為他們是理性的動物：因為他們在危險變得直接真實之前就能辨識，或者他們相信自身能辨識危險，在威脅發生之前就有可能發生戰爭。[15]

　　因此，戰爭的爆發並不是因為人類天生好戰，也不是因為他們渴望得到他人的財產；戰爭的風險很大，只有出於理性的原因方會訴諸於戰爭，無論是以多麼迂迴曲折或不光彩的原因。此種計算也不限於衝突中的一方，因為它要求至少有兩個國家發動戰爭，係「基於雙方的計算，有意識與合理的決策，即它們藉由戰爭可以比維持和平獲得更多的利益」。[16]

　　當然，現在的國際體系在某些方面已經不同於 1984 年霍華德出版《戰爭的原因》（*The Causes of Wars*）時的情況，更不同於修昔底德年代的情況。[17]然

---

[12]　王湘穗，〈混合戰爭是當前國際政治博弈的重要工具〉，《經濟導刊》，第 11 期（2018 年），頁 10-14。

[13]　Gerry J. Simpson, *Law, War and Crime: War Crimes, Trials and the Reinvention of International Law* (Polity, 2007).

[14]　Michael Howard, "The Causes of Wars," *The Wilson Quarterly*, Vol. 8, No. 3 (1984), p. 94.

[15]　*Ibid.*, p. 97.

[16]　*Ibid.*, p. 103.

[17]　根據《大英百科全書》（*Encyclopaedia Britannica*），最佳估計是修昔底德生活在西元前 460 年至

而，正如霍華德所言，對戰爭的反感似乎是社會的特徵，只有在戰爭是普遍被接受的情況下方為有用。如果並非如此，後冷戰的世界提供了許多支持這種假設的案例，則「該等繼續將武裝力量視為實現其政治目的的可接受手段的社會，十分可能會確立對那些不如此為之社會的主導地位」。[18]由於混合戰的目的是避免公開戰爭，因此可以說混合戰是適應國際秩序的衝突形式，不希望相關國家成員參與大規模戰爭，但仍為各國提供了獨特的脅迫方式，以實現目標的手段，而不是和平的維持。

在國際體系是無政府狀態（Anarchy）此一核心假設的基礎上，出現了重要的問題：國家作為最主要的行為者，如何尋求確保各國所追求的終極目標：安全。為此答案具有雙重性；國家主要利用脅迫的前景或實際使用脅迫以實現自身的目標，而且國家透過應用戰略加以實現。兩詞密不可分，構成了國家之間的關係和本身國策的基礎。

首先，有必要提出一些定義。就純粹文字的意義而言，可以將「脅迫」（Coercion）定義為「約束、克制、強迫；運用武力控制自願者的行動」。[19]阿特（Robert J. Art）提出更實用的定義，他將國際政治和脅迫之間的關係描述為「有效運作的必要條件，但不是充分條件」。[20]其後十分容易地可以證明，脅迫的關鍵組成部分是武力，通常用軍事力量或能力加以描述。華茲（Kenneth Waltz）的說法最能概括此類武力的使用，對國際關係研究的重要性在於：「在政治中，武力被認為是終極訴諸的方式（Ultima Ratio）。在國際政治中，武力不僅是終極訴諸的方式，而且確實是首先和不變的方式。」[21]

然而，脅迫具有更廣泛的意涵，它不僅限於軍事力量的使用。[22]國家有許多權力資產，包括人口、地理、治理、價值、財富和領導力。[23]同樣地，維克（Rob de Wijk）將「脅迫」界定為「故意和有針對性地使用——或威脅使用

西元前 404 年之間。

18　Howard, "The Causes of Wars," p. 103.

19　Oxford English Dictionary, "Coercion," http://www.oed.com/view/Entry/35725?redirectedFrom=coercion#eid.

20　Robert J. Art, "The Fungibility of Force," in Robert J. Art and Jennifer Ann Greenhill, eds., *The Use of Force: Military Power and International Politics*, 8th ed. (Oxford: Rowman & Littlefield, 2015), p. 5.

21　*Ibid.*, pp. 5-6.

22　Kelly M. Greenhill and Peter Krause, eds., *Coercion: The Power to Hurt in International Politics* (Oxford: Oxford University Press, 2018).

23　*Ibid.*, p. 6.

──權力工具，以操縱和影響行為者或參與者的政治戰略選擇，其定義為在國際關係中發揮可識別作用的實體」。[24]國家在利用其資產方面的效率如何，取決於其戰略的有效性。

「戰略一詞經常應用在各種場合，然而，其中大部分都是誤用，尤其是在管理學和經濟學界，但也愈來愈多地誤用在政治和國際關係領域。大多數對戰略的定義都會將其描述為某種連接方式、手段和目的的方法。」格雷（Colin Gray）的定義就是很好的範例之一，他將戰略定義為「經由選擇合適的戰略方式，主要使用當時可用的或可獲得的軍事手段，試圖實現預期的政治目的」。[25]作為某種替代性，格雷還提出了更狹隘的界定，基於武力的使用，戰略是「為了政策的目的而使用武力和威脅使用武力」。[26]

此類將方法和手段與目的聯繫起來有時是非常地簡單，儘管此可以成為一種戰略，但費里德曼（Lawrence Freedman）指出：當目的十分容易達到時，涉及到無生命的物體而不是人時，以及當利害關係不大時，幾乎不能視之為是戰略。[27]戰略不僅僅是計畫的同義詞；當存在實際的衝突可能性時，戰略就會發揮作用。人類事務是出了名的不可預測，由於不同，甚至是對立的觀點和利益的數量，往往會導致挫敗感。計畫是基於事件的可預測性，導致預期的結論，而戰略必須假設對手會盡其所能地阻止此種情況發生。因此，它必須更加靈活和富有想像力。[28]計畫可能是戰略的工具，但計畫不是戰略。

計畫和戰略之間的主要區別如下：計畫是對不確定的未來事件提前進行預測和準備，而戰略是為實現目標而在各種備選方案中選擇的最佳計畫；計畫就像一張用於指導的地圖，而戰略則是引領國家到達目的地的路徑；戰略導致計畫，而計畫導致方案；計畫面向未來，而戰略面向行動；計畫需要假設，而戰略則以實踐經驗為基礎；計畫可以是短期，也可以是長期，視情況而定，而戰略則不同，戰略是長期的性質；以及計畫是管理過程的一部分，反之，戰略是決策的一部分。

---

24 Rob de Wijk, *The Art of Military Coercion* (Amsterdam: Amsterdam University Press, 2014), p. 16.

25 Colin S. Gray, *The Future of Strategy* (Cambridge: Polity Press, 2016), p. 10.

26 Colin S. Gray, *Modern Strategy* (Oxford: Oxford University Press, 2012), p. 17.

27 Lawrence Freedman, *Strategy: A History* (Oxford: Oxford University Press, 2013), p. xi.

28 *Ibid.*

表 1-1　戰略與計畫比較表

比較基礎	計畫	戰略
意義	計畫是提前思考未來將要採取的行動	最佳計畫選擇了實現預期的結果
內涵	計畫是完成任何任務的路線圖	戰略是為實現目標而選擇的路徑
關係於	思維	行動
基礎	假設	實際考慮
期間	視情況而定	長期
性質	預防性	競爭性
管理職能的部分	是的	決策子部分
順序	第二	第一

資料來源：筆者整理。

　　因此，根據本文的邏輯，原則上，為了在無政府體系中實現自身安全，國家將確定自身必須追求的一系列國家利益，並主要採用脅迫和非脅迫手段來對付其他國家和行為者，以實現此目標。國家之間的合作應該保持在最低限度，因為不能相信其他國家會為了國家本身的個別利益而行動，但所有國家都存在於戰略上的相互依賴，沒有國家能完全控制自己的命運。然而，國家的相對利得超過了所有國家的絕對利得。各國利用權力資產的最佳組合，以獲得優勢，而這種優勢是使用正確的戰略方得以實現。在霸權支配的體系中，各國使用的工具必須進行調整，因為擔心霸權國家會做出過度的反應。在如此的環境中，混合戰已經出現並蓬勃發展。

第二節　現實主義：國家為何使用混合戰

　　現實主義對採用混合戰的動機提供了獨特、可能是最細膩的看法。如前所述，論及現實主義的文獻往往首先提到修昔底德和他的《伯羅奔尼撒戰爭史》，他在書中出色地描述了個別行為者的行動，或者也提到馬基維利（Niccolò Machiavelli）的著作，他表示目的可以證明手段是正確的邏輯。馬基維利在《君王論》（*The Prince*）一書中提出的結果主義（Consequentialism）可以很好地轉化為現實主義的邏輯，因為對現實主義者而言，國家的最高目的是生存，為了達到此目的，國家尋求最大化自身的權力，因為只有足夠強大的國家方能生存。摩根索（Hans J. Morgenthau）在其《國家間的政治：為權力與和平的鬥爭》（*Politics Among Nations: The Struggle for Power and Peace*）一書中指出，國際政治的基礎是以權力為定義的利益。[29]此基本原則對國家的行為具有重要意涵。此外，由於其普遍性，從而具有類似於自然法的力量：權力之爭是永恆性。

根據現實主義者的觀點，國際體系的特點是無政府狀態的永久性，缺乏「世界政府」（World Government）或能夠執行全球秩序和維護和平的最高權力。因此，各國都在透過尋求更多的權力來確保自己的存在，而且由於利益的競爭，各國不得不在「自助體系」中，只能依賴它們自己。安全利益優於其他利益和道德。正如摩根索所言：「政治現實主義拒絕將某特定國家的道德願望與支配宇宙的道德法則聯繫起來。正如它區分了真理和選項，它也區分了真理和偶像崇拜。」[30]簡言之，由於安全利益的優越性，國家的一些行為並不完全符合普遍的道德原則。真理和道德行為只是眾多選項中之一，道德標準可能會受到有利於權力利益的相對解釋。舉例而言，伊爾馬茲（Serdar Yilmaz）和查依（Doğcan Çay）指出，現實主義的特點是後果性道德。[31]

一些國家基於客觀原因（諸如地理環境、自然資源匱乏、人力不足等）而變得軟弱無力，它們正在使用行為戰略來盡量減少危及生存的權力損失。文獻區分了兩種主要策略：扈從（站在威脅國一邊）和平衡（加入反對威脅國的聯盟），此有助於國家確保其生存，並對潛在敵人的行為做出反應。根據一些現實主義者的觀點，此類行為是無政府狀態的產物，有助於無政府狀態的維持。為此而言，布贊（Barry Buzan）指出：「權力平衡和國際無政府狀態是同枚硬幣的兩面。」[32]布贊的論點係基於瓦特爾（Emer de Vattel）對權力平衡的古典定義：權力平衡是某種沒有任何權力處於優勢地位，並可以對其他國家制定法

---

[29] Hans J. Morgenthau, *Politics Among Nations: The Struggle for Power and Peace*, 5th ed. (New York: Alfred A. Knopf, 1973), p. 5.

[30] *Ibid.*, p. 11.

[31] Serdar Yilmaz and Doğcan Çay, "Contemporary Reflections of Political Realism: The Case of Crimea," *International Journal of Russian Studies*, Vol. 7, No. 2 (2018), pp. 177-189.

[32] Barry Buzan, *People, States and Fear: The National Security Problem in International Relations* (Brighton: Whatsheaf Books, 1983).

律的狀態。[33]

　　對現實主義者而言，權力的主要來源是與「硬權力」（Hard Power）有關的軍隊。維持一支有能力的軍隊符合國家的最佳利益，以保衛國家免受其他國家的軍事威脅，或在潛在威脅變成對國家生存的威脅之前將其消滅。軍備是確保安全的重要工具，但卻成為安全困境的催化劑，導致了軍備競賽。此類困境主要是基於軍備背後的兩種力量。首先，不易區分武器的防禦性和進攻性。此乃因為大多數武器的雙重性，或者基於簡單的事實，即改進後的防禦可能被用於加強進攻的能力。其次，安全是以相對的角度加以對待：當甲國的安全由於新的軍備而增加時，乙國的不安全也在增加，此迫使乙國做出反應，以防止權力的喪失和隨後對其生存的潛在威脅。

　　根據現實主義者的觀點，國際體系是不穩定的狀態，而且由於持續進行的權力爭奪，國際體系是永久的變化性質。[34]由於發展的結果，可能會不時發生體系中的某個或多個超級大國，並創造出單極、雙極或多極的世界，此取決於系統中超級大國的數量。然而，由於長期的競爭和對抗，體系會發生變化。因此，有一些國家的權力會不斷地增強，它們對自己在體系中的實際地位感到滿意（主張維持現狀的國家），還有一些國家由於失去權力以及在體系中的地位不盡人意而感到不滿意（意指修正主義國家）。修正主義國家（Revisionist States）的重要例子是第一次世界大戰後的德國或共產主義垮臺後的俄羅斯。

　　如前所述，對現實主義者而言，硬權力和對軍事能力的依賴是最重要之事，因為硬權力是確保生存的主要工具，可以用來提高他們在國際體系中的地位。然而，有時軍隊的使用會受到其能力低下、技術陳舊、資源匱乏或一般地緣政治環境的限制。軍隊的大規模部署受到實際手段、經濟邏輯或其他合理原因的限制。出於該等因素，國家可能會轉向不同的選項，以追求其國家利益（諸如權力鬥爭），而其中之一就是「混合戰」。

　　正是由於戰爭的混合性，使得戰爭更加有效，成為追求權力利益的更多工具。此外，「混合戰」作為手段，可能會導致與非混合戰相同的目的：減少對手或敵人的權力，有助於有效控制。摩根索的著作並未論及「混合戰」，但按照他的想法，混合性（Hybridity）很可能有助於人對人的控制：「權力可以包

33　Hedley Bull, *The Anarchical Society: A Study of Order in World Politics* (New York: Columbia University Press, 2002), p. 97.

34　Jack Donnelly, *Realism and International Relations* (Cambridge: Cambridge University Press, 2000), p. 8.

括任何建立和維持人對人控制的東西」，而且「其內容和使用方式由政治和文化環境所決定」。[35]

儘管許多現實主義者主要關注硬權力，但混合性使硬權力有可能透過軟權力工具的參與，而得到更有效的利用，或者為了與硬權力相同的目的而充分運用民用層面。奈伊（Joseph S. Nye）認為：「合作性（軟）權力是指一國構建一種局勢的能力，使其他國家以符合其自身利益的方式，發展偏好或界定其利益。此種權力往往來自於文化和意識形態的吸引力，以及國際建制的規則和機構等資源。」[36]此定義與混合戰在民用方面與虛假資訊和宣傳有關的目標部分一致：說服國家（透過對國內民眾的灌輸）改變其利益，有時也是違背一致性的情形。

舉例而言，昆茲（Barbara Kunz）強調，韋伯（Max Weber）關於權力和政治的思想對於填補摩根索和奈伊概念[37]之間的空隙可能非常的重要。她發展了韋伯式統治（Weberian Herrschaft）的概念和他對軟權力的三種理想的正當性類型（理性、傳統和魅力）。[38]就某種角度而言，韋伯邏輯也可用於分析混合戰的一部分，因為尤其是虛假資訊和宣傳是針對敵人的合法性，而不需要直接身體暴力的刺激。

混合戰中民間層面因素的涉入是關於現實主義及其與暴力關係的辯論中的重要觀點。[39]因為混合戰下民用途徑的「武器化」（Weaponization）可能導致與常規戰爭相同的結果，暴力的缺席不能再成為區分合法和非法的政治權力形式的有效論據，或者至少使此類區分變得十分的模糊。

占領形式的直接控制導致軍隊之間的直接對抗，建立一個占領當局和高額的長期支出，以便在衝突可能獲得不對稱性時保持穩定。美國聯軍在伊拉克或越南和阿富汗的行動，以及蘇聯對阿富汗的入侵即是最明顯的案例，在該等例子中，正規軍遇到了不對稱性，並最終被逼得輸了戰爭。混合性使行為者能夠

35　Hans J. Morgenthau, *Politics Among Nations: The Struggle for Power and Peace*, 5th ed. (New York: Alfred A. Knopf, 1973), p. 8.

36　Joseph S. Nye, "Soft Power," *Foreign Policy*, Vol. 80 (1990), p. 168.

37　Joseph S. Nye, *Soft Power: The Means to Success in World Politics* (New York: Public Affairs, 2005).

38　Barbara Kunz, "Hans J. Morgenthau's Political Realism, Max Weber, and the Concept of Power," *Max Weber Studies*, Vol. 10, No. 2 (2010), p. 204.

39　Michael C. Williams, "When Ideas Matter in International Relations: Hans Morgenthau, Classical Realism, and the Moral Construction of Power Politics," *International Organization*, Vol. 58, No. 4 (2004), p. 646.

將成本降到最低，並使效力最大化，因為完全的直接控制不再需要使敵人變弱或遭致麻痺。對抗性的正面戰爭成本很高，混合戰則更便宜，因為單一標籤可能比從飛機上投下的炸彈具有更大的破壞力。此外，標籤和虛假新聞不會破壞任何資產。

有批評者認為，混合行動（Hybrid Operations）有的以軍事層面為主（例如俄羅斯吞併克里米亞），有的以民事層面為主（例如俄羅斯干預美國總統選舉[40]或英國脫歐公投[41]）。然而，對民主的破壞十分難以用金錢加以計算和描述。選舉的公正性、法治、媒體的品質也難以與軍事開支和效力相提並論。當然，混合戰有能力破壞，並可能具有與純軍事干預相同的破壞性，其目的可能是改變政治決策或更多的控制。

近年來，許多學者都在思考硬權力和軟權力的二分法，並將硬權力和軟權力作為獨立的類別進行辯論。俄羅斯的案例表明，硬權力和軟權力有限的國家可以經由結合和利用兩者的重要要素，發展出某種非常高、真正的混合權力。如果結合起來，軟權力工具可以使硬權力更為有效，此點在俄羅斯吞併克里米亞的過程中就可以發現。然而，混合權力也有其侷限性。儘管吞併了克里米亞，但俄羅斯未能將權力擴展到盧甘斯克（Lugansk）和頓內茨克（Donetsk）以外的地區，哈爾科夫（Kharkiv）或敖德薩（Odesa）等俄羅斯傳統上影響力較強的地方就是很好的例子，以使其行動合法化。[42]尤其是在 2022 年俄羅斯對烏克蘭頓巴斯（Donbas）採取的「特別軍事行動」。[43]

此外，俄羅斯的硬權力和混合權力在敘利亞戰場上也遇到了限制。西方戰場的情況略有不同。俄羅斯對美國總統選舉或英國脫歐的干預表明，俄羅斯有

40　《關於俄羅斯干預 2016 年總統選舉的調查報告（2019 年）》（*Investigation into Russian Interference in the 2016 Presidential Election 2019*）稱，俄羅斯的干預涉及社交媒體活動、駭客攻擊和發布材料，俄羅斯的干預是透過俄羅斯網際網路研究機構以「全面和系統的方式」進行的。

41　針對俄羅斯對英國脫歐的干預進行了多項研究。89up 的分析顯示，俄羅斯國營電視臺（Russia Today, RT）和俄羅斯衛星通訊社（Sputnik）發表了不少於 261 篇關於歐盟的文章，這些文章經由克里姆林宮擁有的渠道傳播後，有 1.34 億的潛在印象，相較之下，官方運動「投票離開」（Vote Leave）和「離開歐盟運動」（Leave.EU）的社會影響總額分別為 3,300 萬和 1,100 萬。參見"89up Releases Report on Russian Influence in the EU Referendum," *89up*, 10 February 2018, http://89up.org/russia-report.

42　Timothy Snyder, *Road to Unfreedom: Russia, Europe, America* (London: Bodley Head, 2018).

43　Путин заявил о проведении специальной военной операции в связи с ситуацией в Донбассе, 24 февраля 2022, https://www.interfax.ru/russia/916975.

能力利用其在社群媒體和網際網路上的軟權力。以虛假資訊和宣傳為形式的軟權力因素使俄羅斯能夠將其敵意隱藏在平民層面的「迷霧」之後，此可能是對付西方民主國家及其制度的有效策略。

第三節　自由主義：打開黑盒子的內部

自由主義在許多面向與現實主義相反，拒絕以權力為主要焦點。自由主義關注各種概念，包括民主和平論（Democratic Peace Theory）、貿易的重要性、國際法的角色，並認知到國際關係中的其他行為者，包括國際組織和其他非國家行為者。此外，自由主義還涉及到全球化和互賴的問題，並允許研究者觀察「國家的內部」，以探討政權的性質。[44]該等對自由主義至關重要的國家內部領域，都是混合戰的潛在工具，而且也是混合戰的目標。

自由主義是內容非常豐富的理論，可以分為很多流派，從政治自由主義（Political Liberalism）、商業自由主義（Commercial Liberalism）、共和自由主義（Republican Liberalism）、監管現實主義（Regulatory Realism）或各種自由主義的子理論。對自由主義提供詳細的概述並非本文的探討範圍。為此，值得探討的是基本要素和概念，此可能對評估混合戰相當的有用。穆拉維斯基（Andrew Moravcsik）總結了國際關係中自由主義理論的三個關鍵假設：對基本社會行為者及其動機的主張、國家與公民社會之間的關係，以及國家在國際體系中做出選擇的方式。[45]

國家是代表個人和其他私人的主體，他們尋求改善和戰爭。在滿足國內行為者的要求時，國家在外交政策中設定了優先權。換言之，外交政策的特徵不是由現實主義者所認為的「自然法」（Natural Laws）賦予，而是來自國家內部。自由主義機制的基本看法對國際體系和國際安全有許多的影響，自由主義者認為國際體系和國際安全基於四個主要工具：國際法、國際組織、政治整合

---

[44] 許多現實主義者和新現實主義者在建立他們的論證時，並沒有把國家的內部因素放在一起。 例如，沃爾夫斯（Arnold Wolfers）創造了一個比喻，即國家的行為就像撞球，它們的政治是相互反應的結果。Arnold Wolfers, "Political Theory and International Relations," in Arnold Wolfers, ed., *Discord and Collaboration* (Baltimore: John Hopkins University Press, 1962).

[45] Andrew Moravcsik, "Liberalism and International Relations Theory," Paper No. 92-6 (1992), p. 6, https://www.princeton.edu/~amoravcs/library/liberalism_working.pdf.

和民主化。[46]因此，自由主義是立於一些支柱之上。

自由主義的支柱之一是民主和平理論，此理論認為，民主國家在與其他民主國家發生戰爭或武裝衝突時會猶豫不決。此理論對國際關係的性質和可能的戰爭預防具有重要的意義，因為國內政治制度的類型可能決定國家的行為。因此，民主國家從與其他民主國家的夥伴關係中獲利，合作可能導致更多的制度化形式。歐洲聯盟（European Union, EU；以下簡稱「歐盟」）是此計畫非常好的案例，它有助於在歐盟成員中創造繁榮，並作為其成員中民主的政治——制度錨定。有了歐盟的成員資格，歐盟成員在面對全球挑戰時比單獨應對更為強大。

作為穩定的來源和共享繁榮的空間，歐盟及其成員國都是混合戰的潛在目標，主要是民間的方面。俄羅斯媒體非常樂於批評歐盟的治理風格，歐盟和俄羅斯之間存在「基因」（Genetic）的溝通問題，導致緊張的局勢。[47]俄羅斯的混合戰可以獲得很好地利用，透過疏遠歐盟的成員來為歐盟製造困難。從對英國脫歐公投（Brexit vote）的干預（左翼），到對整個歐洲的民族主義和歐洲懷疑論政黨的財政支持，再到旨在疏遠目標國家人民的虛假資訊宣傳，俄羅斯試圖利用民主機制來破壞歐盟的威信，此將有助於俄羅斯在分裂的歐洲發揮更有效的影響，因為對俄羅斯而言，與單一國家的談判比與歐盟旗下的所有國家的談判更有利。

在此意義上，定期選舉、政黨競爭、對競爭性意見的多元性的保證或對媒體的自由訪問可以用來作為混合運動（Hybrid Campaigns）的門檻和工具，以支持對俄羅斯自身利益友好的「滑動動作」，但通常對自由民主是負面的情形。此假設是基於如此的事實：對俄羅斯友好的媒體、政黨或政治家對自由民主，有時對民主本身都是敵對的性質。圖 1-1 顯示了滑動的動作。

---

46 Eugen Bădălan, *Sisteme Globale De Securitate* (Bucuresti: Editura Centrul Tehnic-editorial al Armatei, 2009), p. 73; 轉引自 Oana-Andreea Pirnuta and Dragos N. Secarea, "Defining the Liberal Concept of Security: Liberalism and Its Impact on Security Systems," *Review of the Air Force Academy*, Vol. 20, No. 1 (2012), p 105; Andrew Moravcsik, "Liberalism and International Relations Theory," Paper No. 92-6 (1992), pp. 1-50, https://www.princeton.edu/~amoravcs/library/liberalism_working.pdf.

47 Olga Gulyaeva, "Russian Vision of the EU in Its Interactions with the Neighbourhood," *Baltic Journal of European Studies*, Vol. 2, No. 3 (2013), p. 189.

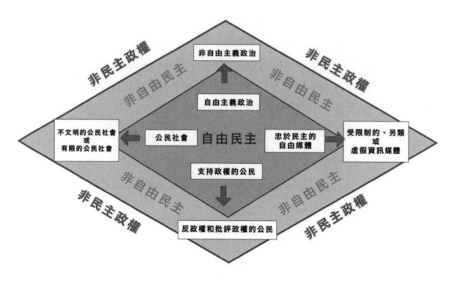

圖 1-1　民主體制中的滑動現象

資料來源：筆者歸納繪製。

　　滑動動作主要在四個方面得到支持。首先，俄羅斯支持對俄羅斯友好或促進與俄羅斯利益一致的政治人物和政黨（對北約和歐盟的批評）。該等政治力量包括前共產黨人、民族主義者和民粹主義者。對非自由主義政治的支持符合其在媒體領域的第二個滑動動作。俄羅斯透過各種虛假資訊網路和媒體產生影響，在俄羅斯境外宣傳俄羅斯的利益。第三個方面是公民社會：俄羅斯以其對非政府組織的限制性態度而聞名（Law 121-F3；第 121-F3 號法律），[48]而這種態度是透過俄羅斯的宣傳在其他國家所推廣。「政治性非政府組織」受到壓力，而公民社會中「不文明」的部分則得到支持，因為它們往往對自由主義價值觀持批評態度，包括環境主義、人權、「女同性戀者、男同性戀者、雙性戀者與跨性別者」（Lesbian Gay Bisexual Transgender, LGBT）和少數民族權利等。其四，處於中心位置的是公民，當他們的抗議潛力受到喚醒時，可能會很好地服務於俄羅斯的利益。公民在民主國家中扮演著最重要的角色，因為他們

48　Федеральный закон от 20 июля 2012 г. N 121-ФЗ "О внесении изменений в отдельные законодательные акты Российской Федерации в части регулирования деятельности некоммерческих организаций, выполняющих функции иностранного агента" Принят Государственной Думой 13 июля 2012 года, Одобрен Советом Федерации 18 июля 2012 года.

在選舉中提供了合法性，他們的態度反映在政治之上，因此也間接影響到了外交政策。就自由主義的角度而言，俄羅斯的混合戰是在攻擊民主國家的自由體制，以啟動從自由民主到非自由民主或其他有缺陷形式的變化，此與俄羅斯更為接近。正如史奈德（Timothy Snyder）所言，由於俄羅斯未能將自己改造成西方民主國家那樣，它的目標是將其他國家改造成更像俄羅斯。[49]

　　自由主義的另一個支柱是商業和平論。簡言之，增加國家間的貿易會增加依賴性，減少戰爭的可能性。然而，貿易也可能作為混合戰的武器或工具。當俄羅斯吞併克里米亞並升級對烏克蘭的戰爭時，歐盟成員國批准了對俄羅斯的經濟和政治制裁，以便對蒲亭（Vladimir Putin）政權形成壓力。儘管制裁的影響具有爭議，[50]但有一些領域幾乎沒有受到影響。尤其是石油和天然氣領域，由於基礎設施和通往歐洲的路線，歐盟和俄羅斯之間存在著互賴的關係。歐盟的目標是使其能源結構多樣化，對可再生資源的支持（從而導致自給自足，減少對俄羅斯石油和天然氣的依賴）受到俄羅斯的謹慎對待，因為俄羅斯對歐盟的能源出口是該國預算的重要組成部分。因此原因，歐盟的能源政策和歐盟成員國的能源政策不斷受到宣傳壓力，旨在妖魔化可再生能源和一般的生態環境。另一方面，俄羅斯也在推動雙邊關係，旨在讓各國反對歐盟。北溪 2 號（North Stream 2）是此類態度的絕佳例子。

　　自由主義者注重國際法和國際組織，可能有助於提高國際關係的可預測性，減少安全困境。然而，混合戰可能利用這些自由主義的工具作為戰爭手段。將國際法置於不同的脈絡和解釋中，與國際組織相聯繫，可能為正在進行的行動提供看似更多的合法性，或作為主張或否認使用混合戰的外交運動的平臺。舉例而言，俄羅斯媒體傳播的謊言之一是，聯合國批准克里米亞屬於俄羅斯，[51]或烏克蘭違反了國際法。[52]上述對國際組織和國際法的保留意見符合現實

49　Timothy Snyder, *Road to Unfreedom: Russia, Europe, America* (London: Bodley Head, 2018); Российская газета—Федеральный выпуск №5839 (166), https://perma.cc/5PKS-F8FH.

50　一邊是俄羅斯媒體聲稱制裁發揮不了作用，另一邊是俄羅斯強烈要求取消制裁（例如，見 RT 2018）。

51　例如，參見"60 Minut Po Goryachim Sledam (vechernij vypusk v 18:50)," *Rossia 1*, 29 November 2019, https://www.youtube.com/watch?v=BN6Z3TyoUP0 或 "Na Forume OON De-fakto Priznali Krym Rossijskim," *RuBaltic.ru*, 29 November 2019, https://www.rubaltic.ru/news/29112019-na-forume-oon-priznalikrym-rossiyskim-de-fakto-/RuBaltic.ru。

52　參見 Александр Карпов, Елена Онищук, Алёна Медведева, «Представить себя жертвой»: почему Украина пытается апеллировать к Будапештскому меморандуму, *RT*, 5 декабря 2019,

主義思想，因為現實主義者強調，國際法只是超級大國的工具，當不符合目的時就會被違反。同樣，國際組織也淪為用於增加某些國家對其他國家的權力的平臺，並且很可能用於充實宣傳。

　　混合戰的使用和持續的虛假資訊和宣傳再次表明，自由主義提供了非常樂觀的分析視角，而且一些概念（諸如互賴）受到了高估。舉例而言，基歐漢（Robert O. Keohane）和奈伊在 1998 年發表於《外交事務》（*Foreign Affairs*）的優秀文章中樂觀地聲稱：「並不是所有的民主國家都是資訊革命的領導者，但許多民主國家的確是如此。此並不非偶然。民主國家的社會熟稔資訊的自由交流，他們的管理機構也沒有受到資訊的威脅。他們可以塑造資訊，因為他們也可以接受資訊。」[53]部分原因是，他們所說的公民可獲得的「自由資訊」（Free Information）已經成為混合戰的工具，成為操縱目標人群的手段。然而，他們的文章在很多地方是某種應驗的預言，因為他們正確地預料到，資訊革命將影響政治，它將對安全產生重大的影響。當涉及到敵對的虛假資訊和反對政權的宣傳時，民主的開放性變成了弱點。正如哈威爾（Václav Havel）所言：「民主的天然缺點之一是，它束縛了那些希望它好的人之手腳，而為那些不認真對待它的人提供了無限的可能性。」[54]

　　自由主義的觀點的確具有價值，因為它專注於政權的性質，與現實主義相反，自由主義不認為國家是一個「黑盒子」，因為國家的體制因素也十分的重要。換言之，自由主義將國內層次與國際競技場聯繫起來，因此可以解釋不同歷史時期的和平與合作，以及戰爭時期。此鼓勵研究者從制度和政權變化的角度來思考混合戰的目的，以利於攻擊者的利益，或者至少是由於國內環境的變化而導致的國家政策變化。此類變化可能不是正式的（舉例而言，從民主政權轉變為威權政權），而是採取內部重組的形式，將對侵略者友好或支持的人安排到國家的關鍵位置。

　　在「合適的地方」有「合適的人」，採用混合戰的國家可能會在貿易關係、獲得關鍵基礎設施、武器交付或「駁進」國家的外交政策的理想變化方面獲得好處。換言之，新的菁英們並不遵循他們自己國家的利益，而是遵循為他

---

https://russian.rt.com/ussr/article/694192-budapeshtskii-memorandum-istoriya-zelenskii.

[53]　Robert O. Keohane and Joseph S. Nye, "Power and Interdependence in the Information Age," *Foreign Affairs*, Vol. 77, No. 5 (1998), p. 93.

[54]　Václav Havel, *Art of the Impossible: Politics as Morality in Practice* (New York: Alfred A. Knopf, Inc., 1997).

們提供支持以保持權力的外國實體的利益。此即為俄羅斯支持歐洲對俄羅斯友好的民族主義和極端主義政黨的情況，或者其他大國支持對支持國友好的團體（代理人）的情況。然而，將合適的人放在合適的位置上只是許多方面中的一項，因為混合戰的軟目標可能要複雜得多。此類複雜性可以在建構主義者途徑下進一步探討。

第四節　建構主義：混合戰爭與現實建構

建構主義（Constructionism）有時被認為是介於現實主義和自由主義之間的理論。[55]因此，在過去的三十多年中，建構主義有許多不同的途徑得以成功開發出來。這種差異是由貢獻者的個人解釋所造成，大幅擴展了對建構主義的理解。遺憾的是，此類擴展有時會導致內部一致性的缺乏或立場上的分歧，因此一些作者試圖在元層面上「重構建構主義」，[56]或根據不同的本體論和認識論立場建立一個系統的分類。

基於西斯蒙多（Sergio Sismondo）[57]與塞耶（Andrew Sayer）[58]、海尼克（Nik Hynek）與泰蒂（Andrea Teti）在他們的文章中區分了天真的經驗主義（Naïve Empiricism）、天真的現實主義（Naïve Realism）、天真的建構主義（Naïve Constructivism）、建構主義者經驗主義（Constructivist Empiricism）、建構主義者現實主義（Constructivist Realism）和社會建構主義（Social Constructivism）。[59]他們的詳細分析和分類對於本文的目的而言過於複雜，本文採用了必要的簡化。

55　Emanuel Adler, "Seizing the Middle Ground: Constructivism in World Politics." *European Journal of International Relations*, Vol. 3, No. 3 (1997), pp. 319-363.

56　舉例而言，參見 Stefano Guzzini, "A Reconstruction of Constructivism in International Relations," *European Journal of International Relations*, Vol. 6, No. 2 (2000), pp. 147-182.

57　Sergio Sismondo, *Science Without Myth: On Constructions, Reality, and Social Knowledge.* (New York: SUNY, 1996).

58　Andrew R. Sayer, *Method in Social Science: A Realist Approach* (London: Routledge, 1992).

59　Nik Hynek and Andrea Teti, "Saving Identity from Postmodernism? The Normalization of Constructivism in International Relations." *Contemporary Political Theory*, Vol. 9, No. 2 (2010), p. 174.

表 1-2　建構主義的分類表

本體論	知識論	
	非建構主義者（天真）	建構主義者
心智獨立	1A. 天真的經驗主義	1B. 建構主義者經驗主義
	2A. 天真的現實主義	2B. 建構主義者現實主義
心智依賴	3A. 天真的建構主義（非連續）	3B. 社會建構主義

資料來源：根據 Sergio Sismondo, *Science Without Myth: On Constructions, Reality, and Social Knowledge* (New York: SUNY, 1996) 和 Andrew R. Sayer, *Method in Social Science: A Realist Approach* (London: Routledge, 1992)。

　　無論如何，建構主義者具有兩條共享的基本信條：其一，人類結社的結構是由共享的理念而不是物質力量所決定；其次，目的性行為者的身分和利益是由這些共享的理念所建構，而不是由自然所賦予。[60]根據建構主義者的觀點，現實是感知的主體。一國的存在是客觀，但一國的行為是主觀，取決於可能從友好到敵對的感知。這種感知受到行為者的身分、公認的價值和理念的影響，而這些對現實主義者思維而言是次要的或陌生的情境。[61]

　　然而，在某些方面，建構主義與現實主義的假設是一致的。舉例而言，正如溫特（Alexander Wendt）在他的〈建構國際政治〉（Constructing International Politics）一文中所言，該文主要建立在米爾斯海默（John J. Mearsheimer）提出的現實主義原則的論證上。建構主義（按溫特的理解）有五個現實主義者的假設：首先，國際政治的無政府狀態；其次，國家進攻能力的存在；其三，對方意圖的不確定性；其四，生存的利益；以及最後，某種理性，及對國際政治以國家為中心的關注和系統理論化的重要性。[62]兩位作者的分歧之處在於社會建構。

　　簡言之，溫特認為國家的負面行為是「自我實現的預言」，在他的文章「無政府狀態是國家所作所為使然」（Anarchy Is What States Make of It）中得

60　Alexander Wendt, *Social Theory of International Politics* (New York: Cambridge University Press, 1991), p. 1.

61　Robert Jervis, "Hans Morgenthau, Realism, and the Scientific Study of International Politics," *Social Research*, Vol. 61, No. 4 (1994), p. 861.

62　Alexander Wendt, "Constructing International Politics," *International Security*, Vol. 20, No. 1 (1995), p. 72.

到了很好的概括。[63]由於互惠的邏輯，國家的行為（代理人）正在影響著結構。[64]正如溫特所總結：「分析國際政治的社會建構，就是分析互動過程如何產生和再生產社會結構——合作的或衝突——從而形成行為者的身分和利益，以及他們的物質脈絡的意義。」[65]溫特的邏輯對混合戰具有重要意義，尤其是它在民間層面的虛假資訊和宣傳。

它允許開展敵對行動，但對來自目標一方的攻擊者的負面建構（認知）影響有限，因為混合性允許它將敵意隱藏在「資訊迷霧」之下，或者施密德（Johann Schmid）所說的「在各種介面的陰影下運作」，該等介面被用來攻擊敵人的弱點，並挑戰傳統的秩序和責任線。[66]在建構主義中，重要的是理念（Ideas）和話語（Discourse），它影響著信仰和認知。當理念（價值觀）足夠接近，並且雙方國家都以積極的方式感知對方，那麼關係即為友好。然而，價值觀的衝突或消極的認同（例如受消極歷史經驗的影響）會導致不友好的關係。建構主義者關注的不是理性抉擇，而是適當性的邏輯。國家根據適當性行事，此也有助於確定其身分。身分進一步有助於創造內容和理解理念。問題是，理念和它們的內容是隨著時間的推移而變化。諸如「民主」或「法治」如此的理念，可能會由具有不同身分的行為者以不同的方式理解，而不同的看法可能會導致衝突。

在建構主義者的觀念中思考混合戰，為辯論提供了兩個相互關聯的主要議題。可以預見，混合戰將發生在具有不同價值觀的國家之間，而該等價值觀對行為者的身分認同至關重要。因此，在混合戰下進行的活動（主要是在民事層面）是為了改變或重新制定理念或價值觀的內容，並影響目標的身分，以使其更接近攻擊者的身分。換言之，攻擊者試圖創造與他國更相似或至少更遙遠的目標，以破壞盟友之間的合作和進一步整合。[67]換言之，就建構主義的角度而

63　Alexander Wendt, "Anarchy is What States Make of it: The Social Construction of Power Politics," *International Organization*, Vol. 46, No. 2 (1992), pp. 391-425.

64　Alexander Wendt, "Constructing International Politics," International Security, Vol. 20, No. 1 (1995), p 77.

65　*Ibid.*, 81.

66　Johann Schmid, "Hybrid Warfare on the Ukrainian Battlefield: Developing Theory Based on Empirical Evidence," *Journal on Baltic Security*, Vol. 5, No. 1 (2019), p. 5.

67　尤其是政治整合需要一定程度的價值觀凝聚力，正如各種歷史例子所顯示的那樣，例如歐盟的歷史中，在歐洲自由貿易聯盟（European Free Trade Association, EFTA）的限制，及在北歐合作（NORDEK）的限制等。

言，混合戰是關於理念、價值觀、話語、身分的戰爭，最後也是關於認知的戰爭。

　　混合戰中使用的虛假資訊和宣傳提供了許多機會，如何透過關注攻擊者身分的積極方面來創造正面的看法，同時試圖將消極方植入其他人的看法之中。這種態度是宣傳的關鍵因素之一，但在混合戰中卻超越了身分的構建或重建。混合戰的目標更具侵略性，因為他們可能向目標人群灌輸思想，並透過各種操縱手段（例如反射性控制和認知失調）引導他們反對國家的主要支柱，即繁榮、自由和民主，而他們往往沒有意識到此點。

　　這種形式的混合戰可能會重建或破壞關鍵的歷史事件，該等事件有助於在目標社會形成民族認同、意識和公民共識。攻擊國家歷史的事實和客觀解釋，同時試圖重新勾勒目標人群的歷史記憶，包括印上有利於攻擊者利益的解釋，可能與目標國家的利益相悖，並導致分裂和身分危機。另一方面，宣傳和虛假資訊可能被用來加強國內民眾的凝聚力和動員力。上述所有情況與俄羅斯試圖建立「資訊主權」（Information Sovereignty）相一致，從他們自己的媒體和自己的社群網路「接觸」（VKontakte）到自己版本的「俄羅斯」維基百科。

　　俄羅斯進行了上述所有的行動，旨在加強自己的身分和重建外國身分。第一個很好的例子是國內歷史教育的變化。在俄羅斯的學校裡，孩子們被教導「偉大的愛國戰爭」，它始於 1941 年納粹對蘇聯的攻擊，以及蘇聯人民在擊敗納粹主義和「解放」歐洲中的犧牲。史達林（Joseph Stalin）與希特勒（Adolf Hitler）在《德蘇互不侵犯條約》（Molotov-Riebbentrop Pact）下的合作、吞併波羅的海國家和對芬蘭的戰爭遭到迴避或故意曲解：蘇聯事實上是被迫與希特勒簽署條約，或者簽署條約是反對侵略者戰略的一部分。[68]除了試圖改寫自己的歷史，俄羅斯的宣傳敘事也旨在創造對其他國家的負面看法，最明顯的是「法西斯主義」（Fascist）的烏克蘭、[69]侵略性的美國或北約。[70]

68　Пятрас Рекашюс, Байки о пакте Молотова—Риббентропа: о чем печалятся литовские "патриоты", Sputnik, 21 August 2019, https://lt.sputniknews.ru/20190821/Bayki-o-pakte-Molotova--Ribbentropa-o-chem-pechalyatsya-litovskie-patrioty-10010858.html; "Историк объяснил 'демонизацию' пакта Молотова-Риббентропа в Прибалтике," *RIA Novosti*, 22 Август 2019. https://ria.ru/20190822/1557767282.html.

69　舉例而言，參見"Deputat rady zayavil o vozvrashenii fashizma na Ukrainu," *Izvestiya*, 28 October 2019, https://iz.ru/937270/2019-10-28/deputat-rady-zaiavil-ovozvrashchenii-fashizma-na-ukrainu.

70　Алексей Латышев, Алёна Медведева, «Паразитируют на системе евроатлантической безопасности»: какие проблемы стоят на пути создания единой европейской армии, *RT*, 13 сентября 2019,

　　同樣，俄羅斯對可能危及其已取得的成果和俄羅斯宣傳理由的企圖非常敏感和防衛。舉例而言，2018 年，捷克安全情報局（Bezpečnostní informační služba, BIS; Security Information Service）告知，俄羅斯宣傳成功的理由之一是對戰後歷史的親蘇解釋，此乃從共產主義時代的教育計畫中所繼承下來。[71]隨後，政治人物們開始辯論可能的改變，導致了俄羅斯駐布拉格大使館的強烈反應，抗議改變歷史事實的企圖。[72]當布拉格政府的新領導層決定拆除科涅夫（Ivan Konev）元帥的雕像時，衝突升級了。[73]此決定遭到了俄羅斯駐布拉格大使館的強烈批評。

表 1-3　俄羅斯的混合戰略簡述表

1	（親）蘇聯對現代歷史的解釋，蘇聯宣傳的持續影響	連續的、潛在的、奧弗頓視窗（Overtonovo okno）			
2	資訊戰 —資訊 —虛假資訊 —宣傳 —妄想	特殊性	非動能工具	隱瞞 模仿 模擬 拒絕 虛假資訊 欺騙性手法	設定議程，或利用外交政策議程來影響目標國的國內政治
3	網路／滲透 —政治領域 —經濟領域 —刑事領域 —間諜活動 —文化領域 —教育領域	連續性			
4	軍事／遊擊隊活動	特殊性	動能工具		

資料來源：Bezpečnostní Informační Služba (BIS), Výroční zpráva Bezpečnostní informančí služby za rok 2017 (2018), p. 7, https://www.bis.cz/public/site/bis.cz/content/vyrocni-zpravy/2017-vz-cz.pdf.

https://russian.rt.com/world/article/667874-evropa-armiya-doklad?fbclid=IwAR2o9AKsoP8wc2-Zhh7OLzfDI5qsyPwm5ixG9vvIDTp70VEN5rJgYN1h9gw.

71　Bezpečnostní Informační Služba, Výroční zpráva Bezpečnostní informančí služby za rok 2017 (2018), https://www.bis.cz/public/site/bis.cz/content/vyrocni-zpravy/2017-vz-cz.pdf.

72　俄羅斯大使館所說的事實，實際上是蘇聯和俄羅斯在世界觀上的宣傳所建構。

73　「解放」捷克斯洛伐克的軍隊指揮官（但也是鎮壓匈牙利起義導致數百名平民被殺的指揮官）是一個象徵，因此是俄羅斯宣傳的一個寶貴來源。

　　上述例子很好地說明了用於構建不同版本的現實工具，更符合俄羅斯的利益，也是說明混合戰可能在民事事務上進行的很好例子，而公民可能在更廣泛的脈絡下思考此兩個問題，沒有意識到更廣泛的背景。俄羅斯關於科涅夫和捷克斯洛伐克「解放」的宣傳，有時（脫離歷史背景）與西方盟國的損失進行比較，經常強調捷克斯洛伐克「解放」期間的高傷亡人數。部分宣傳由親俄的政黨（諸如捷克共產黨的史達林派）重新占領。

　　關於歷史的解釋對於確定身分和主要價值觀是非常重要，影響了對現實的認知。建構主義在混合戰的謎霧中增加了重要的要素，尤其是在其民用方面。混合戰很可能被用來改變關鍵的價值觀，影響目標國家的身分，以防止與敵人合作或發展與確保對國家態度的控制。觀念改變的力量是混合戰非常強大的面向之一。

　　批評者可能會承認，作為工具的建構和作為典範的建構主義之間是有所區別。西方和俄羅斯在烏克蘭問題上的衝突可以用建構主義途徑加以解釋。[74]慮及作為典範的建構主義，混合戰只是涉及各種工具的方法，其中一些工具蘇聯共產黨中央委員會宣傳鼓動部（Agit Prop）的目的是解構（De-Construct）、重構（Re-Construct）或構建現實。[75]它的顯性使用可能有助於創造敵人的身分，因為朋友之間不會發動混合戰。然而，要認識到負面的身分並非總是容易之舉。當沒有標籤的「小綠人」開始占領克里米亞時，蒲亭公開否認俄羅斯的參與。他確實支持現有的建構，個別的理念，俄羅斯係屬無辜。矛盾的是，後來俄羅斯的宣傳開始聲稱，俄羅斯不是衝突的一部分，而是在協助解決衝突。[76]另一項被創造出來的結構是，俄羅斯是在自衛，或者說西方實屬頹廢，遭受同性戀所感染，[77]而俄羅斯是傳統保守價值觀的保護者，與頹廢的西方相反。該

74　Vanda Amaro Dias, "The EU and Russia: Competing Discourses, Practices and Interests in the Shared Neighbourhood," *Perspectives on European Politics and Society*, Vol. 14, No. 2 (2013), p. 268.

75　Catherine Merridale, *Moscow Politics and the Rise of Stalin* (London: Palgrave Macmillan, 1990), p. 142.

76　Георгий Мосалов, Анастасия Румянцева, Полина Полетаева, «Ложная интерпретация событий»: в России ответили на заявление Киева о «репарациях» за Донбасс RT 2019c RT. 2019c. "«Lozhnaya interpretaciya sobytij»: v Rossii otvetili na zayavlenie Kieva o «reparaciyax» za Donbass," *RT*, 1 ноября 2019. https://russian.rt.com/russia/article/682908-ukraina-rossiyareparacii?fbclid=IwAR3vVs65B1ZsrML2iZN__t6fKPBzsXaQ8AMpdxBiyPBNaEY0GrlRoCI6uBM.

77　史奈德（Timothy Snyder）的《通往不自由之路》（*Road to Unfreedom*）對理念在俄羅斯外交政策中的重要性做了很好的解釋，作者探討了伊林（Ivan Ilyin）的哲學對俄羅斯當代政治思想的強烈影響。Timothy Snyder, *Road to Unfreedom: Russia, Europe, America* (London: Bodley Head, 2018).

等和其他敘事有助於俄羅斯保持支持（正面身分），並以負面身分描繪敵人（北約、歐盟、美國等）。

　　由於對混合戰概念的研究主要涉及脅迫的政治利用，它的自然棲息地就在現實主義的範疇之內。權力關係和政治，加上國家或類國家行為者之間的脅迫性，主要是軍事力量，是現實主義思想的基礎。因此，現實主義理論不僅最適合解釋混合戰的出現，而且也最適合解釋其用途、意涵和未來的影響，此乃合乎邏輯的意義。慮及此點，同樣重要的是要注意，個別國家對混合戰的反應並不總是基於現實主義的思維。尤其是在歐洲和更廣泛的西方世界，政策制定者往往試圖避開現實主義的途徑，因為它們國內支持者視現實主義途徑不道德或非道德，它們將對手描述為世界輿論眼中明顯的侵略者。在如此的環境下，自由主義者（Liberal）和建構主義者（Constructivist）信條在外交和國防政策領域獲得了更多的支持。然而，就本書而言，混合戰的途徑具有戰略性，因此將在很大程度上依賴現實主義學派的視角。

第五節　結語：邁向混合戰的理論

　　本文對國際關係的三種主要理論進行了基本的洞視，並試圖將混合戰置於現實主義、自由主義和建構主義的脈絡當中。所有的理論在解釋混合戰現象或至少其關鍵方面的可用性方面都有不同的價值。對現實主義的一般保留意見是，它無法解釋國際的變化，因為一國基於持續的無政府狀態而做出的反應就像自然規律一樣。或許，此只是作為評估國家行為角度的時間段問題。俄羅斯具有豐富的領土擴張和統治慾的歷史。吞併克里米亞，對烏克蘭的混合戰，甚至入侵喬治亞，在現實主義背景下都可以很好地理解。就更長遠的角度而言，俄羅斯的權力利益的性質並沒有發生太大的變化，在相對和平的 1990 年代，只是被其自身的硬權力轉型所推倒。

　　與現實主義觀點相反，自由主義傾向於忽視權力作為國家利益的真正驅動力的角色。相反，自由主義有助於探索「黑盒子」，將國內環境與國家利益聯繫起來。此對混合戰而言極為重要，因為它可能被很好地用來應對國家的關鍵政治制度和原則。政黨可能遭利用以促進外國的利益，同樣的道理也適用於媒體、公民社會的一部分或遭受操縱的公民，他們可能經由選舉改變政權的性質，從自由民主制轉向不同的政權。就自由主義的角度而言，混合戰可以被用來攻擊塑造政權性質的國家關鍵制度。此論點並非沒有問題，因為存在著一些現實主義的元敘事（Metanarrative）：政權的改變（即使是無意的）是作為權力鬥爭的一部分。

雖然現實主義和自由主義有很高的預測價值，但與兩種理論相較，建構主義對未來的預測性較低，因為它無法預測理念和身分轉變方面的變化。然而，它在混合戰中的角色，尤其是在虛假資訊和宣傳方面，具有無可爭議的地位，因為虛假資訊和宣傳有助於構建現實。此乃經由解構和重新構建關鍵的理念、原則，最後也包括目標國家的身分，並經由家庭有針對性的宣傳，以加強其自身的身分。

如果考慮到現實主義和自由主義的歷史背景和預測，可以很容易地看到支持現實主義的論點。現實主義者預期，國際關係的性質不會改變，權力政治將繼續存在。事實證明，俄羅斯是修正主義大國，目前正試圖用更新和調整的方法，以克服冷戰的結果。儘管在貿易自由化、國際組織層面的合作、根據國際法做出的保證（烏克蘭去核化以換取領土完整的保證），以及包括當代俄羅斯在內的前蘇聯集團的民主化嘗試方面取得了巨大進展，但此一切仍在發生。在上述所有領域都有重大保留，在蒲亭時代開始時與俄羅斯的相對友好關係在俄羅斯聯邦方面違反國際法後被改變為制裁的政治。在國際組織層面上的合作是有限的，因為在關鍵的安全問題上存在著明顯的偏差。考慮到與混合戰有關的此脈絡，即使假設是自由主義或建構主義，也總是隱藏著現實主義的面向。此導致了一種「現實主義者自由主義」（Realist Liberalism），即經典的自由主義工具（諸如國際組織、法律、貿易、非政府組織、網路等）可能被用作混合戰理論的一部分，或者現實主義者建構主義（Realist Constructivism）：攻擊者使用建構主義者戰略，經由使用混合戰促進其權力政治。

雖然不可能創建絕對的戰爭理論，或任何特定類型的戰爭理論，但創建一套可以預示某種形式衝突的理論特徵，對研究是有用的方向。本文描述的混合戰理論是試圖創建可以導致混合戰的條件和情況的規範性模型。目的是提醒理論家和實務者注意混合戰發生的可能性，而不是創造絕對的預測。因此，為進一步探討混合戰概念本身和實施此概念所需的前提條件奠定了理論的基礎。此理論的實際意義將在之後的章節中進一步探討，而結論試圖將理論和實踐兩部分總結為統一的混合戰理論。

影響混合戰發生的特徵有兩個層次，即系統和個別層次。系統性的條件在任何時候都存在，而且源於國際體系本身的性質和其中的行為者。個別性特徵更多的是針對衝突，產生於參與個別行為者的動機和利益。兩種情況同時存在，並可根據情況結合與重疊。

系統性特徵是基於國際體系的性質，尤其是其無政府狀態。國際體系中的主要行為者是國家，在很大程度上，它們是自利的，並對他國的意圖抱持懷疑的態度。各國盡可能地追求相對的短期目標，儘管在此意義上的短期可以是數年的時間框架，甚至更長的時間，取決於議題。國際體系內的合作是最低的程度，國際體系本身可以是霸權的模式，也可以是非霸權的模式。

由於各國發現在重要的問題上很難相互信任，因此出現了衝突和競爭，但由於日常使用武力愈來愈被視為代價高昂且可能有升級的危險，各國開始尋求其他的選項。

個別性特徵來自於行為者，主要是國家，即它們本身。每個國家都尋求確保自身的個別目標，以國家利益為基礎，國家與國家之間的利益可能非常的不同，甚至在鄰接的地理區域即大相徑庭。國家的終極目標是安全，它被視為相對利得；不是沒有衝突，而是對衝突的管理。如果體系條件有利於國家的至高無上，強大的國家傾向於成為霸權國家，而在非霸權體系（類似強大國家的區域集團）中，傾向於追求權力的平衡。雖然各國對它們的行動有具體的動機，但基本原因是相同的，即追求安全。國家經由運用戰略途徑，使用實際或預期的脅迫手段來實現其目標。

脅迫將體系和個別的特徵聯繫在一起；它是在現有體系內實現目標的最明確的方式，雖然個別國家的情況可能發生巨大的變化（必須加以說明），但體系的特徵仍然沒有改變。此理論基礎的重要面向是，它也可以由不太強大的國家所利用。由於混合戰是低層次的衝突，當直接的戰爭不可取時，行為者會訴諸於此，它可以由不太強大的國家，或類國家的行為者用來挑戰更強大的國家，或在兩個較弱的權力之間使用。每個國家對自身權力的看法都會影響到工具的選擇，但混合戰提供了非常有用的備選方案，它既具有足夠的創新性，可以達到出其不意的效果，又包含了人們熟悉的經由軍事力量進行脅迫的概念，可以相對容易地應用。

第二章　混合戰的濫觴及其定義

　　本文提出混合戰的定義。首先研究「混合」一詞的起源和意涵，並創建定義，此定義成為後面章節探討和比較的基礎。本文還處理混合戰的雙重性質，探討為什麼此概念是有限的，而不像一些學者和組織試圖為之的那樣無休止地擴大。為混合戰設定界限的嚴格定義是理解此現象的關鍵。明確的定義不僅對區分混合戰和其他現代戰爭形式至關重要，而且對創建能應對新威脅成功而有效的戰略也是如此。每一種戰爭形式都有其決定性的特徵，都有其優勢和劣勢，都是為了應對不同時代的特定挑戰，同時遵守戰爭性質不變的原則。

　　定義工作的另一重要面向是要明確與混合戰相關的許多術語。文獻中對像是混合威脅（Hybrid Threats）、混合行動（Hybrid Operations）等術語的定義非常廣泛；然而，雖然存在一些一致性，但這些術語也有許多重疊或相互矛盾的情況。建立混合戰的詞彙非常重要，因為單一的術語顯然不能充分地解釋一切；另一方面，如果沒有明確的定義和限制，太多的術語會造成更大的混亂。

　　本文致力於探討混合戰現象的研究現狀，並為進一步研究混合戰創建定義架構。藉由提出明確的定義，本文將作為後續更深入思考和探索的基礎。定義一個現象是什麼，是理解它的第一步。定義架構也讓行為者有能力為已知的威脅提前做好準備。本文的結構將由三部分組成：一、更廣泛地探討「混合戰」一詞兩部分的起源，以便清楚地了解它不僅在技術、政治或戰略方面，而且在語言意義上的意涵；二、將提出混合戰的定義，並對其各個組成部分和特徵進行深入解釋。在對現有的定義進行分析後，將論證為什麼本文提出的定義是最具效用和最為清晰的；三、將定義與混合戰相關的各種術語，以創建核心詞彙，為本書的其餘部分提供依據。藉由明確定義與混合戰現象有關的各種術語和短語，本書旨在進一步了解和理解探討的主題，並提供清晰和連貫的通用詞彙，然後可以用來推動關於此主題的辯論和研究，並避免冗餘、差異和不一致的情況。

　　在為新現象命名的過程中，語言是關鍵，也是經常遭到忽視的部分。在開始就「混合戰」一詞的準確定義進行更廣泛的辯論之前，或許最好先在詞源學領域進行簡短的探索。很明顯，「混合戰」本身係由兩個獨立的術語所組成。「混合」和「戰爭」。為了更好地理解該詞彙所代表的意涵以及如何定義，最好的出發點是分別研究兩個組合的術語，以確定關鍵的概念，以便正確地將它們應用於現象本身。

第一節 「混合」與「戰爭」之意涵

一、「混合」的意涵

關於「混合戰」現象各種定義的主要問題之一是，這些定義的創造者錯誤地使用了「雜交」（Hybrid）一詞。就詞源而言，混合來自拉丁語的「Hibrida」，意思是馴服的母豬和野豬的後代。[1]有字典將「雜交」界定為「兩種不同物種的動物或植物的後代，或（不那麼嚴格的）品種；混血兒、雜交兒或雜種」。[2]雜交此形容詞從而界定為「由兩種不同種類或品種的動物或植物相互交配產生的；雜種、雜交、半交」。[3]這些定義的關鍵特徵是，「雜交」是由兩個不同的前身合併而成的產物，不多不少。此為創建混合戰定義時需要注意的非常重要的一點；就其名稱而言，它只限於兩個構成部分。另有詞典指出，「兩種完全不同事物的混合」，[4]因此，混合戰的兩個構成部分是常規戰爭和非常規戰爭。如果從拉丁語的根源進行類比，可以說馴服的母豬代表常規的部分，而野豬代表非常規的部分，它們的後代是「混合」。

事實上，「常規」和「非常規」兩術語本身界定就過於廣泛，使行為者能夠將大量的工具和可能性納入其中，而不必訴諸於增加更多的工具。混合戰是有意不透明的兩者之合併，因此在定義和識別方面存在足夠的困難。有問題的定義的典型例子之一是 2015 年慕尼黑安全會議（Munich Security Conference, MSC）期間提出的定義。雖然該定義本身沒有太大的問題，但其措辭和附帶的圖形似乎有一些問題。慕尼黑會議將「混合戰定義為多種常規和非常規戰爭工具的結合」。[5]對此種新現象的構成部分從而造成了不必要的數量模糊性。伴隨

---

1 Oxford English Dictionary, "Hybrid," http://www.oed.com/view/Entry/89809?redirectedFrom=hybrid#eid.

2 *Ibid.*

3 *Ibid.*

4 Cambridge Dictionary, "Hybrid," https://dictionary.cambridge.org/zht/%E8%A9%9E%E5%85%B8/%E8%8B%B1%E8%AA%9E-%E6%BC%A2%E8%AA%9E-%E7%B9%81%E9%AB%94/hybrid.

5 Tobias Bunde, Benedikt Franke, Adrian Oroz, and Kai Wittek, "Munich Security Report 2015:

著此定義的圖表顯示，這些工具是：外交、資訊戰和宣傳、對當地動亂的支持、非正規部隊、特種部隊、正規軍事部隊、經濟戰，以及網路攻擊。[6]當這些工具結合在一起時，或多或少代表了「戰爭」（Warfare）一詞的全部內容。然而，此定義未能確定那些工具屬於常規或非常規的類別。當然，有些工具，諸如正規軍事部隊顯然屬於常規類別，但對於特種部隊和網路攻擊則不太容易歸類（圖 2-1）。

圖 2-1　傳統上混合戰的常規與非常規戰爭工具

資料來源：筆者整理繪製。

　　為了使混合戰爭的構成部分有意義，需要對該術語本身的各個層次之間進行垂直區分（見圖 2-2）。簡單地將所有事物都放在一起是徒勞的做法。就縱向而言，混合的定義有三個層次。第一個層次是常規和非常規之間的明確劃分。第二個層次是這兩個術語的進一步分支，說明了屬於每個類別的工具和概念，

Collapsing Order, Reluctant Guardians?," *Munich: Munich Security Conference*, February 2015, p. 35, https://doi.org/10.47342/FPKC7635.

6　*Ibid.*

以及那些跨越了差距、不那麼容易歸類的工具和概念。恰恰是此類「跳出框框」的部分賦予了混合戰的力量，並在定義混合戰和讓採用混合戰的行為者參與其中時引發了最多的問題。第三層次顯示了從一個或數個高級分支的組合中得出的實際步驟。

　　本文使用的混合定義是來自詞典的定義，因為它提供了最清晰的定義，並有詞源的支持，使本文能夠更深入地了解整個概念。儘管《牛津英語詞典》並不總是代表任何特定術語的最常見的用法；但在考慮定義時，它仍然是卓越、具有高度聲譽的來源。

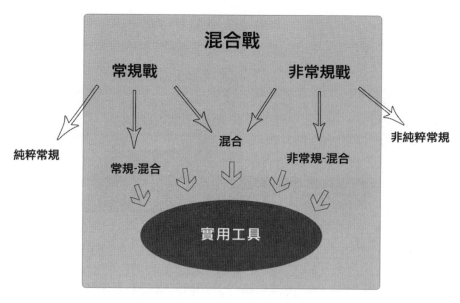

圖 2-2　混合戰的架構

資料來源：筆者整理繪製。

二、「戰爭」的意涵

　　在構成混合戰的兩個術語中，後者無疑是更難以充分的界定，並置於某種連貫結構中的一個。需要注意的重點是，中文翻譯的「戰」（Warfare）一詞經常與中文翻譯的「戰爭」（War）一詞互換使用，基於翻譯的關係，此種混亂性更為嚴重。雖然原本通常是沒有產生太大的問題，但當本文需要清晰、連貫和簡明的定義時，此就成為問題。當某個術語是另一術語的組成部分時，術語之間的細微差別就變得更加重要，如果將其替換掉，就會形成該術語的全新含義。有趣的是，許多文獻將「戰」和「戰爭」都視為明確理解和不言而喻的術語，儘管它們的含義可能非常的不同。例如，美國國防部（Department of Defense, DOD）的術語表中就沒有「戰」或「戰爭」的定義，儘管其中充斥了對兩者的各種定義。[7]即便如此，也有一些可用的定義，這些定義比混合的定義更加懸殊。

　　就英文文字而言，將「戰」定義為「參戰；進行或參與戰爭的行動；衝突的行為或狀態；軍事生活或服務」。[8]然而，此類解釋只是部分有用，因為「戰爭」一詞需要進一步擴展，以使「戰」的定義有其價值。由於一些原因，關於什麼是「戰爭」的法律定義有很多，而且存在著問題。在戰爭的標準中，最（不）著名的是每個曆年度必須發生與戰鬥（Battle）有關的死亡人數，然後衝突才能被稱為戰爭。這些估計從「武裝衝突」的 25 人到「戰爭」的 1,000 人不等。[9]雖然這種任意精確的定義可能對國際法學者有用，但本書關注更實際、政治性的「戰爭」定義。出發點之一是重要的詞典，「戰爭」界定為在民族、國家或統治者之間，或同一民族或國家的各方之間，經由武裝力量進行的敵對爭奪；針對外國勢力或國家中的敵對方使用武裝力量。[10]

　　如同大多數字典中的定義一樣，也有詞典試圖涵蓋此術語最廣泛的範圍，然而，此未能解決它的更多技術問題。克勞塞維茲（Carl von Clausewitz）提供了更簡單的選項，他將戰爭定義為「迫使敵人服從我們意志的武力行為」。[11]就更現代的意義而言，更簡單和更有戰略性的定義指出，戰爭是「國家之間，或國家內部的團體（內戰），經由一定程度的強制，通常是軍事力量，為實現目標而進行的競爭。」[12]前述定義指出，使用軍事力量並不是進行戰爭的唯一方

7　US Department of Defense, *DOD Dictionary of Military and Associated Terms*, http://www.dtic.mil/doctrine/dod_dictionary/.

8　Oxford English Dictionary, "Warfare," http://www.oed.com/view/Entry/225719?rskey=nhuhkZ&result=2#eid.

9　UCDP, "Definitions," Uppsala Conflict Data Programme, Department of Peace and Conflict Research, Uppsala University (2018), http://www.pcr.uu.se/research/ucdp/definitions/.

10　Oxford English Dictionary, "War," http://www.oed.com/view/Entry/225589?rskey=T3lUWH&result=1# eidn.

11　Carl von Clausewitz, *On War*, Volume 1 (Los Angeles: Enhanced Media, 2017), p. 13.

12　Michael Sheehan and Wyllie Sheehan, *The Economist Pocket Guide to Defense* (Oxford: Basil

式，格雷（Colin Gray）提出的定義進一步強化了此點。「戰爭是交戰方之間的關係，不一定是國家。而戰是主要（但不完全）透過軍事手段進行的戰爭。」[13]

　　將「戰爭」和「戰」分開似乎是一項毫無意義的認識論做法，但事實上，除了單純的軍事力量，還有許多其他的脅迫性戰爭方式，此乃關鍵的區別之一。數十年來，政治或經濟制裁等非軍事行動的脅迫力量已受到充分的證明。民兵或恐怖組織實施的脅迫行動是否屬於軍事手段條款，引發了許多學者的爭論，因此，將其列入「其他」手段或發動戰爭的範疇更為合理。在界定混合戰時，該等區別變得更加重要，因為混合戰融合了常規戰爭和非常規戰爭，以及混合術語的其他方面。

　　為了便於理解，本書將使用從上述各種資料中綜合提煉出來的「戰爭」和「戰」的定義。因此，「戰爭」係指國家或其他交戰方之間為實現政治目標而透過一定程度的脅迫進行的敵對競爭。「戰」是指參與戰爭的行為或行動，主要是經由軍事力量的使用，但不限於此。

第二節　混合戰之脈絡與界定

　　在確定了各組成部分的個別術語後，本文將引入混合戰的定義。截至本書撰寫之時，混合戰還沒有廣泛認同的定義；因此，本節將首先探討此領域的一些主要理論家。混合戰的定義所面臨的另一個障礙是缺乏描述此現象的明確詞彙。一些定義將其稱為「混合戰」（Hybrid Warfare），另一些定義則使用「混合戰爭」（Hybrid War）一詞，還有很大一部分辯論使用「混合威脅」（Hybrid Threat）一詞。在談論某術語的認識論基礎時，當然，幾乎沒有必要指出「威脅」一詞與「戰爭」或「戰」的含義有很大不同。大多數使用「混合威脅」一詞的定義實際上是混合戰的定義，最重要的定義將包括在辯論中，而其他定義將包含在本文後面的其他「混合」的擴大詞彙中。此份清單並不詳盡，但它確實代表了主要行為者、學者與機構的意見和觀點。

Blackwell Ltd., 1986), p. 258.

[13] Colin S. Gray, *Another Bloody Century* (London: Phoenix, 2006), p. 37.

一、原生地

「混合戰」一詞的確切來源難以釐清，但大多數來源都認為，該詞當代的版本來自內梅斯（William J. Nemeth）2002 年寫的一篇論文。在該論文中，內梅斯假設混合戰將是未來戰爭的主要形式，並將第一次和第二次車臣戰爭（Chechen War）中的車臣叛亂作為案例研究。該文本身並沒有對什麼是混合戰做出明確的定義，儘管讀者可以推測出某種隱含的定義。內梅斯認為，混合戰是混合社會實行的一種戰爭形式；即脫離了現代國家體系的社會。[14]他將其描述為「（混合戰）當代形式的游擊戰，是前國家戰爭（Pre-State Warfare）的延續，因為它採用了現代技術和現代動員方法而變得更加有效」。[15]

他的論文的主要論點是，戰爭是戰爭參與者的反射：因此，一個混合社會將涉入混合戰。此類戰爭將以游擊戰術為基礎，利用戰鬥人員之間的個人和家庭關係來確保安全和合作，同時也能夠使用先進技術。就游擊隊的角度而言，這種戰爭被認為是全面的性質，因此制裁使用是其掌握的任何和所有戰術之中。這種體系的內在優勢往往遭到西方軍隊的忽視。[16]根據內梅斯的說法，混合軍事力量包括第四代戰爭（Fourth Generation Warfare, 4GW）、[17]新戰爭（New Warfare）[18]和恐怖主義，[19]發動的戰爭是立基於思想，因此比西方軍隊打「先進技術」戰爭更有優勢。[20]

雖然一般認為內梅斯的論文對混合戰的開端提供了有趣的見解，但他的定義和隨後的研究植根於發動戰爭的社會性質，再加上戰術的建議，不僅忽視了對方部隊的觀點，而且幾乎只關注非國家行為者。車臣人在第一次車臣戰爭中可能主要以游擊隊的形式運作，但到了第二次戰爭時，他們已經是名義上的獨

14　William J. Nemeth, *Future War and Chechnya: A Case for Hybrid Warfare* (Monterey, CA: Naval Postgraduate School, 2002), p. 4.

15　*Ibid.*, p. 29.

16　*Ibid.*, p. 74.

17　Terry Terriff, Aaron Karp, and Regina Karp, eds., *Global Insurgency and the Future of Armed Conflict: Debating Fourth-Generation Warfare* (London: Routledge, 2010).

18　Ofer Fridman, Vitaly Kabernik, and James C. Pearce, eds., *Hybrid Conflicts and Information Warfare: New Labels, Old Politics* (London: Lynn Rienner Publishers, 2019).

19　Douglas Lovelace, ed., *Terrorism: Commentary on Security Documents, Volume 141: Hybrid Warfare and the Gray Zone Threat* (Oxford: Oxford University Press, 2016).

20　William J. Nemeth, *Future War and Chechnya: A Case for Hybrid Warfare* (Monterey, CA: Naval Postgraduate School, 2002), p. 3.

立國家。朝著獨立的方向邁進、即令仍然以部族為基礎的國家進展似乎代表了與此相反的進展，內梅斯認為，此代表了所謂混合社會（Hybrid Society）。然而，此項研究的重要部分之一是建議，混合形式的戰爭將是西方國家在 21 世紀面臨的主要戰爭形式，需要進行學說上的轉變。

依據內梅斯的文章和 2006 年第二次以色列與黎巴嫩戰爭期間的事件基礎，霍夫曼（Frank G. Hoffman）提出了最著名的混合戰定義。根據霍夫曼的說法：混合戰涵括了一系列不同的戰爭模式，包括常規能力、非正規戰術和編隊、涵蓋不分青紅皂白的暴力和脅迫恐怖主義行為，以及犯罪性的混亂。[21]

此定義較內梅斯的定義更加全面，代表了從真主黨（Hezbollah）以及從車臣衝突的持續中吸取的新教訓。它還借鑑了美國分析家在阿富汗和伊拉克衝突中所表現出來的學說和理論上的轉變。如果說對內梅斯定義的批評主要是基於他對非國家行為者的依賴，那麼霍夫曼在引入他的定義時說：「混合戰可以由國家和各種非國家行為者進行。」[22]有趣的觀察是，兩位作者實際上都沒有對混合戰給出明確的定義。霍夫曼的定義指的是戰爭，儘管實際的措辭描述了各種戰爭的方式，因此是對「戰」的定義。

二、當代用途

2006 年黎巴嫩戰爭之後，混合戰的辯論出現了一些停滯，阿富汗和伊拉克的典型叛亂使混合戰無用武之地。在美國國防圈之中，對 2008 年俄羅斯與喬治亞戰爭是否屬於混合衝突進行了辯論，美國空軍將其界定為混合衝突，而其他機構則沒有如此為之。[23]當然，混合戰並沒有受到遺忘，不過，術語已轉向將其稱為「混合威脅」。[24]雖然美國國防部對混合戰仍然沒有正式的定義，但在整個美國武裝部隊的軍事概念中可以找到非官方的定義。因此，美國聯合（一體化）作戰司令部（Unified Combatant Command, UCC）將混合戰定義為「由國家和／或非國家威脅執行的衝突，採用多種戰爭模式，包括常規能力、非正

---

[21] Frank. G. Hoffman, *Conflict in the 21st Century: The Rise of Hybrid Wars* (Arlington, VA: Potomac Institute for Policy Studies, 2007), p. 14.

[22] *Ibid.*, p. 14.

[23] Government Accountability Office. *National Defense: Hybrid Warfare*, GAO-10-1036R (Washington, DC: U.S. Government Accountability Office, 2010), p. 14.

[24] Douglas Lovelace, ed., *Terrorism: Commentary on Security Documents, Volume 141: Hybrid Warfare and the Gray Zone Threat* (Oxford: Oxford University Press, 2016).

規戰術和犯罪混亂」。[25]

　　就北大西洋公約組織（North Atlantic Treaty Organization, NATO；以下簡稱「北約」）而言，2010 年，北約軍事委員會工作小組（NATO Military Committee Working Group, MCWG）提出了構成混合威脅的定義，此定義受到北約的正式採納。混合威脅定義為「由任何當前或潛在的對手構成的威脅，包括國家、非國家和恐怖主義者，他們有能力（無論是否已被證明）同時適應性地使用常規和非常規手段，以追求他們的目標」。[26]英國同樣關注混合威脅，儘管配置不同。英國聯合防禦學說（Joint Defence Doctrine）認為，混合威脅是指「國家或非國家行為者選擇同時利用所有戰爭模式、使用先進的常規武器、非正規戰術、恐怖主義和破壞性犯罪以破壞現有秩序」。[27]

　　然而，情況在 2014 年發生了巨大的變化，首先是在 2014 年 2 月、3 月，俄羅斯從烏克蘭奪取了克里米亞（Crimea），其次是在 2014 年 6 月，伊拉克和敘利亞伊斯蘭國（Islamic State in Iraq and Syria, ISIS）成功地進行了奪取伊拉克城市摩蘇爾（Mosul）的行動。在此之前，伊斯蘭國一直被認為是非常危險的恐怖組織，但一般認為缺乏威脅敘利亞和伊拉克領土完整的常規能力。[28]伊斯蘭國的行動讓許多安全分析人士感到困惑，並帶來了混合戰分析的復興，因為國家、學者和機構都在致力於解釋發生了什麼情況。

　　俄羅斯使用混合戰是國際公認的第一次使用混合戰的國家，並且取得了巨大的效果。之後衝突蔓延到烏克蘭東部，當時只是加強了俄羅斯確實掌握了混合戰戰術的想法，而在中東，伊斯蘭國在成功占領摩蘇爾和伊拉克軍隊崩潰的基礎上，繼續推進並占領提克里特（Tikrit），並到達巴格達的郊區。雖然兩個案例並非完全相同，但它們有許多相似之處，尤其是軍事和民間學者對如何應對這些案例感到困惑。對歐洲而言，俄羅斯在 2014 年的行動是特別突出的警鐘，並導致了對歐洲安全的未來和它所面臨新威脅的重新辯論。如前所述，

25　Government Accountability Office, *National Defense: Hybrid Warfare*, GAO-10-1036R (Washington, DC: U.S. Government Accountability Office, 2010), p. 18.

26　*Ibid.*, p. 15.

27　Ministry of Defense, *Security and Stabilizations: The Military Contribution*, Joint Doctrine Publication 3-40, JDP 3-40 (November 2009), p. 11, https://www.gov.uk/government/uploads/system/uploads/attachment_data/file/49948/jdp3_40a4.pdf.

28　Scott Jasper and Scott Moreland, "The Islamic State Is a Hybrid Threat: Why Does That Matter?," *Small Wars Journal*, 12 February 2014, http://smallwarsjournal.com/jrnl/art/the-islamic-state-is-a-hybrid-threat-why-does-that-matter.

2015 年慕尼黑會議報告就是很好的例子。

2017 年 4 月，在北約和歐洲聯盟（European Union, EU；以下簡稱「歐盟」）簽署諒解備忘錄後，在芬蘭成立了專門的歐洲抗擊混合威脅卓越中心（European Centre of Excellence for Countering Hybrid Threats, Hybrid CoE）。雖然不是北約或歐盟的機構，但參與國都是其中之一或之二組織的成員。歐洲抗擊混合威脅卓越中心將混合威脅定義為「針對對手的弱點的方法和活動」。[29]它接著列舉了其中的一些弱點，並得出結論，如果混合威脅的「使用者」發現難以實現其目標，其結果將是混合戰，「軍事和暴力的角色將大幅增加」。[30]雖然建立混合現象研究中心是朝著正確方向邁出的一步，但該機構提供的定義仍然過於模糊。此外，一份可能的弱點清單，包括歷史記憶、立法、技術和地緣戰略因素等，只有在與混合戰的有效和精確定義相結合時，方能發揮實際功能。

三、定義

前文探討定義的趨勢似乎是雙重性質。一些定義是高度的技術性和策略性，就像是諸如內梅斯和霍夫曼的定義，而其他由不同機構提出的定義則傾向於非常廣泛甚至模糊。尤其是後者，似乎傾向於列出一長串混合戰的可能組成部分，而沒有將它們組合成實際的定義。如果要把任何某種戰爭的所有可能的組成部分編清單，這個清單在很短的時間內就會變得完全不切實際。因此，需要嶄新、更精確的定義，以便更詳細地探討混合戰現象並研究其細微的差別。

基於前述列出主要文獻的基礎上，本文提供了替代性的定義，其中包含了最近的發展和觀點，並試圖平衡技術細節和廣泛的政策影響。本書的目標不是要創造終極的全面性定義，因為任何概念都在不斷的發展，而定義也必須能與時俱進。因此，本書的定義並非全面，而是致力於獲得簡明、嚴謹，同時也接受修正的建議。簡言之，擬議的定義旨在具有戰略性。此定義將成為後續章節中進一步研究和探討的基礎。

混合戰是某種獨特的低層次衝突形式，跨越了各種能力的光譜。它是刻意不透明的常規和非常規戰爭的合併，在一國和／或類似國家的行為者的單一中央權威和指導下進行。混合戰的目的是為了實現透過單獨使用任何一種形式都

---

[29] Hybrid CoE, "Hybrid Threats," *The European Centre of Excellence for Countering Hybrid Threats*, https://www.hybridcoe.fi/hybrid-threats/.

[30] *Ibid.*

無法實現的政治目標，或者會產生太高的成本。常規和非常規的混合使行為者能夠利用對手的戰略或理論弱點，同時保持可否認性和戰略上的驚奇。

由於此定義中包含了許多術語，因此需要對它們進行更仔細的探討。混合戰的概念是基於以下前提，即它是戰爭形式之一，使行為者能夠在不訴諸大規模常規戰爭的情況下實現其政治目的。關於近數十年來大型國家間克勞塞維茲式的常規戰爭的衰落，對此已經討論了很多，此趨勢似乎也證實了這些看法。如果克勞塞維茲式的常規戰爭的衝突已經過時，那麼很自然地就會出現其他的衝突以填補此空白。

歷史上，一般稱此類衝突為「低強度衝突」（Low-Intensity Conflicts, LIC）。[31]美國陸軍（US Army）將低強度衝突定義為「國家或團體之間的政治軍事對抗，低於常規戰爭，高於國家間常規的和平競爭」。[32]最純粹和最簡單的「低強度衝突」一詞，係沒有持久性或叛亂的特徵，是描述混合戰背景下低水準衝突的有用方式。此並不是說混合戰不能包括叛亂的因素，也不是說混合戰是曠日持久，但此並非決定性的特徵。

此定義之所以沒有把混合戰稱為低強度的戰爭類型，不是因為它的強度，而是它的相對升級。混合戰是某種低級別的衝突形式，因為它的目的是保持在大規模常規戰爭的門檻之下，但有某種理解，即較小規模的常規衝突是混合概念的組成部分。它是有限戰爭的形式，因為它是那些尋求解決全球或區域權力分配中某些不平衡行為者的工具，但同時它不適合直接對抗；其目標是避免全面戰爭。

值得注意的是，「有限」和「全面」戰爭兩詞並非絕對，而是取決於不同行為者的觀點。對俄羅斯而言，2014年俄羅斯對烏克蘭的干預是有限的戰爭，但對頓巴斯（Donbas）的民眾而言，必然是一場全面的戰爭。同樣，中國在南海的活動是有限的性質，但如果這些活動充分威脅到菲律賓或越南的核心國家利益，那麼這些活動可能會被菲、越視為全面戰爭的開始。

因此，在提到衝突的「低水準」（Low Level）時，該術語試圖將混合戰的有限性、其不透明性、無限的能力和控制升級的必要性結合起來，以更好地概

31　Edwin G. Cor and Stephen Sloan, eds., *Low-Intensity Conflict, Old Threats in a New World* (Boulder and Oxford: Westview, 1992). 儲召鋒，〈美國低強度衝突戰略的理論發展及里根政府的實踐〉，《軍事歷史研究》，第 2 期（2011 年），頁 114-123。

32　US Army, "Chapter 1," in *Military Operations in Low Intensity Conflict, FM 100-20/AFP 3-20* (12 May 1990), http://www.globalsecurity.org/military/library/policy/army/fm/100-20/10020ch1.htm.

括此現象。行為者追求混合戰略的強度完全取決於情況，與衝突是否為混合戰無關。如上述例子所示，俄羅斯的混合戰的強度較中國的大。然而，他們都試圖將自己的活動控制在較低的衝突水準上，在此程度不會威脅到國際秩序守護大國的核心國家利益，此脈絡十分的重要，將在下一章進一步探討。

在判斷混合戰爭的成敗時，成功維持這種較低水準也十分重要。混合戰只有在設法維持這種低水準並保持在大規模常規戰爭的門檻以下時，才能視之為成功。如果對手在常規的大規模攻擊中對其做出反應，從而使其付出的代價高於所獲得的收益，那麼混合戰略就失敗了。控制和管理這種升級的能力是混合戰爭的關鍵所在。

在定義某種戰爭形式時，提及該形式所能利用的能力是不錯的做法。全面的能力意味著，只要滿足其他基本標準，行為者可以採用其掌握的任何和所有手段來進行混合戰。許多對混合戰的批評提到，混合戰的所有面向已經由其他形式的戰爭所涵蓋。舉例而言，美國國防部的普遍觀點之一是，混合戰屬於全方位作戰（Full-Spectrum Operations, FSO）理論的範疇，[33]因此不需要採取特定的方法來應對之，[34]但此乃錯誤的考量。根據美國軍方的定義，全方位作戰意味著它包括衝突的所有面向（進攻、防守、穩定和民事支持），[35]此只是發動戰爭的另一種說法。

混合戰的性質意味著它可以使用常規的地面、海上和空中力量，以及至少在理論上可以使用核力量，此外還有非正規部隊或民兵單位。它還包括常規或非常規的網路戰和太空戰。「跨越能力範圍」這一短語背後的想法只是意味著，只要不突破常規衝突的門檻，一個行為者採用何種能力被認為是混合型衝突，是沒有限制的（圖 2-3）。

---

[33] Department of Army, *FM 7-0 Training for Full Spectrum Operations* (December 2008).

[34] Government Accountability Office. *National Defense: Hybrid Warfare*, GAO-10-1036R (Washington, DC: U.S. Government Accountability Office, 2010), p. 11.

[35] US Army, "Full-Spectrum Operations in Army Capstone Doctrine," *2008 Army Posture Statement*, http://www.army.mil/aps/08/information_papers/transform/Full_Spectrum_Operations.html.

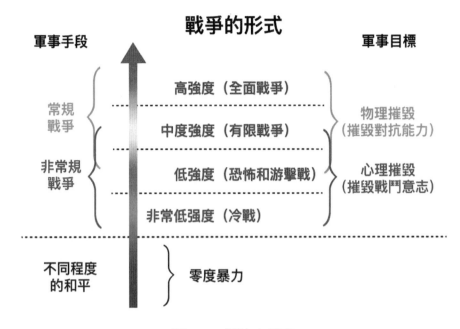

圖 2-3　低強度衝突

資料來源：筆者整理繪製。

　　換言之，混合戰的概念不能像大多數其他定義試圖所為的那樣，透過僅僅提及一套具體的組成部分以實際限制範疇。混合戰沒有一套固定的組成部分，因為它是針對具體的環境。混合戰是一種根據需要將許多或很少的脅迫工具結合起來的方法，使得它與其他形式的戰爭截然不同，因為其他形式的戰爭基本上受到工具選擇的限制。

　　在論及混合戰時，有必要始終牢記，常規和非常規的混合是經過深思熟慮，而不僅僅是戰術上的權宜之計。混合戰也不是單純從毛澤東式的非常規游擊戰到常規衝突的進展過程。此兩部分從衝突一開始就同時存在，並由同一戰略戰區的不同單位或相同單位採用。其目的是使對手失去容易識別的常規或非常規目標。混合部隊可以像常規部隊一樣行動，穿著制服，擁有統一的指揮結構，上午用先進的武器作戰，下午就分散開來，混入平民百姓當中，以叛亂主義者或民兵之姿作戰。

　　利用現代資訊技術進行快速動員，是關鍵因素。當以「非常規模式」分散時，混合部隊只需要手機通訊或接入網際網路，就可以重新組建。作為額外的功能之一，此類通信可以加以掩蓋，從而不容易受到政府機構追蹤，儘管它失去了高層次軍事通信中固有的大部分安全性。此與常規部隊形成了鮮明的對比，後者需要龐大而複雜的後勤和支援機構。當混合部隊重新組建時，他們只需要重新整合到原先既有的後勤支援，就能繼續作戰。就歷史角度而言，混合動員模式是毛奇（Helmuth von Moltke）著名的鐵路時刻表（Railway Timetables）的最現代表達。[36]

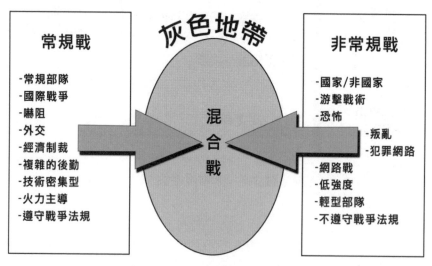

圖 2-4　混合戰與灰色地帶

資料來源：筆者整理繪製。

　　這種高度的協調只能透過中央化的決策制定過程來實現，此需要一定的制度化官僚主義和技術支持。正如定義所指出的那樣，行為者之所以會完成混合戰，是因為它能使該行為者同時使用常規和非常規行動的工具進行作戰，儘管這兩部分並不需要相等。混合戰具有很強的適應性，根據不同的情況，可以包

36　自 1825 年英國人修建出世界上第一條鐵路以後，德國人就敏銳地發現了鐵路背後的戰略價值，1835 年德國的第一條鐵路就也建成通車了。經過數十年的發展，普魯士和巴伐利亞等各邦都建起了大量的鐵路線。毛奇擔任普魯士總參謀長後，立即提出了一句名言：「不要再修建要塞了，給我更多的鐵路！」1866 年普奧戰爭爆發，普軍依靠鐵路向前線輸送了 20 萬軍隊和 55,000 匹戰馬，對戰局發揮了很大的功能。此後，普軍參謀部開始認真進行鐵路戰爭運行的各種預案和演練。

含更多的常規部隊而不是非常規部隊，反之亦然。然而，由於常規戰爭的要求，採用混合戰的行為者必須是國家或具有某些非常類似國家特徵的非國家行為者。

純粹的非國家行為者（恐怖組織、叛亂分子或游擊隊）基於其本身的性質，通常不具備發動甚至是低級別常規戰爭所需的結構或理論。因此，他們沒有能力發動混合戰，只是依靠非常規的戰術和工具。一般認為，常規戰爭通常是在國家之間發動的戰爭。然而，混合戰為此定義增加了某種程度的流動性。透過參與常規戰爭的某些要素與非常規手段相結合，甚至可以說非國家行為者也參與了某種形式的常規戰爭。儘管如此，並非所有非常規戰爭都是混合戰爭。

中央化決策制定還有另一面，可能會對混合戰造成限制。如果同一行為者在某一戰略戰區從事常規戰爭，而在其控制之外，或在不同的戰略戰區發展出一支非正規部隊，這樣的衝突就不是混合戰爭，而是從對手的角度來看是兩場獨立衝突。一場衝突是常規的部分，另一場是非常規的部分，對手可以用不同的工具同時對抗這兩場衝突，而不會遇到混合性的挑戰。此說明了蓄意參與混合戰的重要性，否則就有遭受兩次敗戰的危險。

關於高度集中的決策制定，需要注意的另一點是，它使民主國家很難積極從事混合戰爭。政治制度和相應的結構需要高度的公開性和透明度，此與不透明性實屬背道而馳，而不透明性對混合戰的開展至關重要。民主國家通常對軍事活動進行廣泛的民間監督，公眾期望關鍵的戰略和理論文件能夠公開。兩個因素都不利於混合戰，如果民主國家想參與混合戰，很可能會造成合法性的喪失。此並不是說混合戰可以完全由獨裁者進行，但它的性質使得民主國家積極使用混合戰實際上是不可能的選項。

正如克勞塞維茲在 1832 年寫出內容：「沒有人發動戰爭——或者說，任何有理智的人都不應該如此為之——除非首先在他的頭腦中清楚地打算經由這場戰爭達到什麼目的，以及他打算如何進行戰爭。」[37]此簡單的格言很好地說明了戰爭是為了政治目標而進行的觀點。此說法一直是許多戰爭定義的一部分，包括此處使用的定義，而且似乎很明顯，以前的混合戰定義甚至都沒有提到它。同樣的規則確實適用於混合戰，但有一個轉折。

混合戰爭使某行為者能夠實現純粹的常規或非常規途徑無法實現的目標，

37　Carl von Clausewitz, *On War*, Volume 1 (Los Angeles: Enhanced Media, 2017), p. 223.

因為它面臨著壓倒性的困難，或者因為此類行動會帶來更多的傷害而不是好處。國際譴責、制裁或軍事干預很可能來自於一個行為者單純的常規或非常規行動，尤其是如果針對國際秩序中的主要國家或主要國家的利益，這些國家在技術和理論上對其他國家有相當大的優勢。在面對不明確遵循西方主導的國際秩序所接受的既定戰爭方式的途徑時，這些優勢也會成為弱點的來源。對國際合法性和盟國支持的要求可能會阻礙西方對混合戰爭的反應，此特點將在第三章更深入地討論。

當定義中提到成本時，這個詞並不只限於行動的財政成本。它被用於最廣泛的、宏大的戰略意義上，包括，除其他外，金融、經濟、政治、外交、軍事、威望和戰略成本。雖然其中大部分可以以某種形式用數字（貨幣價值）來表示，但一些關鍵的成本卻不能如此計算。任何政治決策都有相應的成本，即使全部「價格」並不明顯。在處理戰爭與和平的問題時，某行為者可能花費「鮮血和財富」的數量可能會迅速升級。

然而，當「以戰養戰」的日子已經過去了，進行戰爭的決策很少是出於財政考慮，儘管財政考慮可能會影響執行這種決策的方式。舉例而言，據估計，在吞併克里米亞之後，俄羅斯每年的財政成本約為 40 億美元，[38]至少在最初數年是如此，此外，在連接俄羅斯和其最新領土的刻赤海峽（Kerch Strait）上，也花費了類似的金額。[39]然而，俄羅斯一直願意接受這些成本，因為如果它不吞併克里米亞半島，它的威望、安全，尤其是戰略上的弱點就會遭到挑戰。目標的「價值」最終由尋求實現這些目標的行為者所決定。

最後，混合戰的另一個特點是，它為行為者提供了一定程度的可否認性和戰略驚異。雖然常規部隊帶有徽章，因此可歸屬於國家，但混合部隊不受此規則的約束。即使他們穿著制服，像常規部隊一樣作戰，然而，他們也可能不攜帶徽章。混合部隊的非常規性使國家或其他行為者有能力否認參與，即使在行為者確認是誰的情況下，也可以簡單地說明，舉例而言，有關部隊沒有識別標誌。在國際法的世界裡，有時即使是荒謬的脆弱否認，也會對法律認可的干預行動帶來很大的問題，這也是發展混合戰爭的原因之一。

38　Larry Hanauer, "Crimean Adventure Will Cost Russia Dearly," *The Moscow Times*, 7 September 2014, https://themoscowtimes.com/articles/crimean-adventure-will-cost-russia-dearly-39112.

39　Jacob Dalsgaard Pedersen, *Putin the Predictable? An Examination of the Foreign Policy Strategy of Putin's Russia* (Development and International Relations Master's Thesis, Aalborg University, 31 May 2018), https://projekter.aau.dk/projekter/files/281610533/Putin_the_Predictable.pdf.

另一個主要原因是有可能造成戰略上的意外。對手可能精通打常規戰爭，或有對付叛亂者的豐富經驗，但這兩者的結合帶來了不容易解決的問題，這是因為這兩種途徑的解決方案往往是截然相反的。對非常規部隊的常規反應不會成功，面對一支龐大的常規軍隊的非常規反應也不會成功。因此，混合途徑是一個行為者避免不得不按照西方的戰爭藝術（Art of War）來打仗的困境的一種方式，在此情況下，它將被淘汰，它創造了一種與西方傳統對立的新的戰爭方式。

第三節　「混合」之特殊性質

當試圖描述像混合戰爭如此的新現象時，為了將混合戰爭歸入正確的類別，探究更廣泛的趨勢和已經存在的術語對此十分的重要。關於未來戰爭將如何發展的爭論是常年的存在，而且已經存在一些術語。為了研究是什麼使混合戰與眾不同，本文將對最接近混合戰的兩個十分突出的術語進行研究：第四代戰爭和複合戰爭（Compound Wars），以作為某種對照與參照。

一、第四代戰爭

第四代戰爭由林德（William Lind）在 1989 年所提出，並由哈姆斯（Thomas X. Hammes）在 2004 年擴展。林德認為，近代國家出現後戰爭樣式就在不斷演變，迄今為止已經出現了三次大的演變過程，目前正處於向第四階段的第四代戰爭樣式演變過程中（參見表 2-1）。內梅斯和霍夫曼在分析混合戰爭時都提到了第四代戰爭。內梅斯用「混合軍事力量」（Hybrid Military Forces）一詞來形容一組包含第四代戰爭、新戰爭（New Warfare）、「低強度衝突」和恐怖主義的概念，[40]而霍夫曼則直接參與了第四代戰爭的概念，並研究了它與他自己提出的混合戰爭思想的不同之處。[41]霍夫曼接著列出了混合戰爭理論建立在圍繞第四代戰爭的辯論之上的方式，以及他用來創建其混合戰爭定

40　William J. Nemeth, *Future War and Chechnya: A Case for Hybrid Warfare* (Monterey, CA: Naval Postgraduate School, 2002), p. 3.

41　Frank. G. Hoffman, *Conflict in the 21st Century: The Rise of Hybrid Wars* (Arlington, VA: Potomac Institute for Policy Studies, 2007), p. 30.

表 2-1　第四代戰爭概念下的戰爭代際劃分

類別	第一代	第二代	第三代	第四代
時間	威斯特伐利亞和約之後	拿破崙戰爭之後	第一次世界大戰之後	20 世紀中國人民戰爭之後
主要行為者	國家	國家	國家	國家及非國家行為者
特徵	近代國家獨佔武力	國民軍隊的登場和消耗戰	以大規模機動力量為中心的總體戰	小規模、分權性組織的紛亂戰

資料來源：筆者整理。

義的部分。衝突的模糊性和國家失去對武力的壟斷是第四代戰爭對霍夫曼的混合戰爭的主要貢獻。由於對歷史實例的選擇性使用和學術上的不嚴謹，第四代戰爭的概念引起了很多爭議，並被大量的學者所拒絕。[42]

　　第四代戰爭的核心前提是，自 1648 年以來，世界已經經歷了三代戰爭（線性、火力、機動），現在已經進入第四代。第四代戰爭是某種複雜的叛亂形式，它在國家不存在或崩潰的情況下蓬勃發展，因此，它是對《威斯特伐利亞和約》（*Peace Treaty of Westphalia*）將使用武力的首要地位植入國家之前發生的前國家戰爭的回歸。[43]這些都與內梅斯的混合社會及其混合戰爭方式非常相似。在伊拉克和阿富汗戰爭之後，第四代戰爭的關注度激增，儘管其倡導者未能提供除已知內容之外的任何有用的見解，一些學者呼籲完全放棄這一術語，因為它掩蓋了更多的事實，而不是揭示了什麼。第四代戰爭倡導者提出的超級叛亂（Super-Insurgency）沒有得到發展，當然是以他們建議的方式。[44]

　　概括地否定第四代戰爭的整個概念也許是太苛刻了。如果不出意外的話，它為辯論提供了關於未來戰爭的另一種觀點，即使是被誤導的觀點。然而，它的貢獻確實非常有限，除了既定的理論已經涉及的非正規戰爭之外，它幾乎沒有提供任何東西。由於只關注叛亂作為未來戰爭的主導形式，第四代戰爭理論從一開始就註定要失敗，因為叛亂從來不是在無國家的真空中發生的。

---

[42] *Ibid.*, p. 19.

[43] William S. Lind, "Understanding Fourth Generation War," 15 January 2004, http://www.antiwar.com/lind/?articleid=1702.

[44] Antulio J. Echevarria, "Fourth-Generation War and Other Myths," *Strategic Studies Institute*, November 2005, http://ssi.armywarcollege.edu/pdffiles/pub632.pdf.

表 2-2　各代際戰爭的分類及特徵

類別	第一代戰爭	第二代戰爭	第三代戰爭	第四代戰爭
時間	威斯特伐利亞和約	拿破崙戰爭之後	第一次世界大戰之後	20 世紀中國人民戰爭之後
背景	近代國家的登場及其獨占軍事力量	國民國家的建立和國民軍隊的出現	科學技術發展帶來的火力和機動性的增強	共產黨領導下的中國統一，弱者面對強者時取得戰爭勝利
戰爭實施主體	國家	國家	國家	國家及非國家行為者
戰爭目標	物理破壞	物理破壞	心理破壞	讓對方意志屈服、內部崩潰
戰爭手段	軍事力量	軍事力量	軍事力量	非軍事+軍事力量
戰爭物件	明確（軍人）	明確（軍人）	明確（軍人）	不明確（軍人+平民）
敵我識別	明確	明確	明確	混亂
戰略重心	明確	明確	明確	不明確
戰時、平時區分	明確	明確	明確	不明確
戰場範圍	前線、後方明確	前線、後方明確	前線、後方不明確	無前線和後方之分，包括網路等所有空間
戰略概念	線和隊形	火力戰	機動戰	政治思想戰、攻擊弱點
戰爭樣式	近距離接觸為主的殲滅戰	火力為中心的消耗戰	大規模機動力量為中心的總體戰	小規模分權性組織的紛亂戰

資料來源：吳光世等，〈朝鮮第四代戰爭遂行戰略和應對方案〉，《韓國東北亞論叢》，第 74 號（韓國東北亞學會，2015 年），頁 114-115。

二、複合戰爭

複合戰爭的概念是由胡貝爾（Thomas Huber）在 1996 年首次提出，然後更完整的論述在其《複合戰爭：那個致命的結》（*Compound Wars: That Fatal Knot*）一書中。在他的著作中，他將複合戰爭描述為「同時使用正規軍或主力部隊和非正規軍或游擊隊來對付敵人」。[45]胡貝爾還列出了一些歷史案例作為複

45　Thomas Huber, "Compound Warfare: A Conceptual Framework," in Thomas Huber, ed., *Compound*

合戰概念的案例研究，從 17 世紀的北美殖民戰爭，到拿破崙戰爭和英愛戰爭（Anglo-Irish War），再到越南戰爭和蘇聯入侵阿富汗。複合戰爭的關鍵概念是常規軍隊和非正規部隊之間的合作。此迫使對手既要集中力量，又要分散兵力，以應對不同的威脅，並剝奪其單一的焦點。[46]就此而言，它是混合戰的前身；但也有一些區別。

複合戰爭的概念不包括非國家行為者或像是網路戰之類更多的現代威脅，也沒有考慮到混合部隊（Hybrid Forces）的靈活性。複合戰爭是具有叛亂和非正規戰爭因素的國家間戰爭。在所使用的案例中，正規和非正規部隊之間的合作仍然侷限於作戰和戰術領域。他們可能在紙面上遵循中央權威的指示，但他們並不是作為同一部隊的組成部分，甚至不是作為同一戰略的兩個部分。

非正規部隊只是為主要的常規部隊提供幫助，他們之間並不存在流動性。複合戰中的非正規部隊不會在上午作為游擊隊作戰，而在下午轉為正規部隊，反之亦然。在越南的案例中，大多數複合戰爭的支持者將其列為最好的例證，北越軍隊和越共確實在一定程度上進行了協調，並由中央當局指揮，但他們在不同的戰區作戰，沒有融合成一支部隊。美國在處理越南戰爭的類型時遇到了困難，此與混合性沒有什麼關係。

這種特殊的歷史實例選擇並不侷限於胡貝爾，在默里（Williamson Murray）和曼蘇爾（Peter R. Mansoor）主編的《混合戰：與從古至今的複雜對手作戰》（*Hybrid Warfare: Fighting Complex Opponents from the Ancient World to the Present*）一書中也以驚人的相似形式出現。他們使用霍夫曼對混合戰爭的定義，並試圖將其應用於一些歷史案例。關於「混合戰」的各種歷史案例的論文集是有用的，但結論基本上是有限的和無助的。作者沒有對混合戰和複合戰爭進行區分，進一步模糊了他們的貢獻。[47]由於該書是從歷史而非戰略的角度來撰寫，這種缺陷很容易獲得原諒。

現代意義上的混合戰，在 1980 年代和 1990 年代初並不可能發生，遑論是

Warfare: That Fatal Knot (Fort Leavenworth, KS: US Army Command and General Staff College Press, 2002), p. 1.

[46] Robert F. Bauman, "Conclusion," in Thomas Huber, ed., *Compound Warfare: That Fatal Knot* (Fort Leavenworth, KS: US Army Command and General Staff College Press, 2002), p. 307.

[47] Peter R. Mansoor, "Introduction," in Williamson Murray and Peter R. Mansoor, eds., *Hybrid Warfare: Fighting Complex Opponents from the Ancient World to the Present* (New York: Cambridge University Press, 2012), pp. 2-3.

在羅馬帝國、半島戰爭或美國內戰時期，主要是由於當時的通信技術水準有限，但也是因為過去對戰爭的看法的不同。在軍事史的大部分時間裡，非正規部隊不被認為是「真正的」士兵，而且在許多情況下仍然不是。[48]混合戰利用了這種偏見，主要是西方的偏見，以便提出一個非統一的對手和一個多方面的威脅，而西方軍隊專注於高科技的常規戰爭，在打擊這種威脅方面存在問題。[49]雖然這種進步本身可能不足以改變戰爭的特點，但它們肯定以一種與上述歷史例子充分不同的方式促進了轉變過程。

　　複雜性一直是戰爭的一部分，自人類文明誕生以來，非正規部隊和正規部隊在同一戰役中作戰的組合一直是戰爭的主旋律。就此而言，混合並不新鮮，但兩部分的互動方式卻很新穎。常規和非常規的融合，連同其帶來的機會和困難，是一種新的戰爭，但不是一種新的戰爭形式。將歷史上的例子否定為真正的混合型的主要原因是，擁有從一種形式迅速轉變為另一種形式的能力的混合型部隊，需要即時通信和靈活性，而這在大眾通信時代之前是根本不具備的。

　　因此，根據一些案例歷史，此類分析極大地受益於眾多歷史學家的工作，但從胡貝爾的《複合戰爭：那個致命的結》中學到了很多。此為受到低估的寶藏。胡貝爾指出，偉大的隊長經常受到與正規部隊協同作戰的游擊戰所挫敗。在複合戰爭（Compound War, CW）中，有意識地同時使用正規主力部隊和分散的非正規部隊。胡貝爾斷言，混雜（Admixture）途徑的複雜性為「複合行動者」帶來了明顯的優勢，因為它迫使干預力量在同一時間集中和分散。這增加了複合戰指揮官的指揮和控制、後勤和安全問題，使他厭惡風險，行動遲緩。胡貝爾的定義假定有獨立的部隊，而且他們是協同的工作；也就是說，他們的活動在更高層次上得到了協調。他還指出，協調是有程度之分，有時協調是有限，或者只是無意。

　　因此，複合戰是正規和非正規部隊在統一指揮下同時作戰的衝突。複式戰的互補效應是由其利用每一種部隊的優勢的能力和每一種部隊所構成的威脅的性質產生。非正規部隊攻擊薄弱地區，迫使常規對手分散其安全部隊。常規部隊一般會誘使對手集中力量進行防禦，或達到決定性的進攻行動的臨界值。

　　就此而言，非正規部隊被用來作為一種力量的經濟效益，以消耗對方的力

48　Rob de Wijk., "Hybrid Conflict and the Changing Nature of Actors," in Jilian Lindley-French and Yves Boyer, eds., *The Oxford Handbook of War* (Oxford: Oxford University Press, 2014), p. 360.

49　*Ibid*., p. 358.

量，並支援一種消耗殆盡的戰略。他們被用來為常規部隊的成功創造條件。這些部隊在不同的戰場或戰鬥空間的不同部分運作，但從未在戰鬥中融合或結合。另一方面，混合威脅似乎有更大程度的行動和戰術協調或融合。似乎不存在任何單獨的力量，也不存在傳統意義上的常規戰鬥力的決定性作用。這就提出了一個沒有答案的問題。混合型威脅的失敗機制或避免失敗的戰略是什麼？

三、混合的相關詞彙

由於定義的主要部分已經探討過了，此乃重要的起點，可以經由解釋一些與混合戰概念相關的其他術語來擴大混合詞彙量。在處理各種定義時，本文已經遇到了數個困難，即沒有單一定義甚至可以就眾多定義的內容達成一致。混合戰與混合戰爭是否相同？混合威脅是兩者中的要素之一還是單獨的術語？前述討論的定義之所以加以挑選，是因為它們提到了，在本文中被稱為混合戰的定義。以下是其他「混合」術語的定義，以澄清混亂的措辭。在隨後的章節中，這些術語將按照此處的定義使用，除非另有提及。

「混合威脅」是大多數定義在試圖定義混合戰時使用的一個術語。此為不明智的選擇，因為威脅「一詞本身意味著尚未發生的事情」。有詞典將其定義為「宣布敵對的決心，或為了報應或有條件地實施某些行動而造成的損失、痛苦、懲罰或損害；威脅」[50]因此，它只在任何事件發生之前有用。此也是更為狹隘的術語，未能涵蓋混合戰的全部意涵。由於使用了威脅而不是戰爭，該定義有可能無法向使用者提供足夠的資訊。

歐洲執委會（European Commission, EC）界定混合威脅是指當國家或非國家行為者試圖透過以協調的方式使用混合措施（即外交、軍事、經濟、技術）來利用歐盟的弱點為自己謀取利益時，同時保持在正式戰爭的門檻以下。舉例而言，大規模的虛假宣傳活動阻礙了民主決策過程，利用社交媒體控制政治敘事或激化、招募和指揮代理人。[51]

混合威脅是某種廣泛的整體概念，包括許多類型的活動：干擾、影響、行動、運動和戰鬥／戰爭。所有這些活動都可以視為是對一國的內部空間進行各

---

50 Oxford English Dictionary, "Threat," http://www.oed.com/view/Entry/201152?rskey=zLMoGh&result=1#eid.

51 European Commission, EU Defense Industry, "Hybrid Threat," https://defence-industry-space.ec.europa.eu/eu-defence-industry/hybrid-threats_en.

式各樣不受歡迎的干預。當然，混合威脅是來自西方的概念，用於討論一國所面臨的安全困境。這些國家不是擁有民主國家制度，就是正處於民主化階段的國家。在人多數與混合威脅有關的西方文獻中都是如此表述。

今天，此概念已經滲透到俄羅斯和中國的著作當中，然而，中俄在西方安全辯論中廣泛討論混合威脅之前，兩者並沒有使用「混合威脅／混合戰」此類名稱。在俄羅斯和中國的文獻中之後都可以找到混合戰的特徵。他們聲稱西方國家正在對他們使用混合戰。這種聲稱往往是在沒有說明脈絡的情況下所進行，並對國家的官方路線給予強有力的支持。所使用的西方文獻中的參考資料忽略的事實是，所使用的參考資料描述的是敵對行為者對西方國家的行動。這個事實沒有被提及。[52]

「混合戰略」（Hybrid Strategy）與其他戰略一樣，是「將權力與目標聯繫起來的方式」。[53]在這種情況下，行為者採用混合戰略，透過使用混合戰，將其掌握的手段與它希望實現的政治目標聯繫起來。這也是一種發動混合戰的策略。對手從事的是反混合戰略（Counter-Hybrid Strategy, CHS）。

「反混合戰」（Counter-Hybrid Warfare, CHW）是與「反叛亂」（Counter Insurgency, COIN）在含義和使用上都相似的術語。開始使用混合戰爭的行為者就是在從事混合戰爭。因此，尋求反混合戰爭的行為者就參與了反混合戰爭。根據不同的觀點，這些角色當然可以被顛倒和操縱，但這是一般的指南。

「混合防衛」（Hybrid Defense）是在過去數年中得到愈來愈多關注的術語。與反混合戰不同，混合防禦是某種積極、動能的戰爭方法，目的是在混合行為者已經發起混合戰行動時直接與之交戰，而混合防禦是一種嚇阻、預防和保護未來混合戰的方法。

52　Georgios Giannopoulos, Hanna Smith, and Marianthi Theocharidou, eds., *The Landscape of Hybrid Threats: A Conceptual Model Public Version* (European Union and Hybrid CoE, 26 November 2020), p. 10, https://euhybnet.eu/wp-content/uploads/2021/06/Conceptual-Framework-Hybrid-Threats-HCoE-JRC.pdf.

53　Michael Sheehan and Wyllie Sheehan, *The Economist Pocket Guide to Defense* (Oxford: Basil Blackwell Ltd., 1986), p. 234.

第四節　結語：以「混合」之名

　　本文提出混合戰的定義。首先探討「混合」一詞的起源和含義，並創建定義，並作為其後章節的研究和比較的基礎。本文指出混合戰的雙重性質，探討為何此概念的有限性質，不應像一些學者和組織試圖為之的無休止地擴大。為混合戰設定界限的嚴格定義是理解此現象的關鍵。明確的定義不僅對區分混合戰和其他現代戰爭形式至關重要，而且對創建能夠應對新威脅的成功而有效的戰略也是如此。每一種戰爭形式都有其決定性的特徵，都有其優勢和劣勢，都是為了應對這個時代的特定挑戰，同時遵守戰爭性質不變的原則。

　　定義工作的另一個重要方面是要明確與混合戰相關的許多術語。文獻中對混合威脅、混合行動等術語的定義非常廣泛；然而，雖然存在一些一致性，但這些術語也有許多重疊或相互矛盾的情況。建立混合戰的詞彙是十分的重要，因為單一的術語顯然不能充分地解釋一切；另一方面，如果沒有明確的定義和限制，太多的術語會造成更大的混亂。

　　換言之，當新的術語出現，聲稱要定義具有爭議性以及危險性的脅迫行為時，對其進行定義總是艱苦的工作。本文探討三個目標：清除圍繞「混合戰」定義的混亂，將該術語置於其適當的背景之中，並進一步澄清圍繞該現象的術語。藉由從語言學的角度審視其構成部分，本文展示了該術語所代表的確切意涵以及其侷限性所在。此乃理解該主題的重要的第一步。術語的誤用總是要盡力避免，而當它們的含義清晰而準確時，術語的使用往往會更加容易。

　　沒有任何現象是孤立的存在，或以完全不相關的方式發生。關於混合戰的辯論不僅催生了一批包括具有新貢獻在內的著作，而且還揭示了一些已經丟失或遺忘的概念。複合戰爭在很大程度上是晦澀難懂的術語，直到它與現代衍生品，即混合戰一起重新出現。如果在應用或意義上不完相同的話，它在精神上是先導，但現在基本上已經過時了，被歸入混合戰的範疇。與第四代戰爭的聯繫也是混合戰的有趣面向。複雜的非國家行為者的崛起和模式的混合是有益的貢獻，儘管關於第四代戰爭的其餘著作仍有缺陷。兩個概念都具有爭議，混合戰也是如此，儘管可以說不那麼有爭議。兩個概念也未能充分解釋現代衝突的所有面向，因此，本書認為「混合」一詞更適合描述現代衝突，儘管預言非國家行為者的崛起，但仍然傾向於由國家所主導。

　　然而，本文自始至終都沒有提到「全球化」一詞。遺漏的原因很簡單：「混合戰」一詞的定義足夠複雜，不需要提及另一個模糊到幾乎可以代表任何東西的術語。雖然在談論現代世界時，有時似乎更容易簡單地提及全球化，但現實中並非如此。國家的衰落，以及相應的國家間戰爭，常常歸因於全球化的進程，儘管這種聯繫遠未明確加以證實。然而，全球化確實構成了關於混合戰辯論的大背景，但全球化的實際用途有限。

　　圍繞「混合」的無數術語經常遭到誤用或濫用，尤其是媒體圈，此類趨勢已經開始影響到各國主要官員和政策制定者。就「混合」的辯論而言，當然是無益的趨勢，本文希望能有助於將「混合戰」一詞重新導向其本源。另一個使用更廣泛加以引用的詞彙是需要澄清的術語，諸如「混合戰略」、「反混合戰」和「混合防禦」。此乃研究中非常簡單，但又非常重要的部分，到目前為止遭到忽略的部分，因該等術語認為是不言自明之理。然而，在處理新的術語時，重要的是盡可能少地將其視為是非不言自明，以避免不必要的混亂，以達到對概念的精確掌握。

第三章　混合戰架構與五元論

　　本文根據對克勞塞維茲思想的擴大解釋，即「五元論」，將混合戰放在更廣泛的架構之內，以解釋混合戰的成功和國際秩序顯然無法處理的原因。採取此類方法有兩個原因。首先，本文基於對克勞塞維茲經典哲學的理解，即戰爭的本質恆久不變，每一種新的形式或概念都會維持相同的基本原則。其次，雖然克勞塞維茲的原則仍然適用於大規模衝突，但現代情況要求在處理不太公開的衝突時擴大參考架構。雖然混合戰的各個組成部分並不是全新的內容，但就其影響和範圍而言，混合戰與其他形式的戰爭有著本質的區別。

　　自冷戰時代結束以來，國家參與「三元論」的衝突已經變得愈來愈少；也就是說，完全基於克勞塞維茲「三元論」的衝突。各種因素，諸如國際組織、規範和價值觀的重要性增加，復以國際體系中大國能力的整體下降，意味「三元論」的戰爭不再被認為是公認的衝突形式。由戰爭中的政體的政府、軍隊和人民組成的傳統的「三元論」，已由自由民主國際秩序的主要大國，主要是可被稱為西方或現狀大國的國家和組織視為不可接受。

　　在這種向更高的戰爭門檻轉變的基礎上，本文引入「五元論」的概念，在最初的克勞塞維茲「三元論」中加入外部合法性和對盟友或聯盟的需求。國家在 21 世紀進行有限戰爭時必須在此「五元論」架構內運作。另一方面，參與混合戰的行為者掩蓋了這些更高的原則，以便參與衝突，使其低於「五元論」架構所規定的門檻。

　　這種擴大的方法不僅可以研究混合戰的原則，而且還有助於解釋為什麼這麼多國家在處理混合戰時有問題。在這個世界上，軍事干預愈來愈被視為任何一國都不應該單獨嘗試的事情，對盟友和外部合法性的需求是最重要的。混合戰旨在利用國際秩序的這些特點，遠離原始克勞塞維茲「三元論」的容易識別的國家對國家的衝突，因為這可能會滿足「三元論」中提出的額外要求，導致大規模的常規反應。

　　如果可以將「混合戰」的概念放在適合的架構內，就能得到更好的理解。由於沒有任何社會現象是在真空當中發生，社會現象總是受到各種外部影響、壓力和事件的制約。在「混合戰」的背景下，有兩個關鍵的架構支柱：基於規則的西方國際秩序和密切相關的克勞塞維茲對戰爭的性質和特性的理解。本文將確立此兩根支柱的基礎，並提供理解「混合戰」的理論架構。第四章將在此概念的基礎上，以創建「混合戰」的理論。

　　以規則為基礎、以西方為主導的國際秩序主題，在理解「混合戰」現象時是最重要的脈絡之一。不僅該現象本身發生在特定的架構當中，而且該架構的其他要素也是如此。可以說，影響所有其他因素的首要架構是國際秩序。此假設的依據是，國家是國際體系中的主要行為者。反過來，國家創建了一些國際組織，使國際組織能夠更好地預測或實現自身的國家利益。因此，就邏輯而言，國家和它們的機構（國際組織）集團是無政府體系中最高的合法和法定權力來源。本文並不試圖解釋整個國際秩序，而是將重點放在那些對理解「混合戰」具有重要意義的面向。

　　在處理戰爭的性質和行為時，圍繞任何新概念架構的核心要素應該基於或直接來自克勞塞維茲（Carl von Clausewitz）的開創性著作《戰爭論》（On War）。因此，本文第二部分的結構和內容將在很大程度上依據克勞塞維茲的思想。首先，本文探討原始的「三元論」，以及圍繞它的一些辯論，包括歷史和當代的辯論。其次，本文試圖擴展克勞塞維茲的架構，為「三元論」增加兩個新的部分：額外的合法性和盟友。因此，此類擴大的架構可以稱之為「五元論」。就此而言，本文提出「混合戰的五元論」，以便更好地解釋與混合戰相關的複雜性。本文的第三部分，也是最後一部分，致力於結合此兩部分，對「混合戰」及其戰略環境之間的關係做出說明。

第一節　國際秩序

　　廣義而言，自 1648 年《威斯特伐利亞和約》（Peace of Westphalia）以來，有三種類型的國際秩序。第一種是多極（大國時代），第二種是兩極（冷戰），最後一種是單極（冷戰後有爭議的美國「單極時刻」[1]）。一般而言，自 1990 年代以來，但肯定是自 21 世紀之交以來，國際秩序再次走向多極化。雖然此並不令人驚訝，但同樣不令人驚訝的是，這種轉變伴隨著戰爭發生率的增加，因為多極體系往往更穩定，但也更容易發生戰爭。[2]前面提到的國際秩序類型代表

---

[1]　Charles Krauthammer, "The Unipolar Moment," *Foreign Affairs*, Vol. 70, No. 1 (1991), p. 23.

[2]　Kenneth N. Waltz, "The Emerging Structure of International Politics," in Kenneth N. Waltz, ed.,

了在這種環境中生存的不同嘗試。無論它已經是多極化還是仍在成為多極化的過程中，當代國際秩序都是第二次世界大戰後思維的產物。因此，它比之前的多極國際秩序更加自由，而之前的多極國際秩序在很大程度上可以說是現實主義（Realism）的模式，它的基礎是防止在國際體系內重新出現導致兩次世界大戰爆發條件的想法。[3]

支撐此根本目標的是國際秩序的核心原則。此核心原則設想為普世的自由，因為它是以規則和法律為基礎（包括對人權的保護），並尊重國家的主權和領土完整。[4]這些核心的原則往往與西方自由民主國家相關，儘管核心原則並不僅侷限於所謂西方民主國家。當然，考慮到此制度是作為盎格魯美國人的理念而建立，此核心原則的內核價值並不令人意外。當時的另一個大國，蘇聯只是作為某種戰爭措施參與了此一進程，並避免參與該體系的機關，超出了其防止整個（國際）體系被用來對付它的能力。然而，最初設想的國際秩序並不完全建立在民主規範和價值觀之上。作為那個時代的主導權力，美國成為該體系的保障者。此意味著該體系不僅有今天所謂的「軟權力」，即美國的經濟、貨幣、聯盟體系和領導力，[5]而且還有美國的軍事和「硬」權力，無疑有助於將蘇聯留在其中。[6]

隨著國際秩序數十年來的發展，其他西方主要大國（英國、法國和德國）已經恢復和發展，並在捍衛國際秩序方面扮演了突出，儘管仍然是次要的角色。一般而言，它們與美國可以一起被稱為此國際體系中最有影響力的「守護大國」（Guardian Powers）。冷戰結束後，美國單極霸權的出現，加上歐洲聯盟（以下簡稱「歐盟」）的崛起及其「軟權力」（Soft Power）途徑作為，導致國際秩序從其更傳統的自由主義，而且仍然是硬權力保證的根基，轉向更為自由主義擴張的模式，不僅提供，而且積極促進和實施民主價值觀和理念。此類途徑的很好代表例子之一是美國／北約的（東）擴大政策，下一章將詳細介紹。

在進一步分析國際秩序的轉變之前，需要明確定義「守護大國」一詞。在

Realism and International Politics (Abingdon: Routledge, 2008), p. 167.

3　Richard N. Haass, "Liberal World Order, RIP," *Council on Foreign Relations*, 21 March 2018, https://www.cfr.org/article/liberal-world-order-rip.

4　*Ibid.*

5　G. John Ikenberry, "The End of Liberal International Order?," *International Affairs*, Vol. 94, No. 1 (2018), p. 8.

6　Richard N. Haass, "Liberal World Order, RIP," *Council on Foreign Relations*, 21 March 2018, https://www.cfr.org/article/liberal-world-order-rip.

最廣泛的意義上，守護大國指的是任何對維護國際秩序有積極利益的行為者
（無論是國家還是非國家），無論是在全球範圍之內還是在區域範圍之內。就
狹義而言，「守護大國」術語指的是體系內相對較小的領導國家群體，它們在
政治意識形態（自由主義、市場經濟）和政府組織（民主）方面可以加以描述
為「西方」，而且也擁有延續和維持該體系的能力。除非另有說明，該術語將
在本書中使用後一種意涵。與任何體系一樣，國際秩序為追隨者提供了某些好
處，這些好處隨著體系內行為者的相對權力而相對增加。

就此意義而言，守護大國和此體系中的其他被動支持者可以視之為「現
狀」國家。其他行為者也可以獲得利益，但只要這些利益超過了破壞體系的成
本，它們就會願意在體系的制約下行動。體系的挑戰者可以視之為「修正主
義」國家，因為它們希望解決體系內部的權力平衡，或體系中的某些面向；舉
例而言，它們在體系中的地位變動。守護大國的角色是確保各國對國際秩序規
則的遵守。它們認為它們推動的國際秩序是真正的全球秩序，意味著它們的行
動同樣具有深遠的意義，甚至適用於那些對該體系或其在體系中地位不滿意的
國家，以及那些公開挑戰該體系的國家。

此類從冷戰緊張局勢下的被動秩序向西方自由民主意識形態的積極推動者
的轉變，使國際秩序與其自身的核心前提發生了衝突：尊重國家主權（人權與
主權）。保護的責任（Responsibility to Protect, R2P）理論代表了此類思想的高
度。然而，由於其在 2011 年干預利比亞期間未能得到應用，該理論在很大程
度上遭致遺棄，而且此人類安全（Human Security, HS）為主的政策架構認為是
給予守護大國的全權委託，或者更重要的是，其給予守護大國在追求延續和促
進國際秩序方面的全權委託，[7]或許是北京喜歡形容的「長背管轄」。雖然此並
不代表一種根本性的反思，但這種變化趨勢的重要性足以將當代國際秩序稱為
「世界秩序 2.0」。[8]

哈斯（Richard N. Haass）認為，此種第二次迭代強調了「主權義務」
（Sovereign Obligations），即國家對體系中其他國家的義務，而不是對其人民
的義務。就本質而言，該體系尊重國家的國內主權，但只有當它們遵循該體系
的規範時，它們的國際主權才會得到尊重。[9]這些規範包括聯合國的條約和宣

7　"The Lessons of Libya," *The Economist*, 19 May 2011, https://www.economist.com/node/18709571.

8　Richard N. Haass, "World Order 2.0," *Foreign Affairs*, Vol. 96, No. 2 (2017), p. 2.

9　*Ibid.*

言，對國際法的尊重和對自由民主價值觀的接受。顯然，這些都反映了守護大國的價值觀和利益，它們利用這個體系來促進它們對國際秩序的觀點。

　　然而，守護大國也受到這些規則和規範的約束，儘管它們偶爾自己會違反該等規則和規範。兩個最明顯的例子是 1999 年科索沃原型國家的建立和 2003年在法律上有爭議的對伊拉克的入侵。雖然入侵伊拉克可以說是對國際秩序規則的「延伸」（長臂），但科索沃的情況要麻煩得多。當美國領導的聯盟建立了事實上的獨立政體時，它打破了自己國際秩序的所有基本原則；當俄羅斯在2014 年被這些國家指控改變歐洲的邊界時，此一事實遭到忽略了。儘管有其他國家的抗議，守護大國還是對規則進行了解釋，以適應自己的利益，證實了修昔底德的格言：「強者做他們想做的事，弱者做他們必須做的事。」[10]守護大國集體與任何潛在的個別反對者或反對者集團之間的巨大權力差距意味著，除了批評體系的（錯誤）使用，反對者能做的不多，至少不能公開。然而，守護大國的權力也受到這些規則和規範的約束，儘管他們偶爾會自己違反這些規則和規範。

　　雖然守護大國在遵守它們所創建的國際秩序方面有時會十分的武斷和自相矛盾，但在大多數情況下，它們傾向於遵循國際秩序的指導方針。國際秩序對其成員施加的最重要的原則是對軍事干預的嚴格限制。雖然從歷史角度而言是合乎邏輯，但這些嚴格的條件是一把雙面刃。一方面，西方的常規軍事優勢是無與倫比，因此西方國家希望以負責任的國際行為者的身分行事，或者希望被認為是負責任的行為者。他們根據國際秩序的規則，對自己的權力使用進行限制，希望此能說服所有其他行為者效仿。另一方面，如果任何行為者不遵守這些約束，守護大國就有理由進行干預。只有當國家的重要利益受到威脅時，這種行動所需的政治和社會支持方能實現。這些威脅包括直接的軍事威脅，透過獲取資源或貿易路線，以及政治顛覆。[11]雖然此對任何國家而言都是如此，但對守護大國而言，國際秩序的延續代表著額外的國家利益；因此，只要能明確識別，它們就會非常積極地應對任何潛在的威脅。

　　在深入研究國際秩序和混合戰之間的聯繫之前，需要進行一些補充分析。由於國際秩序和混合戰之間的關係圍繞著衝突和脅迫的概念，現在將討論對戰爭的性質和特點的研究。

10　Thucydides, *The History of the Peloponnesian War*, Book 5, para. 89.
11　Rob de Wijk, *The Art of Military Coercion* (Amsterdam: Amsterdam University Press, 2014), p. 107.

第二節　戰爭的性質和特點：三元論

　　《戰爭論》不僅在西方，而且在全球已經成為現代戰略的基石之一，因此，在處理新概念時，必須非常謹慎地考慮其影響。自《戰爭論》一書問世以來，學者和專業人士一直在爭論克勞塞維茲提出觀點的確切含義及其應用。由於《戰爭論》部分內容並未全盤完成，只有第一部分由作者完全地編輯過，致使對混合戰無濟於事。在如此的情形下，數個世紀以來，自然出現了不同的解釋。在此漫長時間的大部分期間，傳統、國家之間的戰爭是主導性的戰爭方式，以至於它被賦予了克勞塞維茲主義或「三元論」戰爭的稱號。

　　然而，冷戰結束後，發生了重大的轉變，許多作者放棄了克勞塞維茲，理由是未來的戰爭不會如此整齊地落入國家之間的「盒子」分類。這些思想家中最突出的是克里夫德（Martin van Creveld）和基岡（John Keegan）。[12]但是，這些作者所預言的戰爭性質的重大轉變是否真的發生了？這個問題並沒有明確的答案，儘管可以說他們的理論至少在一定程度上受到許多國家之間持續的戰爭所質疑。戰爭本身的性質是否會發生變化則更成問題。克勞塞維茲將他的著作建立在戰爭性質不變的想法之上，但這種性質可以有各種不同的特徵。就此而言，他假設存在一個矛盾的「三元論」，[13]代表了戰爭的本質。

　　經典的克勞塞維茲「三元論」理論是從《戰爭論》中相當短的一段話中所提煉出來，儘管在整個文本中提到了「三元論」的各種要素。「三元論」背後的核心原則是將戰爭的概念簡化為其核心組成部分和特徵；一種盲目的自然力量，充滿了機會和機率，只服從於理性。克勞塞維茲將此三個部分聯繫起來，與人民、軍隊和政府相對應。[14]然而，此種聯繫並沒有獲得普遍接受，因為「三元論」中的一個或另一個部分的個別特徵可以說是存在於另一個部分之中，此取決於具體情況。對於克勞塞維茲是否真的有兩個緊密相連的「三元論」，也存在一些爭議。格雷（Colin Gray）主張存在兩個「不穩定的『三元論』」。第一個或主要的「三元論」由民眾的感情、軍事表現和政治方向組成，或由激情、機會和理性組成，而第二個「三元論」則由人民、軍隊及其指揮官

---

[12] Stuart Kinross, "Clausewitz and Low Intensity Conflict," *Journal of Strategic Studies*, Vol. 27, No. 1 (2004), pp. 40-45.

[13] Carl von Clausewitz, *On War* (Los Angeles: Enhanced Media, 2017), p. 30.

[14] *Ibid.*

和政府或政策組成。[15]這種二元性在那個時期的許多作家中並不罕見，格雷並不是唯一接受這種長期存在的德國二元性知識傳統的人。它源於啟蒙運動和康德思想的哲學遺產，正如克勞塞維茲的著作所表明的那樣，他無疑是贊同這種的傳統。此並不是說他接受了康德哲學的所有方面，但他會意識到這一點，並在他的學校教育和軍事生涯中會接觸到它。[16]

　　一般認為，每個概念或現象都有客觀和主觀的性質或部分。因此，由暴力、仇恨和敵意、自由精神和從屬關係組成的第一個「三元論」是客觀的性質；是所有戰爭的共同點。另一方面，主觀部分包括更多的制度化行為者，諸如人民、軍隊和政府，以及隨每場戰爭變化的外部環境。這兩部分是不能分開的，它們分別代表了戰爭的性質和特點。[17]「三元論」的雙重性在許多方面是理解和探究它的根本，因為它不僅反映了克勞塞維茲寫作的最初時期，而且還解釋了為什麼「三元論」一直保持其到今天的價值。隨著對「三元論」的每個組成部分進行更詳細的探討，非常重要的是要記住，它們不是離散的單位，而是一組相互聯繫和相互依賴的實體（見圖 3-1）。它們可以以任何不同的方式結合在一起，此取決於時間和周圍的環境，但總是會努力保持平衡；正如克勞塞維茲所言：「因此，我們的任務是發展一種理論，保持這三種傾向之間的平衡，就像物體懸浮在三磁鐵之間。」[18]

15　Colin S. Gray, "War—Continuity in Change, and Change in Continuity," Parameters, Vol. 40 (2010), p. 8.

16　Michael Howard, Clausewitz a Very Short Introduction (Oxford: Oxford University Press, 2002), p. 14.

17　Antulio J. Echevarria, "Globalization and the Clausewitzian Nature of War," The European Legacy, Vol. 8, No. 3 (2003), pp. 320-321.

18　Carl von Clausewitz, On War (Los Angeles: Enhanced Media, 2017), p. 31.

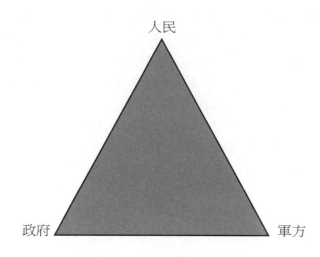

圖 3-1　三元論要素圖

資料來源：筆者歸納繪製。

　　作為任何一個社會的基本組成部分，人民擁有驕傲的地位是非常地恰當。就戰爭理論而言，人民代表著激發戰爭的情感和激情。他們體現了原始的暴力、仇恨和敵意，進而構成了盲目的自然力量。[19]可以說，他們是「三元論」中的激情，也是其合法性的主要來源。遵循二元性原則，它們是最主觀的組成部分，但它們不僅要依靠其他兩個來平衡，而且還要依靠最初的武力的刺激。如果政府和軍隊希望發動戰爭，他們必須點燃人民的激情，這就要求這些激情已經存在於公眾意識中，[20]此並不總是一件容易的事。有些衝突甚至違背了此一概念，只要衝突的時間足夠短暫，或者人民對它沒有足夠的興趣，目標就能迅速和相對無痛地實現，諸如腓特烈大帝（Frederick the Great）的戰爭或美國發起的波士尼亞戰爭。[21]無庸置疑，這種做法有巨大的風險因素，因為如果戰爭持續的時間比預期的要長，公眾就會有更多的時間，對它的興趣也會更大，尤其是如果持續時間長，傷亡也更大。人民的支持在任何戰爭中都是至關重要

19　*Ibid.*, p. 30.

20　*Ibid.*, p. 31.

21　Christopher Bassford, "Primacy of Policy and Trinity in Clausewitz's Thought," in Hew Strachan and Andreas Herberg-Rothe, eds., *Clausewitz in the Twenty-First Century* (Oxford: Oxford University Press, 2007), p. 81.

的因素，因為失去這種支持和相應的合法性會帶來災難。

　　存在於可能性和偶然性領域的是「三元論」之中的第二部分，即為軍隊。與其他兩個部分相較，它更需要處理戰爭的不可預測性，因為它不僅要在宏大的戰略層面上面對它，而且還要在日常的戰術行動中面對它。也許這就是為什麼克勞塞維茲給了軍隊一個相當有詩意的環境，在那裡「創造性的精神可以自由馳騁」。[22]任何軍隊都必須為無數的突發事件做準備，而這些突發事件在他們最終的戰爭中可能並不適用。[23]在現代社會，此可能是一個老式的概念，但個別指揮官仍然可以決定一場戰役，甚至是一場戰爭的成敗。與「三元論」的最後一部分政府一樣，軍隊也高度依賴於公眾的支持，儘管它受公眾的直接影響較小，因為大多數社會都對其軍隊有一定的好感。此源於這樣一種觀念，即一個國家的首要職責是保護其人民，而軍隊是政府的主要工具。這種關係也許最能說明「三位一體」所有部分的相互關聯性。

　　「三元論」的最後一部分是關於政策的控制和制定。克勞塞維茲認為，政府必須壟斷政治目標的制定。此乃為了防止軍事目標成為總體目標，其最終結果是國家僅僅為了打仗而打仗。戰爭必須服從於政策，為政治目標而戰；它是一種政治工具。克勞塞維茲用他最著名的箴言最精闢地總結了此點，戰爭「只是政治經由其他手段的延續」。[24]這種理性的觀點是領導人或政府的責任，並不意味著戰爭是解決國家間任何和所有分歧的自然手段，或者一旦戰爭開始，所有其他形式的互動都應該停止；只是戰爭是眾多工具中的一種，不應該被視為必須在任何時候都避免的東西。

　　需要注意的一點是，當克勞塞維茲提到「政府」或「國家」以及戰爭的政治征服時，他並不一定將戰爭的概念限制在國家間的「品牌」界限。史密斯（Rupert Smith）指出，「政治」的概念往往與現代的國家觀相聯繫，當時它是「正式和非正式的政治實體的活動和相互作用」。[25]《戰爭論》中當然沒有任何內容會導致它只適用於國家間戰爭的結論，此乃經由對克勞塞維茲的二次引用，主要是他的批評者強加的解釋。雖然他的大部分歷史研究都集中在國家之

22　Carl von Clausewitz, *On War* (Los Angeles: Enhanced Media, 2017), p. 30.

23　Beatrice Heuser, "Introduction," in C. Clausewitz, ed., *On War* (Oxford World's Classics, Oxford: Oxford University Press, 2008), p. xxix.

24　Carl von Clausewitz, *On War* (Los Angeles: Enhanced Media, 2017), p. 28.

25　Rupert Smith, *The Utility of Force—The Art of War in the Mode:n World* (London: Penguin Books, 2005), p. 58.

間的戰爭中，但他自己的軍事經驗和思想中確實提到了游擊戰或叛亂。[26]政策的首要性並不取決於特定的國家或政府系統，只要決策中心在民眾和其控制的軍隊眼中係屬合法。

　　將軍事力量的使用限制在除最後手段之外的所有情況，是處理衝突的一種流行方式，儘管被誤導的現代了，尤其是在西方世界。此乃對國際秩序中對使用武力的關鍵限制之一。使用武力應該是最後手段的想法不僅不符合克勞塞維茲的精神，而且有意識地拒絕了國家使用軍事力量作為確保其自身生存的工具的能力。由於這些限制是如此具有壓迫性，只有明確和不可否認的威脅才能觸發三元論的機制，這將允許一個國家做出強制性的反應。當然，此即為混合戰的使用創造了理想的環境。隨著對古典「三元論」的研究的完成，現在是擴大架構的時候了，以便加深對圍繞混合戰複雜性的理解。

第三節　當代戰爭的性質和特點：五元論

　　沿著歷史的時間軸走了兩個世紀，今天的世界與克勞塞維茲寫《戰爭論》時的世界有很大不同。許多事情都發生了變化，但有些事情卻沒有變化。戰爭的政治性質仍然是不變的，但戰爭的特點很難由 19 世紀的戰略家所認識。戰爭的最新特徵之一是混合戰，為了更好地理解此一概念，有必要研究克勞塞維茲的思想如何被調整到現代的應用。此並不是說原來的、經典的「三元論」不再適用。它仍然很有意義，尤其是對採用混合戰的行為者而言，正如本文後面將說明的那樣。根據上一章對混合戰的定義，很明顯，混合戰是為政治目的所發動，它需要人民的支持，並受制於與其他形式的戰爭相同的現實情況。就其性質而言，它是非常克勞塞維茲式，也就是說，是經典意義上的「三元論」。

　　對擴大架構的需求來自於如此一個事實，即應對混合戰要比發動戰爭困難得多。為什麼混合戰看起來如此成功，為什麼一些國家在反擊混合戰方面存在如此大的問題，此為兩個重要的問題，將在下一章進行闡述。然而，首先，必須將國際秩序的架構與混合戰的特點聯繫起來。如前所述，當代國際秩序使克勞塞維茲「現代化」，並修改了他的觀點，以符合守護大國所理解和實踐的 21

---

[26] Beatrice Heuser, "Introduction," in C. Clausewitz, ed., *On War* (Oxford World's Classics, Oxford: Oxford University Press, 2008), pp. xix-xxi.

世紀戰爭的概念。藉由國際秩序的建立，古典「三元論」的某些特徵被賦予了非同尋常的重要性，以至於它們可以被提升到這樣的程度，需要得到獨特的認可。有兩個如此的要素，因此，「三元論」已被轉化為「五元論」。

最初的人民、軍隊和政府「三元論」的原則仍然適用於混合衝突中的所有各方，尤其是當一國的基本安全甚至生存受到威脅時。然而，混合戰通常不是直接針對強大的對手，而是針對位於戰略競爭地區邊界的較弱的外圍行為者。此外，混合戰的特點強調不透明性，故意讓一個行為者在不冒大規模常規反應的高風險的情況下實現其目標。在國際秩序的背景下，混合戰旨在保持在守護大國認為的明顯威脅的門檻之下。舉例而言，俄羅斯在烏克蘭的行動是針對既非北約也不是歐盟成員的國家，也不是俄羅斯視為競爭對手的任何強國的盟友。如果克里姆林宮奪取了波蘭或愛沙尼亞的很大一部分，那就很有可能引發第 5 條規定的大規模常規反應，[27]因此，混合戰略並不合適。

混合戰的目的是為了混淆和鈍化西方軍事干預的威脅，而此類干預顯然是在其利益範圍的邊緣，並且沒有完全納入防禦性的軍事結構之中。在這種情境下，唯一可用的強制手段是常規的軍事干預，以阻止混合行為者實現其目標，但此種干預的要求比領土防衛或嚇阻的要求更為複雜。現代軍事干預是在五元制而不是三元制的架構下所進行，因為守護大國對自己以及整個體系都有政治和法律上的限制。例如，歐盟和北約在進行干預之前都需要滿足一些困難的條件，其中最主要的是聯合國安全理事會（United Nations Security Council, UNSC）的授權或任務。

在缺乏對重要利益的明確威脅和／或外部授權的情況下，守護大國的決心很快就會遭受削弱，因為「三元論」的內部機制已經被認為是不足以應對當前的環境。此外，即使獲得了此類授權，也只有少數幾個國家有能力進行此類的干預。顯然，實際上是需要額外的合法性，此種合法性不僅來自「三元論」的所謂「內部」的行為者，而且也來自更廣泛的國際體系。即使在守護大國中也存在能力不足的問題，此就需要有意願的盟友，此也有助於解決額外合法性的問題。外部合法性和盟國的參與都是可以在原始「三元論」中找到的要素。然而，一般認為它們是額外的資產，而不是基本組成部分。「三元論」政體的決策只需要內部的凝聚力，就可以發動戰爭。如果人民支持開戰的決定，軍隊有

27　NATO, *The North Atlantic Treaty* (Washington, DC, 4 April 1949), http://www.nato.int/cps/en/natolive/official_texts_17120.htm.

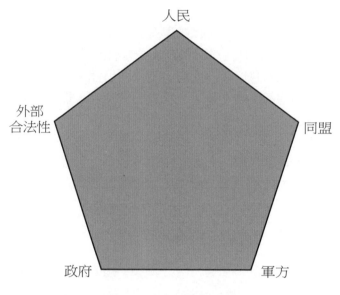

圖 3-2 五元論要素圖

資料來源：筆者歸納繪製。

能力發動戰爭，而政府又制定了政治目標，那麼這就足夠了。正是「五元論」
的架構將額外的外部合法性和對盟友的需求提升到了進行戰爭的成熟前提條
件。

一、外部的正當性

合法性是克勞塞維茲「三元論」理論的核心。政府的合法性來自於人民，
而人民又受到政府控制的軍隊之保護。軍隊依靠政府獲得合法性，並提供保護
作為回報。他們也是政府向人民提供保護的工具，政府透過這種方式維持其在
人民中的合法性，並反過來使自己的存在合法化。此為「三元論」的「內部」
合法性，在傳統意義上，如果國家的安全出現問題，此就滿足了條件；然而，
當面臨外部軍事干預時，就需要額外的合法性。如此額外的「外部」合法性必
須來自外部，它使行為者能夠對其境外的任何形式的威脅做出反應。然而，外
部合法性的來源僅限於國際組織（聯合國、歐盟、歐安組織、北約等）或更廣
泛的整個國際社會（盟友、友好國家或其他國際行為者）。

在深入研究合法性（Legitimacy）的概念之前，描述該詞彙所代表的意涵將非常有益。此為受到廣泛使用的術語，但往往缺乏明確的定義。《牛津英語詞典》將合法性定義為「符合法律、規則或某些公認的原則；即合法（Lawfulness）」。[28]因此，這個概念既與法律有關，但在某種程度上又與法律無關，取決於具體情況。就此點上，必須指出，正當性（Legitimacy）和合法性（Legality）並不具有相同的含義。一項行動可能是合法的（Legal），但卻被認為是不合法的（Illegitimate），反之亦然，如果將合法性（Legitimacy）的定義與合法性（Legality）的定義相比較，就會很清楚。再來參考一般辭典所指，合法性（Legality）是「合法或符合法律的品質或狀態；合法（Lawfulness）」。[29]

有趣的是，《牛津英語詞典》的同一條目提到，在早期的使用中，「合法性」（legality）一詞與正當性（Legitimacy）同義。只要考慮到這兩個概念之間的區別，準確地說，這兩個概念何時出現分歧對這一研究方向來說並不重要。就像國際關係中的許多事情一樣，任何特定例子的細節往往被簡化為一種判斷，合法性（在國際法中）和正當性之間的區別肯定屬於這個範疇。此意味著，這兩個術語往往可以被混淆或分離，這取決於人們從什麼角度來看待它們。在本文的討論中，它們被認為是相互補充的，因為重點不是國際法的細微法律問題，而是在國際舞臺上行動的合法性（Legitimacy）的基本概念。

2003 年的《歐洲安全戰略》（*European Security Strategy (ESS): A Secure Europe in a Better World*）非常明確地指出，歐盟使用任何武裝力量原則上都需要聯合國安理會的授權，它指出「聯合國安理會對維護國際和平與安全負有主要責任」。[30]有鑑於此，我們可以推測，歐盟認為其自身的合法性不足以讓它在境外進行干預。此舉當然是自我約束，但它仍然意味著，歐盟在應對混合戰時，最好的情況是反應緩慢，最壞的情況是完全沒有行動能力。如果聯合國安理會的常任理事國之一參與混合戰，就像 2014 年俄羅斯的情況一樣，如此的授權不會獲得授予，導致歐盟受到自己的規則而束縛。

當歐盟本身沒有受到威脅時，生活在其中的人們賦予歐盟的合法性是不夠

---

28 Oxford English Dictionary, "Legitimacy," http://www.oed.com/view/Entry/107111?RedirectedFrom=legitimacy#eid.

29 Oxford English Dictionary, "Legality," http://www.oed.com/view/Entry/107012?redirectedFrom=legality#eid.

30 European Council, *European Security Strategy: A Secure Europe in a Better World* (Brussels, 12 December 2003), p. 9.

的，因為公眾的支持根本不存在，在俄羅斯的情況下，也沒有執行的政治意願。歐盟的政治特徵，尤其是它的民主赤字，使得在戰爭與和平問題上的合法性存在很大的問題。有趣的是，2016 年歐盟全球安全戰略（EU Global Security Strategy, EUGS）中沒有具體提到對聯合國安理會授權的要求。然而，歐盟全球安全戰略確實承諾歐盟將支持「強大的聯合國，作為基於規則的多邊秩序的基石」，[31]因此，任何外部軍事干預仍然需要聯合國授權。

就北約的情況而言，聯合國安理會授權的必要性從未正式受到闡明。然而，在實踐中，它已成為一種需要。1999 年，北約準備在沒有聯合國安理會授權的情況下在南斯拉夫進行一場有限的戰爭，儘管戰爭開始三個月後，北約通過第 1244 號決議建立了事實上獨立的科索沃國家，至少使其部分合法化，[32]但此後，隨著伊拉克和阿富汗的經歷在許多成員國心目中留下陰影，北約一直不願重演此情境。2011 年，當北約考慮干預利比亞時，法律批准的要求被認為是最重要的，聯盟只在聯合國安理會第 1973 號決議通過後才進行干預。在議會關於利比亞問題的辯論中，英國首相卡梅倫（David Cameron）毫不含糊地提出了北約進行干預必須滿足的條件：明顯的需求、地區支持和明確的法律依據。[33]這些條件在 1991 年海灣戰爭和 2011 年的利比亞問題上都得到了滿足，但在敘利亞問題上卻沒有得到滿足，導致西方沒有做出任何有意義的強制性反應。聯合國安理會不願意通過類似的決議，部分原因是北約嚴重扭曲了關於利比亞的決議的含義和措辭，但也是因為俄羅斯的深度參與。[34]

雖然這些例子並不直接涉及混合戰爭的實例，但它們有助於證明一個明顯的趨勢。古典「三元論」的內部合法性被認為根本不夠。在一個現代的、全球化的世界裡，至少是默許的國際合法性是公認的準則，這是把雙面刃。當它被給予時，它為干預創造了非常強大的授權，但如果它被扣留，希望在自己的邊界之外反擊混合戰爭的國家發現自己受到了限制，儘管有巨大的技術和理論優勢。需要考慮的另一點是，這種思維為許多國家、人民和其他行為者創造了心

---

31 European Council, *Shared Vision, Common Action: A Stronger Europe, A Global Strategy for the European Union's Foreign and Security Policy* (Brussels, June 2016), p. 10.

32 UNSC, *Resolution 1244* (New York, United Nations, 10 June 1999), https://documents-dds-ny.un.org/doc/UNDOC/GEN/N99/172/89/PDF/N9917289.pdf?OpenElement.

33 House of Commons, "21 March 2011: Column 700," http://www.publications.parliament.uk/pa/cm201011/cmhansrd/cm110321/debtext/110321-0001.htm#1103219000645.

34 P. Perez-Seoane Garau, "NATO's Criteria for Intervention in Crisis Response Operation: Legitimacy and Legality," in *Royal Danish Defence College Brief* (Copenhagen, September 2013), p. 6.

理「舒適區」，他們公開呼籲採取行動，但私下裡卻不願意承諾採取行動。

同樣的規則適用於個別國家，它們可能希望對採用混合戰爭的對手進行軍事干預。任何可能決定進行單方面干預的國家都會受到全球譴責，並可能面臨經濟和外交制裁。混合行動者在決定其希望實現的目標時可以利用這一事實。當真主黨在 2006 年對以色列發動戰爭時，它可以相當肯定以色列會以某種方式做出回應。當以色列以大規模的常規攻擊作為回應時，不僅削弱了真主黨的力量，而且也損害了以色列的國際地位，因為這次攻擊再次被認為是過度侵略和好戰的國家的行為，對較弱的對手造成了破壞。[35]就現實的角度而言，真主黨從未獲得過軍事上的勝利，但被羞辱的以色列至少可以讓他們在道德和公共關係上取得勝利。當然，情況要比這複雜得多，對 2006 年黎巴嫩戰爭的更深入研究將在下一章進行。

二、盟友

克勞塞維茲確實將可能的盟友作為戰爭的一個因素，但它們並非一國決定發動戰爭的核心。事實上，他將聯盟看成是某種商業交易，盟友計算它們的相對收益與可能損失的一定數量軍隊。[36]此或許是現代戰爭最明顯的出發點，而不是 19 世紀早期的戰爭。克勞塞維茲生活和撰寫論文時，正值國家徵兵制度開始盛行之時，每個政體或國家都希望在人力和戰爭資源方面自給自足。這也是一個民族主義抬頭和相應猜疑的時期。對盟友的可靠性必須抱有一定程度的懷疑，他使用的一句話就證明了此點：「一個國家可能會支持另一個國家的事業，但絕不會像對待自己的事業那樣認真對待。」[37]

此為非常現實的聯盟觀點，但反映了大量的歷史智慧，許多國家已經深刻了解了它們的失望。主要的辭典對聯盟的定義也大致遵循同樣的軌跡，並帶有健康的現實主義色彩。它對「聯盟」的定義是，在政治意義上，為共同目的或互利而聯合的狀態或事實，尤其是民族或國家；邦聯，夥伴關係。[38]慮及此

35　Deutsche Welle, "European Press Review: 'An Act of War'," 16 July 2006, http://www.dw.com/en/european-press-review-an-act-of-war/a-2097777.

36　Carl von Clausewitz, *On War* (Los Angeles: Enhanced Media, 2017), p. 250.

37　*Ibid.*

38　Oxford English Dictionary, "Alliance," http://www.oed.com/view/Entry/5290?rskey=eKLjvN&result=1&isAdvanced=false#eid.

點，十分的明顯，當「聯盟」一詞指的是軍事類型時，問題往往會成倍增加。

當今世界上大型的、多國的、真正的軍事聯盟的數量難以判斷，因為它們可以是國家的臨時組合，為了面對共同的敵人或威脅而聚集在一起，也可以是和平時期存在的更加制度化的聯盟。後者唯一毋庸置疑的例子是北約，集體安全條約組織（Collective Security Treaty Organization, CSTO）、上海合作組織（Shanghai Cooperation Organization, SCO）和歐盟的共同安全與防務政策（Common Security and Defense Policy, CSDP）作為團體，在未來發展某種軍事聯盟結構。

特設聯盟的數量往往要多得多，而且就其性質而言，持續時間較短。此類聯盟的例子有 2003 年伊拉克戰爭期間的「志願聯盟」（Coalition of the Willing）或目前 2014 年 12 月成立的打擊伊拉克和黎凡特伊斯蘭國的全球聯盟（Global Coalition to Counter the Islamic State of Iraq and the Levant）。[39]當然，更傳統意義上的小聯盟，諸如只有兩個國家之間的聯盟（英葡聯盟、美日聯盟等）數量更多。

雖然這些聯盟在理論上不太容易受到大型聯盟的影響，但也不能免於這些問題。

在今天的職業軍隊中，戰爭的代價十分的巨大，此主要是由於西方國家以技術密集型的方式進行戰爭。具有諷刺意味的是，擁有成功的單邊軍事干預能力的國家的數量在過去二十年裡已經減少了。經由研究大多數西方國家在此一時期的國防開支占其國內生產總值的百分比，[40]可以清楚地看到，國防開支總體上明顯下降，導致了能力的削弱。此就使得利用盟友的援助變得非常重要。就此而言，五元論與經典的三元論概念相去甚遠，因為在現代，對盟國的依賴性大幅增加。盟國在擴大的克勞塞維茲架構中的角色具有雙重性，提供額外的合法性，最重要的是，填補能力上的空白。一些盟友可以同時做出貢獻，另一些盟友只能說明這兩個選項中的一個，但在此兩種情況下，他們的參與都取決於他們的意願。此外，任何國家都可以求助於兩種盟友，一種是長期的性質，有時是條約規定的盟友，另一種是臨時的聯盟盟友。一國所選擇的盟友組合，或者說能夠為其事業爭取的盟友組合，取決於每個案例的情況。

---

[39] US Department of State, *Joint Statement Issued by Partners at the Counter-ISIL Coalition Ministerial Meeting* (Washington, DC., 3 December 2014), http://www.state.gov/r/pa/prs/ps/2014/12/234627.htm.

[40] SIPRI, "SIPRI Military Expenditure Database," http://www.sipri.org/research/armaments/milex/milex_database.

　　即使是世界上最大的軍事強國美國，也必須仔細考慮任何單獨干預的前景。它可能不需要任何能力上的說明，但它總是意識到自己在世界上的地位，如果它的正式盟友和夥伴證明不願意支持它，它就會努力建立臨時聯盟。雖然它的安全文件強調了單邊行動的可能性，但這通常只是在維護國家核心利益的背景下。在實踐中，此意味著雖然它保持了單邊行動的可能性，但其發生的機率相對較低，而且取決於對核心國家利益的定義，更重要的是，對非核心國家利益的定義，則取決於當時的政府的解釋。對這種安全戰略而言，不幸的是，混合戰爭如果執行得當，將不允許或至少使美國很難聲稱其國家安全受到足夠的威脅而有理由進行單邊干預。對美國國家安全態勢的進一步分析將在下一章進行。

　　就盟友的類型而言，任何國家都有理由認為，其長期的朋友（可能是其他地區的正式盟友）會支持它的努力，但情況可能並非總是如此。如果干預的理由被判定為缺乏必要的證據，或者友好國家出於各種不同的原因不願意讓其部隊冒險，那麼即使是長期的支持者也可能成為不情願的旁觀者。像北約這樣的聯盟在典型的三元制戰爭中會有更好的表現，但當不得不決定在聯盟合約之外的「區域外」行動時，它已被證明是非常優柔寡斷和反應緩慢的。臨時盟友可能是一種選擇，但他們的支持可能源於自私的原因，這可能會產生反作用，或者他們可能無法以任何有意義的方式對能力問題做出貢獻。在某些情況下，他們的國際地位可能很低，甚至他們的認可也不能提供足夠的外部合法性。

第四節　結語：戰爭內外決定因素

　　為了總結本文提出的論點，似乎可以從兩個角度來加以考慮：混合戰的「目標」和混合戰的「使用者」之觀點。如前所述，毫無疑問，一個目標國在面對使用混合戰侵害其利益的對手時，會傾向於採用常規的「三元論」戰爭來對抗之。由於針對它的威脅相對明確，原則上它不需要盟友或外部合法性來進行抵抗；如果沒有該等因素，它是否會取得成功是另一回事。然而，出於兩個重要原因，它必須謹慎地如此為之。首先，正如以色列的情況所表明，過於激進的反應，雖然在行動上是成功的情形，但可能會落入對手的設計。其次，它還必須意識到，來自混合對手的攻擊可能很難被明確表述為對國際秩序的侵略性舉動。雖然對目標國家而言，情況可能很清楚，但國際秩序是在「五元論」

的基礎上運作，因此需要額外的證明。就「使用者」的角度而言，使用混合戰的行為者正在進行一場三元制的衝突，儘管是一場較低層次的衝突。然而，它必須敏銳地意識到，只有在目標國的朋友和盟友以及守護大國不做出三元論的反應時，它的目標才能實現，因為此可能意味著災難。另一方面，只要行為者能夠成功地保持對混合戰升級的控制，它就可以依靠五元國際秩序來限制和禁止目標國以三元方式進行自衛。

　　對於那些沒有直接參與混合戰爭的國家，無論是作為消費者還是作為目標，情況就更不清楚了。在沒有直接威脅的情況下，他們唯一可以操作的框架是五元制，因為他們面臨著內部合法性的不足。混合戰的不透明性意味著它為採用混合戰爭的行為者提供了某種程度的可否認性，這使得干預的理由非常困難。在沒有明確威脅的情況下，對額外合法性的要求可能會導致根本沒有反應，或者會導致混合行為者為了實現既定的政治目標而更願意付出代價。俄羅斯似乎更願意忍受因其在烏克蘭的行動而對其實施的經濟制裁，真主黨在黎巴嫩和敘利亞政治中仍然是一股重要力量，儘管以色列在 2006 年對其造成了損害。另一方面，北約和歐盟面臨著嚴重的內部問題，在如何更好地開展工作方面存在分歧，除了繼續進行空中和導彈襲擊以及特種部隊行動外，似乎都不可能在軍事上援助烏克蘭或以任何決定性的能力在敘利亞進行軍事干預。[41]

　　尤其是對守護大國而言，另一個考慮是民主政治制度。民主被視為最理想的政治制度，不僅對國際秩序的大國，而且對國際秩序本身也是如此。此種願望進一步反映了守護大國在建立當前國際秩序方面的歷史和影響。然而，隨著主權原則的日益削弱，國際秩序中國家的國內政治制度的性質成為一個重要問題。五元制之所以沿著它的路線發展，是因為人們認為需要透過增加體系內民主國家的數量和修改體系本身的性質，以實現國際關係實踐的民主化。雖然這種自由主義的目標聽起來很吸引人，但民主可能是及時決策的一個重要障礙。在外交政策中，快速行動往往有所必要，在面對混合戰時更是如此。國內民主政治的兩個重要標誌是增加決策過程中的利害關係者的數量，以及希望就問題尋求更廣泛的共識。這兩點都是為了提高決策過程以及最終決定的合法性。然而，在國際政治領域，這種政策可能會導致決策速度減慢，或者在極端情況下，導致國家或超國家層面的決策過程癱瘓。

　　在傳統的軍事意義上，任何戰爭的優勢通常都在防禦方，而經由採用混合

41　IISS, "The Future of US Syria Policy," *Strategic Comments*, Vol. 23, No. 1 (2017), pp. ix-xi.

戰爭，行為者將自己置於戰術進攻但戰略防禦的位置。這不是一個新的發明，因為至少從火藥的發展開始，防禦的首要地位就已經是戰爭藝術的一個特點。就混合戰而言，迄今為止，它已被證明是有些成功的。透過對較弱的對手運用混合戰的進攻力量，同時對更廣泛的國際秩序採取強有力的戰略防禦立場，行為者不僅有機會實現其目標，而且以相對較低的代價實現。此使得混合戰不僅在軍事上有用，而且在經濟上實用，此部分將在下一章進一步闡述。

　　總之，要把握混合戰現象的全部含義，傳統的「三元論」概念已經不敷使用了。國際秩序透過其守護大國制定了一個架構，使合法性和聯盟的特徵更加突出。因此，體系內的每個行為者都必須在內部和外部兩個平行的架構下運作。最初的「三元論」是對單一行為者的內部，無論是國家還是非國家。然而，外部架構，即「五元論」，透過作為國際秩序本身的一部分加以採納和應用，取代了內部架構。額外的合法性只能透過體系的機制和機構授予，諸如聯合國安理會的授權或廣泛的民意支持。如果它能為支持國際秩序延續的行動提供合法性，並能證明它是對可信、不可否認的威脅的回應，那麼它也更有可能被賦予。額外的合法性問題可以透過盟友（無論新舊）來緩解，盟友會自動帶來一些額外的合法性。然而，它們的主要價值在於支持或補充目標行為者或代表該行為者的守護大國的脅迫能力的能力。

　　就其核心而言，混合戰是純粹的「三元論」。就本質而言，它代表了一種脅迫方式，此類方式在國際體系中從創立之初就十分地突出，並廣為接受。然而，由於它現在必須在「五元論」的環境中進行，它必須致力於做到不透明。採用這種方式的行為者是以克勞塞維茲的方式對待目標，只需要「三元論」的基本內部合法性。同時，它也在利用影響世界其他地區的「五元論」限制，這可能也包括混合戰的目標。基於前面的分析，可以說混合戰代表了挑戰國際秩序及其守護者的最有效方式，而不必完全摧毀這個體系本身。由於守護國只有在滿足五元制要求的情況下才會進行軍事干預，因此，只要衝突不升級到對體系及其守護國的重大利益構成深刻挑戰的程度，混合對手就可以在相對較小的風險下追求自己的目標。

第四章　混合戰戰略

　　第三章將混合戰的概念置於更廣泛的理論架構當中，以了解其主要觀點。本文將在此基礎上探討是什麼原因導致混合戰略如此有效，以及為什麼常規軍事結構在發現、識別和處理混合戰略時是相對的困難。簡言之，本文將確立混合戰戰略的基本原則，並推斷出混合戰的統一理論。就結構上而言，本文是理論與實務的結合，旨在結合前面各章的理論途徑與後面的案例研究章節之間的互動。目的是透過將理論架構與對國際秩序中主要大國的國防政策的審查結合起來，以使理論框架具有操作性。本文所挑選的、將更仔細研究的國家和組織，主要是因為它們曾經、正在或在不久的將來可能面臨使用混合戰的對手。此外，關於選擇的其他考慮因素包括：它們在國際秩序中作為守護大國的角色（包括在全球和區域），以及希望在某種程度上將混合戰的概念擴展到以歐洲為中心的起源之外。

　　本文將探討政策制定和國防規劃以回答兩個關鍵問題：為什麼傳統的軍事結構在發現應處混合戰是相當地困難，以及混合戰的識別特徵為何？對選擇國家國防規劃的概述將確定混合戰略旨在所要利用的「弱點」。這些「弱點」可能是政治的面向，也可以是學說的面向，還可能是與能力有關的面向。本文將從美國和英國開始，然後將其範圍擴大到北大西洋公約組織（North Atlantic Treaty Organization, NATO；以下簡稱「北約」）。之後，重點將從北大西洋地區轉移到中東和以色列，然後是俄羅斯和日本。

　　總體而言，該等行為者代表了全球或各地區的大部分軍事和政治力量。為了得出知情的結論，本文將研究這些國家如何界定或是否定義了混合戰，以及此定義如何影響其政策制定。國防開支是此方向探討的另一重要組成部分，再加上對現有理論的探討；將此兩者作為工具，以發現政策聲明或定義是否已轉化為實際的安全政策和行動，如果是的話，是否從經驗中吸取了什麼教訓。本文的最後部分將把本文和前一章的所有內容彙集起來，以形成混合戰的理論。

　　第二章中提出的混合戰的定義顯示了兩個不同的部分。第一部分涉及可識別的特徵，這些特徵使混合戰成為現實。第二部分著重於行為者訴諸混合戰的原因。常規和非常規戰爭的混合特點使行為者能夠利用對手的戰略或理論弱點，同時保持可否認性和戰略上的出其不意。本文即為討論定義的此部分，準確地探討混合戰所針對的弱點。

第一節　安全戰略和防禦規劃

　　在探討不同的安全戰略和防衛計畫時，官方文件通常是主要的來源。對於個別國家而言，此意味包括國家安全戰略和其他類似的文件，以及主要政治和軍方人物和知名人物的聲明。就北約而言，戰略概念以及個別官員和成員國的觀點分別滿足了這些需求。就本書研究旨趣而言，探討過時的文件沒有什麼特殊價值，因為混合戰的概念是相對較新穎的概念。因此，本書的研究時間框架將大致地對應於普遍認為混合戰已經發展的時間框架：即從 1990 年代初期到現在。重點將放在較新的文獻，而較早的文件則只是用來提供作為背景探討。

　　就此而言，有必要提出重要的觀點。安全戰略（無論是軍事戰略或大戰略）的制定和一般的國防規劃通常認為是希望是受過教育的猜測。[1]這些文件是未來為取向，而且，就如戰略的本質一樣，有太多的未知因素，不能認為它們是客觀且可靠。然而，它們為新概念和新出現的威脅提供了指導。它們還提供了對新現象和解決它們方法的正式（官方）見解。因此，雖然它們永遠不能被認為是完全可靠的或超越批評，但它們仍然是探討國防規劃（Defense Planning）趨勢和線索的有用工具。「國防規劃」此術語本身可能就有爭議；然而，為了本書的目的，將使用格雷（Colin S. Gray）的定義，它將國防規劃定義為「為政體在未來（近期、中期和遠期）的防禦做準備」。[2]雖然簡短扼要，但此定義提供了對該術語最好和最連貫的理解。

一、美國

　　就像所有的全球或區域安全事務一樣，應該始終特別關注美國，因為它的能力廣度、理論（學說）深度和軍事力量使它成為重要的行為者。然而，即使是超級大國也不是沒有弱點，識別這些弱點對於建立反混合戰略至關重要，此項任務將在本書的最後一章進行探討。

---

[1]　Colin S. Gray, *Strategy and Defense Planning* (Oxford: Oxford University Press, 2014), p. 2.

[2]　*Ibid.*, p. 4.

概述美國國家安全目標的主要文件是《國家安全戰略》（*National Security Strategy*, NSS）。一般而言，在任總統每隔數年發表一次（儘管根據法律，國家安全戰略應該每年提出），它提出了美國對世界的看法，並確定了當前和即將到來的威脅，隨後是對國家目標和宗旨的審查。額外的資訊將是從 1997 年至 2018 年每四年發布一次的《四年期國防總檢》（*Quadrennial Defense Review*, QDR）以及《四年期國防總檢》之前的 1993 年《通盤檢討》（*Bottom-Up Review*, BUR）中提取。作為介紹美國官方軍事學說和國防政策及規劃的文件，它對探討過去的作戰和戰略規劃至關重要，並為圍繞美國武裝部隊的資金和能力的辯論提供了有用的見解。值得一提的是，2018 年《四年期國防總檢》重新命名為《國防戰略》（*National Defense Strategy*, NDS），成為機密文件。後來 2022 年的版本仍僅有公開版的發布，尤有進者，該部首次以整合方式進行了戰略審查——《國防戰略》、《核態勢評估》（*Nuclear Posture Review*, NPR）和《導彈防禦評估》（*Missile Defense Review*, MDR），確保美國的戰略和資源之間的緊密聯繫。[3]因此，本文使用《國防戰略》的非保密部分。

第二次世界大戰後，美國辯論著自身應該在基本上遭受戰爭蹂躪、意識形態日益激烈的世界中扮演什麼角色。隨著 1947 年杜魯門主義（Truman Doctrine）的提出，美國基本上成為全球超級大國。[4]由於全球貿易、生產和金融的大部分幾乎完全依賴於美國的工業潛力，此為美國可以相對容易填補的角色。然而，巨大的挑戰仍然存在。如何應對蘇聯的擴張主義和帝國主義的胃口？在現在著名的國家安全會議第 68 號指令（NSC 68 Directive）中，杜魯門（Harry S. Truman）為美國的政策制定了將持續四十年的路線。圍堵成為當時的大戰略，隨之而來的是為使圍堵政策獲得成功而必須的各種其他政策優先事項。美國國安會第 68 號決議中提出的最重要的政策包括增加軍事資金和能力，增加美國在世界重要地區的軍事存在，以及積極防止共產主義的擴散，主要是在歐洲，而且也包括世界其他地區。[5]這些政策不僅得以證明對冷戰的推行至關重要，而且還在不同程度上繼續支撐著美國的戰略，直到今天。圍堵政策

3　US Department of Defense, *2022 National Defense Strategy of the United States* (27 October 2022), p. III.

4　US Department of State, "The Truman Doctrine, 1947," *Office of the Historia*n, https://history.state.gov/milestones/1945-1952/truman-doctrine.

5　US National Security Council, "NSC 68: A Report to the National Security Council," 14 April 1950, pp. 60-65, https://www.trumanlibrary.org/whistlestop/study_collections/coldwar/documents/pdf/10-1.pdf.

可能已經隨著柯林頓（William Clinton）總統的「接觸和擴大」（Engagement and Enlargement）政策而正式結束，但它仍然具有現實意義。

　　1940 年代留下的最持久的遺產或許是「兩場戰爭」學說，其原則是美國在任何時候都應該能夠同時在世界兩個不同地區進行兩場大規模戰爭。此一學說的歷史根源來自於美國在第二次世界大戰中的經驗。作為大陸大國，美國不得不同時在大西洋和太平洋上進行遠征戰爭，對手是兩個堅定而迥異的對手（分別是德國和日本）。圍堵政策並沒有明確地圍繞著兩場戰爭戰略，但它確實使美國傾向於對蘇聯或共產中國或兩者進行直接戰爭，同時保留干預世界另一地區的能力，以使敵對勢力沒有可能透過一場地區的衝突來分散美國的注意力，從而在另一個地區取得獲利。[6]「兩場戰爭」的學說直到今天仍然是美國國防的核心指導原則，因此，在研究美國對現代混合威脅的立場時，此乃重要的考慮因素。

　　隨著 1989 年柏林牆的倒塌，美國的國防思想普遍認為需要採取新的政策，但對於這些政策可能是什麼，並沒有很快給出明確的答案。[7]主要由於 1990 年至 1991 年的海灣戰爭（Gulf War）造成了對區域安全威脅的認識轉變，因此，明顯轉向以聯合國（United Nations, UN）為中心的國際主義（Internationalism），強調合作與維和。「單極時刻」（Unipolar Moment）從而降臨，但很少有人準備好並願意利用之。[8]隨著 1990 年代初的事件重要性沉澱，可以理解的是，某種程度的反思有所必要。因此，一些冷戰政策仍在延續，儘管形式略有改變。

　　在柯林頓總統的領導下，新的安全環境和由此產生的國防預算的大幅削減，從 1993 年占國內生產總值的 4.3%下降到 2001 年的 2.9%，[9]此意味著兩戰政策必須加以修改，但不是對之放棄。在柯林頓的領導下，出現了新的術語「主要地區衝突」（Major Regional Conflicts, MRC），此也反映了從蘇聯的全球威脅到由地區大國構成的地區威脅的轉變。[10]確切地說是什麼構成了「主要地

6　John L. Gaddis, *Strategies of Containment: A Critical Appraisal of Postwar American National Security Policy* (Oxford: Oxford University Press, 1982), p. 297.

7　George H. W. Bush, *National Security Strategy of the United States* (Washington, DC: The White House, 1991), pp. 1-2.

8　Charles Krauthammer, "The Unipolar Moment," *Foreign Affairs*, Vol. 70, No, 1 (1991), pp. 23-33.

9　SIPRI, "Military Expenditure by Country as Percentage of Gross Domestic Product, 1988-2002," https://www.sipri.org/sites/default/files/Milex-share-of-GDP.pdf.

10　William J. Clinton, *A National Security Strategy of Engagement and Enlargement* (Washington, DC:

區衝突」並不明確，因此可以進行解釋，但它們基本上可以認為是較小規模的
干預行動。從而遠離了大規模的第二次世界大戰、韓戰和越戰的干預，而更接
近於海灣戰爭規模的衝突或維和任務。這種衝突的例子可以是索馬利亞、海
地、波士尼亞、伊拉克（1991 年和 2003 年）、阿富汗以及對利比亞和敘利亞的
部分干預。

　　2000 年代初，美國的思維轉向了更加先發制人（Proactive）的立場，此體
現在小布希（George W. Bush）2002 年《國家安全戰略》中提出的預防性
（Preventative）和先發制人（Pre-Emptive）的自衛原則。[11]此時期也標誌著全
球反恐戰爭（Global War on Terror, GWOT）的開始，導致美國入侵阿富汗
（2001 年）和伊拉克（2003 年）。與之配套的 2001 年《四年期國防總檢》主
要是在 911 恐怖襲擊之前所撰寫，但仍受其影響。[12]它承認了與非國家或失敗
國家（Failed States）行為者發生衝突的趨勢，並呼籲採取新形式的嚇阻，以應
對該等威脅。也許它最創新的方面是所謂的基於能力的防衛途徑（Capabilities-
Based Approach）。

　　美國不再計畫應對來自特定行為者的具體威脅，而是關注對手如何作戰，
無論其身分和位置如何。[13]雖然原則上如此的步驟符合時代的發展和跨國恐怖
主義的崛起，但它造成了非常廣泛的戰略困境。對手可能挑戰美國或其盟友的
方式不勝枚舉；因此，它不但沒有縮減政策制定和國防規劃，反而責成美國武
裝部隊必須為任何和所有可能發生的情況做好準備。美國陸軍的「全譜作戰」
（Full-Spectrum Operations）學說是此政策的面向之一，如前所述，它過於寬
泛，在應對未來的挑戰時反而用處不大。[14]

　　美國第一個提到混合威脅的主要國家安全文件是 2010 年的《四年期國防
總檢》。[15]雖然沒有提供定義，但世界上最重要的軍事力量已經認識到戰爭模式
之間的界限模糊不清，此點十分的重要。雖然它在許多方面與之前的其他《四

The White House, 1994), p. 5.
[11] George W. Bush, *The National Security Strategy of the United States of America 2002* (Washington, DC: The White House, 2002), p. 15.
[12] Donald H. Rumsfeld, *Quadrennial Defense Review* (Washington, DC: Department of Defense, 2001), p. III.
[13] *Ibid.*, pp. 13-14.
[14] Pete Geren and George W. Casey, *A Statement on the Posture of the United States Army 2008* (2008 Army Posture Statement, 26 February 2008), p. 3.
[15] Robert M. Gates, *Quadrennial Defense Review* (Washington, DC: Department of Defense, 2010), p. 8.

年期國防總檢》相似，但它在兩個方面對兩場戰爭學說的發展很重要。它扼要地定義了什麼是「主要地區衝突」，[16]並提出了以下的概念：在未來，僅僅為此類衝突做準備可能尚不足。在阿富汗和伊拉克同時進行的「主要地區衝突」是該政策引入以來的首個行動案例。這些衝突使美國的軍事能力達到或超過了其極限，從而引發了對「主要地區衝突」政策有效性的質疑，以及是否可以採取不同的途徑，尤其是在非完全常規的衝突中不強調純粹的軍事勝利的途徑。[17]再加上之前接納將混合行動作為未來可能的範本，此可以視為是美國在重新調整國防規劃，以應對不同類型的衝突方面邁出的一大步，同時認識到保持在世界不同地區打兩場軍事衝突的能力是美國全球雄心的根本。

2014 年的《四年期國防總檢》和 2015 年的《國家安全戰略》報告在基調上更偏向於管理，更注重財政限制和預算問題。美國的國防開支進一步減少，從 2010 年占國民生產總值（Gross Domestic Product, GDP）的 4.7%下降到 2015 年的 3.3%，[18]反映了美國認為衝突後恢復到和平時期的行動（阿富汗戰爭和伊拉克戰爭分別於 2014 年[19]和 2011 年[20]正式結束）。此種限制反映在對兩場戰爭學說的限制上。2014 年的《四年期國防總檢》更多討論的是「一場半」主要區域衝突。[21]此外，在保持「混合突發事件」（Hybrid Contingencies）的可能性的同時，2014 年的《四年期國防總檢》再次更多關注常規威脅，此大致上是「轉向亞洲」（Pivot to Asia）政策的結果。雖然該文件認知到美國武裝部隊的規模將不再足以進行長期的穩定行動，但它旨在保留在中東地區十年的反叛亂和穩定行動中獲得的專業知識。不幸的是，正如越戰後的時代所證明，大幅縮減部隊通常不是保存此知識的最佳方式。

2015 年的《國家安全戰略》在軍事行動方面更加含糊不清。它仍然強調美

---

16 *Ibid.*, p. 42.

17 *Ibid.*

18 SIPRI, "Military Expenditure by Country as Percentage of Gross Domestic Product, 1988-2002," https://www.sipri.org/sites/default/files/Milex-share-of-GDP.pdf.

19 The White House, Office of the Press Secretary, "Statement by the President on the End of the Combat Mission in Afghanistan," 28 December 2014, https://www.whitehouse.gov/the-press-office/2014/12/28/statement-president-end-combat-mission-afghanistan.

20 The White House, Office of the Press Secretary, "Remarks by the President on Ending the War in Iraq," 21 October 2011, https://www.whitehouse.gov/the-press-office/2011/10/21/remarks-president-ending-war-iraq.

21 Chuck Hagel, *Quadrennial Defense Review* (Washington, DC: Department of Defense, 2014), p. VI.

國的全球領導地位，[22]但在具體選擇方面提供的資訊卻很少。它大力強調嚇阻，主要是由於預算限制，儘管各種文件，包括之前的《國家安全戰略》，都指出來自非國家行為者或地區大國的新威脅可能難以嚇阻。尤其是根本沒有提到的混合戰，其目的是為了繞過嚇阻規則。除了一些非常寬泛的政策目標外，該文件沒有為他的問題提供任何解決方案。[23]雖然由於該文件的性質，宏大的情緒是中肯的，但在一個許多行為者在能力上迅速追趕美國的世界裡，此代表了一種退步。當然，美國軍隊應該有能力應對盡可能多的可以合理預見的潛在威脅，並且在某種程度上，應該是全譜系部隊（Full-Spectrum Forces）。然而，這種部隊只有在具有合理規模的情況下才會有效。

　　根據一對的政策文件，即 2017 年《國家安全戰略》和 2018 年《國防戰略》，在明確認知到美國在此新浮現的弱點方面明顯好轉，此也是世界向多極化發展的明顯跡象。2017 年《國家安全戰略》沒有明確指出美國將單方面追求其目標，並在某種程度上對透過國際制度參與的概念更加開放。然而，它也明確指出，此可能不適用於美國的核心國家利益受到威脅的情況。[24]在對當代世界更現實的評估中，它將中國和俄羅斯挑出來作為戰略威脅，並將它們列為新的「競爭世界」（Ompetitive World）中的首要任務。[25]北韓和伊朗也特別被列為威脅，尤其是在它們追求核計畫方面。有趣的是，2017 年《國家安全戰略》指出，試圖讓競爭者（包括上述四個國家）參與和融入國際體系的機構，在很大程度上未能說服它們成為國際秩序中負責任的成員。[26]

　　2018 年《國防戰略》代表了《四年期國防總檢》的最新化身。不幸的是，由於它現在已經成為機密文件，只有公開的部分可供分析。按照國防政策文件比國家安全戰略更注重實際的取向，2018 年《國防戰略》的執行摘要更是如此。文件明確指出，美國相對於世界其他國家的地位已經相對減弱，但它聲稱，美國現在正積極推行旨在結束「戰略萎縮」（Strategy Atrophy）時期的政策。[27]文件指出，安全環境更加暴力和複雜，許多行為者希望挑戰基於規則的

22　Barack H. Obama, "Foreword," in *National Security Strategy 2015* (Washington, DC: The White House, February 2015).

23　*Ibid.*, p. 8.

24　Donald J. Trump, *National Security Strategy of the United States of America 2017* (Washington, DC: The White House, December 2017), p. 7.

25　*Ibid.*, p. 2.

26　*Ibid.*, p. 3.

27　Jim Mattis, *Summary of the 2018 National Defense Strategy of the United States of America*

國際秩序。[28]尤其重要的是呼籲組建聯合部隊（Joint Force），使其能夠應對新近重新出現的戰略競爭、技術的迅速擴散以及「跨越整個衝突範圍的嶄新戰爭和競爭概念」。[29]雖然沒有具體提及混合戰，但它似乎將混合戰作為它所指的新戰爭概念之一。此一假設是基於 2018 年《國防戰略》的「戰略分析」部分，其中有一段描述了修正主義大國和流氓政權都在權力的各個層面進行競爭。他們透過將脅迫擴大到新的戰線，違反主權原則，引爆模糊性，以及故意模糊民事和軍事目標之間的界限，加大了武裝衝突之外的努力。[30]2022 年《國防戰略》中的歐洲部分指出，「……要提升韌性，包括反混合語網路行動」。[31]

　　與其互補的國家安全戰略一樣，2018 年的《國防戰略》也提到了俄羅斯和中國，但更進一步地將該等國家稱為「修正主義大國」（Revisionist Powers），即「透過利用國際秩序的好處，同時削弱其原則和『道路規則』（Rules of the Road），從體系內部破壞國際秩序」。[32]2022 年《國家安全戰略》將此描述為「以修正主義外交政策為基礎的威權主義治理」。[33]此分類方法顯然符合上一章提出的對國際秩序的五元論理解。「兩場戰爭」的學說似乎也有了些許修改。該文件設想美國聯合部隊有能力擊敗某個大國的侵略，同時又能阻止其他地區的機會主義侵略。它還增加了第三項任務，即破壞迫在眉睫的恐怖主義和大規模毀滅性武器（Weapons of Mass Destruction, WMD）威脅。[34]後者的補充很有意思，因為在和平時期，美國部隊的任務是降低此類威脅。將其列入戰時態勢的優先事項部分表明，美國願意成為麻煩排除者（Trouble Shooter），並積極採取行動打擊恐怖主義威脅或大規模毀滅性武器的使用，這可能是在打一場大型戰爭和一個或多個小衝突之外。這一部分大概是針對伊朗和北韓，旨在表明，無論其他什麼突發事件可能占據其部隊，美國將致力於擁有迅速打擊此類威脅的能力。

(Washington, DC: Department of Defense, January 2018), p. 1.

28　*Ibid.*

29　*Ibid.*

30　*Ibid.*, p. 2.

31　US Department of Defense, *2022 National Defense Strategy of the United States* (27 October 2022), p.15.

32　*Ibid.*

33　*Ibid.*

34　*Ibid.*, p. 6.

二、英國

英國在歐洲內部和外部的戰略地位使其在安全問題上具有獨特的視角。再加上長期以來傑出的軍事紀錄，其觀點和政策具有很大的分量。英國長期以來在反叛亂行動中積累的專業知識也是考察其如何處理混合戰的有趣出發點。對於一個也許較其他任何國家都更好地掌握了「反叛亂」原則的國家而言，將這些知識應用於與叛亂有某些共同要素的戰爭模式變得至關重要。

英國的國防規劃是以國家安全戰略為中心。迄今為止，只發表了三份這樣的文件（2008 年、2010 年和 2015 年），反映了更多美國式的高層安全政策文件的做法。在此之前，英國的主要國防文件是《國防白皮書》（*Defense White Papers*），以不定期的方式發布。由於對這些文件的制定和出版沒有法定要求，它們是按需要的基礎上而問世。其中一些文件僅僅是對預算的修正或個別政策的宣布，而不是全面的戰略文件。[35]雖然這些文件中的一些資訊作為本文論證的一部分，但這些文件並不構成研究的主幹內容。

1990 年代初，英國大體上走上與美國文件類似的道路，此點在前面已經討論過。三大戰略優先是戰略核嚇阻、英國的有效防禦和歐洲的防禦。[36]除了由於預算和人員的削減而進行的徹底重組，它也是向基於能力而不是基於威脅政策轉型的開始。[37]總體而言，擬議的改革旨在創建更小、更靈活的專業部隊。[38]就此而言，英國似乎比美國早了幾年，而且更快地利用了冷戰結束後的「和平紅利」（Peace Dividend）。

冷戰結束後的第一個重要的全面檢討是 1998 年的《戰略國防總檢》（*Strategic Defense Review*, SDR）。此乃一份在不確定的安全環境下設計的文件，雖然不是來自冷戰，而是來自區域性、多中心的威脅。該報告指出，英國

35　1994 年的《前線第一》（*Front Line First*）是一份國防削減清單；2002 年的《戰略防禦審查：新篇章》（*Strategic Defence Review: A New Chapter*）。2004 年的《在不斷變化的世界中實現安全》（*Delivering Security in a Changing World*）白皮書也是如此，主要是一份國防削減計畫；2005 年的《國防工業戰略》（*Defence Industrial Strategy*）是一份以商業為導向的政策聲明，概述了採購計畫和物資的優先選擇。

36　House of Commons, Deb 25 July 1990: Volume 177, cc 468-70.

37　Claire Mills, Louisa Brooke-Holland, and Nigel Walker, "A Brief Guide to Previous British Defence Reviews," House of Commons Library Briefing Paper, No. 07313 (2023), p. 14. https://researchbriefings.files.parliament.uk/documents/CBP-7313/CBP-7313.pdf.

38　House of Commons, Deb 25 July 1990: Volume 177, c 468.

的三個核心利益是歐洲安全關係、國際貿易安全和維護國際穩定。[39]為了維持該等利益，《戰略國防總檢》轉向兩棲遠征軍和各軍種之間更大的相互操作性。雖然提到了非對稱威脅和恐怖威脅，但它們主要與北愛爾蘭有關。[40]在其他戰場上，恐怖主義沒有得到太多的關注，也沒有提到混合戰或叛亂。《戰略國防總檢》基本上是以常規的、以國家為中心的威脅（包括恐怖主義和國家崩潰）為焦點所在。[41]軍事戰略仍然是基於 1982 年福克蘭群島戰爭、1990 年海灣戰爭和 1992 年至 1995 年波士尼亞戰爭的經驗。2004 年版的《國防白皮書》進一步發展了此一觀點，將武裝部隊引向反恐與維和行動，同時保持（在某種程度上）開展泰利克（Telic）[42]規模行動的能力。這種行動需要美國或其他夥伴的合作和支持，諸如北約、歐盟或特設聯盟（但通常在美國領導下）。[43]

　　英國第一份國家安全戰略報告於 2008 年公布。它在很大程度上延續了之前制定的政策，將恐怖主義作為頭號威脅，其次是大規模毀滅性武器擴散和有組織犯罪。有趣的是，諸如全球不穩定和衝突以及國家主導的威脅等更傳統的威脅，遭降到了較低的位置，儘管文件中多處指出，不能忘記這些威脅。[44]在能力方面，雖然與 2004 年版《國防白皮書》不同，它仍然堅持認為英國應該保留足夠的能力來採取單邊行動，但也明顯傾向於透過國際組織（聯合國、歐盟、北約）採取更多的多邊行動。[45]儘管有阿富汗和伊拉克的經驗，但沒有提到不對稱的威脅、叛亂和反叛亂，或混合戰。

　　2010 年的國家安全戰略和隨之而來的《戰略國防與安全總檢》（Strategic Defence and Security Review, SDSR）是更多的演變性文件。之前文件中向多邊主義的轉變遭到了保留，但又回到了更傳統的權力取向的思維。雖然恐怖主義仍然是首要威脅，但第二位則是網路攻擊，這是對現代計算機為基礎戰爭（Computer-Based Warfare）的反應。國際軍事危機緊隨其後，事件或自然災害

---

[39] Ministry of Defence, *Strategic Defence Review*, July 1998, paras. 18-21, http://archives.livreblancdefenseetsecurite.gouv.fr/2008/IMG/pdf/sdr1998_complete.pdf.

[40] *Ibid.*, para. 27-8.

[41] *Ibid.*, para. 29.

[42] 泰利克行動（Operation Telic）是 2003 年伊拉克戰爭中英國軍事行動的代號。

[43] Claire Taylor, "The Defence White Paper," House of Commons Library Research Paper, 04/71 (17 September 2004), pp. 22-23.

[44] Cabinet Office, *The National Security Strategy of the United Kingdom: Security in an Interdependent World* (March 2008), pp. 10-15.

[45] *Ibid.*, p. 9.

被排在最後。[46]戰略背景也加以擴大了，破壞穩定的叛亂和跨國恐怖組織的風險被認為是破壞穩定和隨之而來的衝突的最主要原因。[47]為了解決該等問題，英國武裝部隊將再次進行重組，主要是按照以前類似的思路，強調未來衝突的遠征性質和區域規模。[48]

2015 年的《國家安全戰略和戰略國防與安全總檢》（*National Security Strategy and Strategic Defense and Security Review*）是英國第一個討論混合戰的國家安全文件。該文件本身在前言中提出了相當雄心勃勃的條件，轉述了英國對一些既定目標的承諾，諸如北約要求的 2%的國內生產總值的國防開支。[49]雖然此並不代表比 2014 年有相對地上升，但就實際情況而言，此事實上是一個增長。事實上，儘管隨著阿富汗和伊拉克戰爭的結束，英國的國防預算一直在縮減（從 2008 年的 2.5%的 GDP 降至 2014 年的 2%），但這也與 2008 年金融危機後全球和國家經濟的再平衡相吻合。如果比較 2008 年和 2015 年之間的數值，分別為 37.6 億英鎊和 36.4 億英鎊，此代表了比 0.5%的 GDP 所顯示的下降要小得多。[50]

大致確定的三個核心國家安全目標是：保護英國公民、投射全球影響力和促進繁榮。[51]就背景而言，這些目標必須面對的挑戰與 2010 年的清單非常相似，但由於 2014 年俄羅斯在烏克蘭的行動，基於國家的威脅重新抬頭，在清單上排名第二。危機還導致「混合戰術」（Hybrid Tactics）一詞首次出現在英國的國防文件當中：「在 2010 年的里斯本北約峰會上，我們承諾與我們的盟國合作，與俄羅斯建立夥伴關係。但自那時以來，俄羅斯變得更加具有侵略性、獨裁和民族主義，愈來愈多地將自己界定為與西方對立。2014 年對克里米亞的非法吞併，以及透過使用可否認的混合戰術和媒體操縱繼續支持烏克蘭東部的

---

[46] HM Government, *A Strong Britain in an Age of Uncertainty: The National Security Strategy* (London: The Stationary Office, October 2010), pp. 28-30.

[47] *Ibid.*, p. 13.

[48] HM Government, *Securing Britain in an Age of Uncertainty: The Strategic Defense and Security Review* (London: The Stationary Office, October 2010), pp. 17-19.

[49] HM Government, *National Security Strategy and Strategic Defense and Security Review 2015: A Secure and Prosperous United Kingdom* (November 2015), p. 5.

[50] SIPRI, "SIPRI Military Expenditure Database," http://www.sipri.org/research/armaments/milex/milex_database.

[51] HM Government, *National Security Strategy and Strategic Defense and Security Review 2015: A Secure and Prosperous United Kingdom* (November 2015), pp. 11-12.

分裂主義者，表明俄羅斯願意破壞更廣泛的國際合作標準，以確保其感知的利益。」[52]

在西方政策文件中此舉非常獨特，英國還創建了第一個專門從事反混合戰的軍事單位，即 77 旅。[53]該文件在陸軍部分指出：「兩個創新的旅由正規軍和來自預備役的專業能力組成，能夠為我們的戰略通信做出貢獻，解決混合戰，並提供更好的戰場情報。」[54]此外，該文件還指出：「我們正在與波蘭合作，以確保 2016 年的華沙峰會進一步加強北約應對當前的威脅，並使其適應打擊未來的威脅。我們將重點關注網路、應對混合威脅、包括戰略溝通在內的威懾力，以及靈活的結構和決策。我們將大力鼓勵我們所有的盟國兌現他們在威爾士的防務投資承諾，並支援更強大、更協調和可互操作的北約夥伴關係。我們將繼續支持聯盟對來自任何方向的威脅做出強有力的反應，包括與土耳其團結一致。」[55]「我們還將繼續促進歐盟和其他機構，主要是北約之間更緊密的協調和合作，以支援我們的國家優先事項和建立歐洲—大西洋安全。這將包括網路和應對混合威脅等領域，並努力發展其他國家的安全能力。我們將成立一個跨白廳的歐洲—大西洋安全政策聯合小組，以彙集這方面的外交和國防專業知識。」

2016 年開啟「脫歐」進程後，英國政府隨即提出了「全球英國」（Global Britain）的戰略構想，其主旨是在告別以歐洲大陸作為主要針對區域後，使英國的國家戰略更加鮮明地立足於全球視野，特別是拓展歐洲以外的發展空間。英國首相強森（Boris Johnson）在 2021 年 3 月 16 日公布的《競爭時代中的全球英國：國安、防務、發展和外交政策綜合評估》（*Global Britain in a Competitive Age: The Integrated Review of Security, Defense, Development and Foreign Policy*）指出，「離開歐盟後，英國開始了我們歷史上的新篇章。我們將向世界開放，自由地踏上我們自己的道路，擁有一個由朋友和夥伴組成的全球網絡，並有機會建立新的和更為深化的關係」。

無論如何，2015 年的《國家安全戰略和戰略國防與安全總檢》提及「日益需要嚇阻和遏制針對北約及其成員國的混合性攻擊，例如網路攻擊、暗殺、對太空系統的破壞、虛假資訊以及試圖透過間諜活動侵蝕我們的技術基礎」。因

---

52 *Ibid.*, p. 18.

53 *Ibid.*, p. 28.

54 *Ibid.*, p. 31.

55 *Ibid.*, p. 51.

此，雖然提到了「混合」，但沒有提供任何明確的定義，只是列出了一些可能的組成部分。[56]

三、以色列

以色列之所以列入此一名單，因為它是最早遭遇到混合戰的行為者之一。儘管下一章將對 2006 年的第二次黎巴嫩戰爭（Second Lebanon War）進行更詳細的探討，但此時先對目前的要素進行探討。它與非國家行為者打交道的經驗是不可否認的，它將周圍不友好的國家拒之門外的能力也是不可否認的，但問題來了：面對混合型威脅，以色列能否成功地將此兩者結合起來？

與以色列的安全政策和國防規劃有關的文件都被列為保密。在 2015 年「以色列國防軍學說」（Israel Defense Forces, IDF Doctrine）發表之前，從未發表過任何官方安全戰略；事實上，自第一任總理本古里安（David Ben-Gurion）以來，以色列國似乎沒有正式的書面國家安全學說。[57]此對分析以色列的國防規劃引發了一些挑戰，因此本文的焦點是其他組織發表的相關文件和文章，主要是國家安全研究所（Institute for National Security Studies, INSS）和華盛頓研究所（Washington Institute），以及部分媒體機構。對於唯一可用的原始資料，即 2015 年以色列國防軍學說，本文將依據巴勒斯坦研究所（Institute for Palestinian Studies, IPS）的出版物《巴勒斯坦研究雜誌》（*Journal of Palestinian Studies*, JPS）的唯一現成的英文譯本。[58]作為在 2006 年黎巴嫩戰爭中面臨混合戰的國家，儘管原始文獻稀缺，但以色列被納入本文對研究此概念至關重要。

在 2006 年黎巴嫩戰爭之前，以色列國防軍當時正在制定新的軍事學說（制定過程早在 1995 年就開始了），[59]在敵對行動爆發前幾個月，總參謀長批

56　*Ibid*., p. 85.

57　Michael Herzog, "New IDF Strategy Goes Public," *The Washington Institute, Policy Analysis*, 28 August 2015, http://www.washingtoninstitute.org/policy-analysis/view/new-idf-strategy-goes-public.

58　為清晰起見，除非另有說明，隨後的參考資料將只列出《國防軍戰略》（*IDF Strategy*）作為資料來源，並理解為是指期刊或《巴勒斯坦研究》（*Journal or Palestinian Studies*）提供的英文譯本。

59　Matt Matthews, "Interview with BG (Ret.) Shimon Naveh," (Colette Kiszka, trans.) Operational Leadership Experiences (Fort Leavenworth, KS: Combat Studies Institute, 1 November 2007), p. 3, https://smallwarsjournal.com/documents/mattmatthews.pdf.

准了該學說。[60]該學說是圍繞系統作戰設計（Systemic Operational Design, SOD）的概念，源於作戰理論研究所（Operational Theory Research Institute, OTRI）發起的工作，它納入了基於效果的作戰（Effects-Based Operations, EBO）原則，建立在美國當時的學說之上。然而，雖然基於效果的作戰被納入了美國的軍事學說，[61]但系統作戰設計卻沒有，並且受到了嚴格的審查和批評，部分原因是以色列國防軍的表現。[62]系統作戰設計是基於福柯式（Foucaultian）後結構主義為基礎的途徑，並結合系統理論和哲學。它強調以一般系統理論（General System Theory）的原則為基礎，以認識論和整體的途徑重新構建戰爭的概念，其支持者聲稱它使經典的軍事理論變得無關緊要。[63]

　　一般認為，系統作戰設計是哲學概念，而不是科學或技術概念，它說明其消費者理解衝突的非線性性質，從而創造不可破壞的系統。根據系統作戰設計，此類系統只能遭致打亂或打斷，此意味著傳統的「線性」戰爭觀對它們是無效的。在實踐中，此意味著系統作戰設計試圖引入全新的詞彙和更加哲學化的作戰和戰略計畫方式。[64]因此，在 2006 年的衝突中，它對戰場指揮官和政治領導人似乎沒有什麼用處，儘管其首席設計師聲稱，此不是概念本身的問題，而是以色列國防軍大多數戰地指揮官的態度和途徑。[65]

　　此概念似乎過於複雜和哲學化，受詞源學和心理學理論的驅使，而不是毫無意義的實用主義（Pragmatism），從而表明它可能不是建立軍事學說的最佳基礎。部分原因是，以色列國防軍在 2006 年戰爭中的行為和表現遭到了嚴厲的批評。[66]不幸的是，沒有正式的文件副本，所以幾乎不可能了解以色列國防軍實際版本的系統作戰設計是什麼模樣。1995 年至 2006 年作戰理論研究所解散時的主要設計者之一和負責人納維（Shimon Naveh）指出，雖然系統作戰設計

60　以色列國防軍總參謀長哈魯茲（Dan Halutz）中將於 4 月簽署了該學說文件，2006 年的黎巴嫩戰爭於同年 7 月開始。

61　自 2008 年以來，基於效果的作戰在美國一直在下降，並在 2017 年從美國官方軍事學說中刪除。

62　Milan N. Vego, "A Case Against Systemic Operational Design," *Joint Forces Quarterly*, Vol. 53 (2nd Quarter 2009), pp. 70-71.

63　*Ibid.*, p. 70.

64　*Ibid.*, pp. 72-74.

65　Yotam Feldman, "Dr. Naveh, Or, How I Learned to Stop Worrying and Walk Through Walls," *HAARETZ*, 25 October 2007, https://www.haaretz.com/2007-10-25/ty-article/dr-naveh-or-how-i-learned-to-stop-worrying-and-walk-through-walls/0000017f-db53-df9c-a17f-ff5ba92c0000.

66　*Ibid.*, pp. 72-73.

理論是國防學說的基礎，但它從未被完全納入其中。[67]

　　數年後，在 2015 年，總參謀長艾森柯特（LTG Gadi Eisenkot）中將發布了第一份有關國家安全規劃和軍事學說的公開文件。該文件被稱為「艾森科文件」（Eisenkot Document）或「吉迪恩學說」（Gideon doctrine），吉迪恩是以色列國防軍長期戰略和預算規劃的機密五年計畫的名稱，但正式名稱為「以色列國防軍戰略」（IDF Strategy），它代表了與以往以色列安全政策的重大區別，提供了更多的清晰度和洞察力，並有助於外部對以色列國防軍學說的探討。與前面討論的其他政策文件不同，以色列國防軍戰略是非常直接的。它也不是一個典型的「西方」國家安全戰略。主要確定的威脅是敵對或失敗的國家、次國家組織和恐怖團體。

　　敵對國家被進一步分為遠方（伊朗）和近方（黎巴嫩），而失敗的國家或正在崩潰的國家指的是敘利亞。次國家組織（與某一特定國家有關）是真主黨（Hezbollah）和哈馬斯（Hamas），而其他團體則被列為與某一特定國家或社群無關的恐怖組織（包括伊拉克和沙姆伊斯蘭國）。[68]文件中列出的目標非常廣泛，正是任何此類文件都會提到的內容，即安全、繁榮和有韌性的以色列國，它具有良好的國際地位，因為它存在於和平之中。[69]該戰略相對而言名副其實，因為它試圖根據所列的威脅將目標與現有的手段聯繫起來，這是任何戰略的根本基礎。

　　雖然該文件的大部分內容在結構和措辭上與美國的《國家安全戰略》和《四年防務審查》相似，但有數方面是以色列的地緣戰略和政治形勢所特有。公認的假設之一是，即只要形勢需要，以色列就應該片面使用軍事力量。此點在整個文件中都十分明顯。在軍事戰略方面，雖然嚇阻和對防禦性安全戰略的依賴被譽為以色列安全的主要支柱，但該文件認識到，僅靠防禦並不能擊敗或成功阻止所有威脅，進攻性軍事戰略也同樣重要。[70]在該文件預測的未來衝突中，進攻性行動占據優先地位，更加依賴機動性而非火力（此反映出 2006 年

67　Matt M. Matthews, "Interview with BG (Ret.) Shimon Naveh," (Colette Kiszka, trans.) Operational Leadership Experiences (Fort Leavenworth, KS: Combat Studies Institute, 1 November 2007), p. 4.

68　Gadi Eisenkot, "IDF Strategy," August 2015, p. 9, English translation published by Ahmad Samih Khalidi, "Special Document File: Original English Translation of the 2015 Gadi Eisenkot IDF Strategy," *Journal of Palestine Studies*, Vol. 45, No. 2 (2016), pp. 1-33.

69　*Ibid.*, pp. 8-9.

70　*Ibid.*, p. 9.

黎巴嫩戰爭的教訓），以及更加強調突擊行動（使用特種部隊）。所有這些都強調了對品質和技術優勢的持續需求，以及所需能力的臨界品質。[71]以色列在和不與自己接壤的國家（普遍認為主要是指伊朗）打交道時，以色列應保持能力並保留實施先發制人（Pre-Emptive）打擊的權利。[72]

　　有趣的是，人們非常強調維護和提高以色列的國際地位以及合法性的重要性。在提到進攻性軍事行動、[73]行動的規劃[74]或與西方國家打交道時，[75]必須自始至終考慮到這些行動的合法性。戰略中有整整一節專門討論了實現和維護合法性的問題。此反映了以色列的經驗，即國際社會對其在與哈馬斯和真主黨的衝突中的行動的反應，以及對其對手可能利用這種情況的觀察。第 34 條清楚地說明了此點，它指出：「敵人在非軍事—動能（Nonmilitary-Kinetic）面向也很活躍，而且過去曾設法抵消以色列國防軍在這些領域的成果。此場運動有防禦性和進攻性兩個方面。它試圖為以色列創造合法性（包括以色列國防軍的行動自由），同時使敵人失去合法性（並因此限制其行動）。」[76]

　　雖然該文件沒有提到混合戰本身，但它是根據 2006 年黎巴嫩戰爭的經驗所編寫，因此，確實試圖解決與混合戰有關的一些困難。首先，雖然國家威脅仍然存在，但它的重要性已經降低，以色列國防軍的重點是國家支持的或非國家行為者。網路戰在整個文件中占有重要的地位，是包括防禦性和進攻性戰略的重要組成部分，包括其媒體方面。然而，最重要的觀察是，以色列的對手已經從以國家為基礎有正規軍的阿拉伯民族主義運動轉為正規軍、游擊隊和恐怖主義行動的結合，以及補充性的「軟」行動。[77]這種混合能力符合本文提出的混合戰的定義，此點將在本文的最後更深入地探討。

四、俄羅斯

　　作為國際行為者，俄羅斯處於獨特的位置，它既是混合戰的目標（車

71　Herzog, Michael, "New IDF Strategy Goes Public," *The Washington Institute, Policy Analysis*, 28 August 2015, http://www.washingtoninstitute.org/policy-analysis/view/new-idf-strategy-goes-public.

72　Gadi Eisenkot, "IDF Strategy," August 2015, pp. 20-21.

73　*Ibid.*, p. 9.

74　*Ibid.*, p. 19.

75　*Ibid.*, p. 10.

76　*Ibid.*, p. 19.

77　*Ibid.*, p. 10.

臣），又是混合戰的實踐者（烏克蘭）。因此，為了確定混合戰概念的兩面性，它是要研究的關鍵行為者。作為橫跨歐洲和亞洲的大國，它也是西方和東方對戰爭途徑的有用比較點之一。

自 1991 年蘇聯解體以來，俄羅斯聯邦已經發布了四次（1997 年、2000年、2009 年、2015 年）國家安全戰略。本文將特別強調 1997 年和 2000 年的戰略，因為它們恰好是第一次和第二次車臣戰爭期間，該等衝突具有混合戰的一些特徵。比較俄羅斯在其國防出版物中如何看待衝突前後的安全威脅將會非常有用。

1997 年的《俄羅斯國家安全藍圖》（*Russian National Security Blueprint*）是冷戰結束後動盪時期發表的第一份戰略文件。它首先概述了向多極世界秩序的過渡，聲稱這將是漫長的過程。然後，它立即採用了反單極時刻（Counter Unipolar Moment）的修辭，警告人們不要試圖在片面政策的基礎上對國際秩序進行改變。這個過程的一部分是北約向東歐擴張所帶來的威脅。[78]如果與美國大致同一時期的國家安全戰略相比較，就會發現它們幾乎是截然相反的方向。雖然兩國都認識到了地緣政治局勢的變化，但對其意涵的認識卻截然不同。

威脅重要改革步伐，以及俄羅斯總體的安全，是一份有點長的威脅清單，其中主要是經濟和社會威脅。即使就字數上而言，社會經濟威脅也超過了更為傳統的國防和國際關係威脅，此表明俄羅斯所處的危險經濟形勢和相應的社會壓力的重要性。族裔間的關係和社會分化，以及不利的人口結構，一般認為是僅次於經濟問題的主要擔憂。在國際上，俄羅斯希望保持其影響力，尤其是在近鄰（東歐、近東、外高加索地區和中亞）。國防威脅清單在當時是比較標準的形式，承認國家間暴力的威脅已經減少，重點是大規模毀滅性武器的擴散和邊界附近的低度衝突，沒有特別提到任何地區。文件中沒有提及車臣，只簡短地提到恐怖主義是新出現的威脅，考慮到第一次車臣戰爭爆發在該文件之前，此是不尋常的情形。[79]

2000 年的《俄羅斯聯邦國家安全概念》（*National Security Concept of the Russian Federation*）更注重於傳統的戰略事務。變化中的多極世界的敘述被放棄了，取而代之的是對美國主導的國際體系的擔憂，「該體系是為單邊解決方

---

78 Government of Russia, *Russian National Security Blueprint*, 17 December 1997, Chapter I, http://fas.org/nuke/guide/russia/doctrine/blueprint.html.

79 *Ibid.*, Chapter III.

案（主要經由使用軍事的力量）而設計」。[80]此立場有些諷刺，因為俄羅斯分別在 1994 年至 1996 年和 1999 年至 2000 年的第一次和第二次車臣戰爭期間片面干預了車臣，儘管後者更像是內部干預，因為分離的車臣共和國沒有得到國際承認，因此行動發生在俄羅斯境內。《安全概念》是在車臣的行動仍在進行時所編寫和發表，因此可以視之為戰爭文件。它的創作環境和時機與後來的 2002 年布希國家安全戰略大致相似。

第二次車臣戰爭是由在俄羅斯的一些恐怖襲擊所引發，因此《安全概念》將恐怖主義列為主要威脅，儘管社會經濟威脅仍然受到更多的關注。[81]國家利益基本保持不變，但也有一些地方提到了恐怖主義及其危險。此外，還繼續對近在咫尺的鄰國做出承諾，並對北約感到擔憂。此政策不僅反映了北約的擴大，而且也反映了在南斯拉夫和科索沃的行動。俄羅斯認為此乃破壞整個國際體系穩定的危險企圖，是基於國家為基礎威脅的回歸。此外，整個文件的總體趨勢內涵為淡化國際組織的重要性。[82]

儘管包括 1997 年的《藍圖》和 2000 年的《構想》大多是中短期的文件，但是 2009 年的《國家安全戰略》則具有更長遠的前景。它的正式名稱是《俄羅斯 2020 年的國家安全戰略》（*Russia's National Security Strategy to 2020*），試圖為政策決策制定建立一個長期基礎的想法，因為不確定的時代已經過去，現在可以做出這樣的承諾。然而，就目標和國家問題而言，沒有多少新內容。恐怖主義再次受到較少關注，而且也沒有提到新的具體威脅。即便如此，我們還是可以看到兩個有趣的發展，其將能源資源作為戰略談判的籌碼，以及將民族主義提升為戰略要素的趨勢。能源問題被認為是俄羅斯安全的優勢和威脅。[83]考慮到當時不斷增長的需求，這表明了合理的推理，當然也為俄羅斯在關注能源方面提供了一些長期的指導，以及北極的重要性，其他大國或多或少都忽略了這一點。對能源來源的競爭被認為是對俄羅斯的一個可能的威脅。[84]該戰略的經濟部分仍然很龐大，經濟增長被認為是很重要的，不僅因為有利的金融效

---

[80] Government of Russia, *National Security Concept of the Russian Federation*, 10 January 2000, Chapter I, http://fas.org/nuke/guide/russia/doctrine/gaz eta012400.htm.

[81] *Ibid.*, Chapter III.

[82] *Ibid.*, Chapter IV.

[83] Government of Russia, *Russia's National Security Strategy to 2020*, 12 May 2009, para. 11, http://rustrans.wikidot.com/russia-s-national-security-strat egy-to-2020.

[84] *Ibid.*, para. 47.

應，而且還因為威望的方面。[85]雖然該戰略沒有明確地將石油和天然氣貿易列為潛在的外交槓桿，但該戰略中確定的能源的重要性以及俄羅斯的大量儲備確實使這種政策成為可行的。

　　雖然國家文化和哲學的重要性已經包含在以前所有的戰略文件中，但如前所述，2009 年《戰略》在此基礎上闡述了「真正的俄羅斯理想和精神正在誕生，同時對歷史記憶採取有尊嚴的態度」。[86]如果與能源的重要性一起考慮，這顯然是一個跡象，表明俄羅斯認為自己是多極世界中的全球大國，具有獨特和重要的文化貢獻；這種姿態通過軍事力量得到進一步加強。在軍事上，2009 年《戰略》與其說具有革命性，不如說是進化性的。所有的國防原則都與以前的原則相同。唯一的區別是對武裝部隊的區域部署和招募組織進行了重大調整。該戰略還要求增加高戰備和現役師的數量，以便對危機做出快速反應。[87]此反映了俄羅斯經濟狀況的改善以及 2008 年喬治亞戰爭的經驗。該戰略還將「背離有關軍備限制和削減的國際協定」[88]列為威脅；此乃對美國總統布希（George Bush）2002 年決定退出 1972 年《反彈道導彈條約》（*Anti-Ballistic Missile (ABM) Treaty*）的回應。

　　最新版的政策文件，《俄羅斯聯邦國家安全戰略》（*Russian Federation's National Security Strategy*）於 2015 年 12 月 31 日獲得批准，並在 2016 年初公布。在 2009 年至 2015 年期間，發生了三個重要的變化：烏克蘭危機、克里米亞遭俄羅斯奪取和由此產生的經濟制裁，以及在歐洲的移民流危機。所有這些都在文件中有所提及，但除此之外，它與之前的文件大致相同，唯一的顯著區別是在處理北約和美國的行動時，措辭和總體途徑更加激進（Aggressive）。[89]最主要的事態發展是 2014 年的烏克蘭危機，它不僅破壞了一個鄰國的穩定，而且還促使俄羅斯進行軍事干預，奪取克里米亞半島。因此，美國和歐盟對俄羅斯實施了一系列的經濟制裁，並開始支持在基輔所謂的親歐洲政府。與此同時，由於中東地區的衝突不斷升級，歐洲經歷了大量來自中東的移民湧入。

85　*Ibid.*, paras. 53-60.

86　*Ibid.*, para. 1.

87　*Ibid.*, para. 32.

88　*Ibid.*, para. 30.

89　Government of Russia, *Russian Federation's National Security Strategy*, 31 December 2015, para. 15, http://www.ieee.es/Galerias/fichero/OtrasPublicaciones/Internacional/2016/Russian-National-Security-Strategy-31Dec2015.pdf.

　　將美國／歐盟在 2014 年烏克蘭危機開始之前、期間和之後的行動認定為對俄羅斯安全的重大威脅，導致俄羅斯聯邦在戰略上對東歐近鄰採取了更不友好的態度。由於俄羅斯認為這些國家（白羅斯、烏克蘭和摩爾多瓦）牢牢地處於其影響範圍內，它試圖建立一個類似於歐盟的更加整合的區域塊。然而，當這些計畫沒有完全實現時，被認為的西方干預是罪魁禍首。[90]此類修辭在俄羅斯安全文件中並不少見，但如果再加上西方指責其推翻國內合法政權並挑起國內動盪，那麼俄羅斯加強軍事態勢的理由就更清楚了，這種說法並非毫無根據。[91]

　　另一個有趣的發展是俄羅斯開始與中國建立更緊密的「全面夥伴和戰略合作」（All-Embracing Partnership and Strategic Cooperation）的關係。[92]此可能是由於美國／歐盟的制裁和對俄羅斯一定程度的孤立主義所造成。該戰略在很大程度上傾向於與中歐和東亞國家的經濟和政治關係，而歐洲和中東則在威脅部分被更多地提及。在軍事上，承諾不斷進行改革並普遍提高戰備水準，但對目標或能力沒有明確的闡述。文件中沒有提到混合戰或叛亂，只是泛泛地提到了恐怖主義。該文件的重點顯然是基於國家的威脅。

　　俄羅斯所有的國家安全戰略都是非常籠統的文件，即使是補充性的軍事學說出版品也沒有提供多少說明。大多數高層政策仍然是保密的，只被批准進行有限的公布，因此精確的國防規劃往往很難從主要來源中確定。這些政策在真實世界的應用，特別是與混合戰爭有關的政策，將在隨後的章節中深入探討。

五、日本

　　將日本列入此名單是對未來的預測而做出的決定。由於第七章將研究在南海發生混合戰爭的可能性，日本的立場非常重要。它的武裝力量並非屬於完全西方模式的軍事組織，此乃日本與以色列的共同特徵，但日本經常被視為地緣政治的西方世界的一部分。日本如何處理混合戰可以說明對戰爭和戰略環境採取不同文化和哲學途徑的優勢和劣勢。它也代表了東亞地區擁有最多組織和公開的國防規劃出版物的國家。中國的國防規劃問題將在南海案例研究章節中提及。

90　*Ibid.*, para. 17.

91　*Ibid.*, para. 18.

92　*Ibid.*, para. 93.

　　直到晚近的時期，日本還沒有正式的國家安全政策，因為《日本憲法》第9 條，即所謂的和平憲法，放棄了日本打仗的權利，並禁止日本維持軍事力量。[93]當與美日聯盟相結合時，此種和平的處置方式在近六十年來是合理的。然而，在最近，美國在亞洲的權力相對下降，再加上一個堅定自信的中國，使日本開始重新考慮其國家安全政策。2013 年，首相安倍晉三（Shinzo Abe）創建了國家安全委員會（National Security Council, NSC），取代了早期的安全委員會（Security Council）。雖然這種委員會在日本一直存在，但它們基本上是協商性的。新的國家安全委員會更加中央化，並以政策為導向。除了新的國家安全委員會，日本政府還在 2013 年發布了第一個（也是迄今為止唯一的）日本國家安全戰略。

　　日本 2013 年的「國家安全保障戰略」在結構和語氣上都明顯以美國模式為基礎，2022 年版「國家安全保障戰略」似乎直接呼應美國 2022 年版「國家安全戰略」。它首先廣泛列舉了國家的基本價值和理想，並重申了日本的和平取向。[94]作為島國，海洋安全在文件中占有重要地位，自由貿易和保護航道也是如此，比本文所探討的任何其他戰略都要重要得多。該戰略確定了六大全球挑戰或風險：權力平衡的變化、大規模毀滅性武器的擴散、恐怖主義的威脅、全球公域的風險、人類安全的威脅，以及全球經濟的風險。[95]這項探討將側重於東亞權力平衡的變化所帶來的威脅以及對全球公域的風險。這種限制的原因有二方面，它們代表了對日本最重要的威脅以及它們是其他國家安全文件沒有詳細論述的主題，而其他的主題或多或少是所有威脅清單上的標準。

　　東亞力量平衡的轉變主要是由中國的崛起所推動。該戰略的重點是日本與中國的關係，其基礎是地理上的接近以及經濟和地緣政治的競爭。美國被認為是一個主要的地區大國，也是一個整體的全球超級大國；然而，文件承認地區挑戰者開始與美國對抗。[96]由於日本的威懾力和軍事安全很大程度上取決於美日聯盟的力量，所以這種地區性的衰退並不被輕視。事實上，加強聯盟被認為

93　Government of Japan, *The Constitution of Japan*, 3 November 1946, Art. 9, http://japan.kantei.go.jp/constitution_and_government_of_japan/constitution_e.html.

94　Government of Japan, *National Security Strategy*, 17 December 2014, pp. 2-3. http://www.cas.go.jp/jp/siryou/131217anzenhoshou/nss-e.pdf.

95　*Ibid.*, pp. 6-10.

96　*Ibid.*, p. 6.

是國家安全的優先事項。[97]

與解決地區不平衡問題相聯繫的是日本對全球公域的關注，包括海洋、外層空間和網路空間。由於日本在進口能源和自然資源以及出口產品方面都高度依賴海上航線，中國的挑釁行為受到高度重視。日本的觀點是基於這樣的政策：「『開放和穩定的海洋』是整個國際社會和平與繁榮的基礎」，此顯然是為中國所設計，因為它警告說「海上事件的風險愈來愈大，而且可能升級為意外的情況」。[98]

雖然該戰略沒有提及混合戰，但它確實提到了該地區出現的「灰色地帶」局勢。它將「灰色地帶」局勢定義為「既不是純粹的和平時期，也不是領土主權和利益的突發事件」。[99]這些局勢的明確含義是，它們屬於低於常規戰爭的門檻，很難被定性為國家之間的正常競爭。這使它們成為混合衝突的例子，但還不是混合戰，儘管該段最後警告說「該等『灰色地帶』的局勢有可能進一步發展成嚴重的局勢」。[100]遺憾的是，這個想法沒有進一步擴展，但它確實為該地區混合威脅的發展提供了寶貴的見解，有其是關於中國。

來自中國的最大威脅被認為是領土擴張，特別是對東海和南海的島嶼以及日本水域的邊界。在處理此類威脅時，日本與歷史上的例子有很大的不同，它致力於積極主動地參與、管理和開發偏遠島嶼的政策。[101]由於日本的安全觀在很大程度上仍然基於和平的國際準則，因此很容易理解正在崛起、更加堅定自信、尋求改變整個地區現狀的中國，[102]尤其是對日本採取咄咄逼人的行動，[103]會如何震撼日本，使其對國防政策進行如此大的修改。

第二節　共同的主題和問題

在簡明扼要地回答本文開頭提出的問題之前，有必要確定所有探討過的文

97　*Ibid.*, pp. 20-22.
98　*Ibid.*, p. 8.
99　*Ibid.*, p. 11.
100　*Ibid.*
101　*Ibid.*, p. 16.
102　*Ibid.*, p. 12.
103　*Ibid.*, pp. 12-13.

件中存在的一些共同主題。有四個主題：常規威脅的首要地位、對恐怖主義的
簡短提及、試圖以更少的資源實現更多的目標以及愈來愈多地納入與安全無關
的問題。

　　縱觀這些文件，很明顯，各個國家仍然將其他國家視為國際競技場上的主
要對手，儘管提到非國家行為者及其重要性的次數隨著時間的推移而增加。然
而，沒有任何國家或組織將非國家行為者定性為生存威脅。雖然這很可能是對
國家間戰爭的破壞力的歷史反應，但它也反映了國防規劃中普遍存在的傳統思
維。即使是以概括全球反恐戰爭原則而聞名的 2002 年美國國家安全戰略，也
是基於對恐怖主義者庇護國進行常規能力的先發制人和預防性打擊的想法。此
種對火力的過度依賴，主要是基於空中和海上的火力，在最新的文件中得到了
一定程度的解決，這些文件強調了全光譜、基於效果的行動（Operations），可
能也包括地面機動。以色列的政策，可以說是最非國家行為者的取向，也是常
規的，特別是在 2006 年以前的時代，根據 1973 年贖罪日戰爭（Yom Kippur
War）的經驗，強調火力高於一切。值得稱道的是，以色列最新的軍事學說更
加與時俱進，儘管其執行情況是否會跟上還有待觀察。

　　恐怖主義已經成為國家安全文件中的口號之一，大多將恐怖主義列為威脅
之一，從而也涵蓋了所有其他非傳統威脅的可能性。即便如此，大多數文件對
什麼是恐怖主義或如何應對恐怖主義沒有提供有用的定義。此外，這種模糊性
有時被視為國防規劃中的積極趨勢，這種根本性的錯誤邏輯在某種程度上也影
響了圍繞混合戰的辯論。經由對恐怖主義的口惠而實不至，各國同時將其作為
總體性的威脅，而將反恐作為解決當代國際安全中所有問題的萬靈丹。政府意
識到了這個問題，可能會讓民眾感到平靜，但與其他政策相較，它的發展遲緩
程度令人震驚。即使是在國內和國外恐怖主義方面都有豐富經驗的英國，似乎
也已經從非常規的思維中滑落，回到了傳統的「盒子」裡。儘管公平地說，建
立混合戰單位是好的跡象，儘管其任務主要是心理上的，本質上是以社群媒體
為導向的公共關係部門。俄羅斯是此類別中令人驚訝的案例，因為它在高加索
地區面臨著非常危險的民族主義和宗教極端主義者的混合體，而且往往是兩者
同時存在。然而，與一頁又一頁專門討論經濟發展和社會問題的國家安全文件
相較，恐怖主義只不過是腳註而已。可以說，俄羅斯在此問題上的行動比政策
文件，至少是已發表的和可獲得的文件所顯示的要集中得多。

　　報導國防預算的縮減或武裝部隊的縮減，特別是在北大西洋地區，似乎是
日常新聞媒體的主旋律。雖然此趨勢開始逆轉，但「少花錢多辦事」的口號仍

然十分有力。就西方的技術優勢而言，此在一定程度上是有道理的。如果一艘現代驅逐艦可以瞄準，例如，200 架飛機，就像英國的 45 型驅逐艦那樣，[104]你可能不需要 20 架，因為世界上沒有空軍保持 4,000 架前線攻擊飛機。但是，當你考慮到英國只有 6 艘這樣的艦艇，而且不是所有的艦艇都能同時部署，充分的安全保障就成為問題。美國和大多數北約國家的情況類似，陸軍數字的削減甚至更大。

在 1990 年代末，大多數歐洲北約國家都無法在本國境外部署大量軍隊，[105]而且正如 2011 年在利比亞的戰役顯示，這種情況幾乎沒有改善。[106]在某種程度上，品質不再能替代數量，歷史已經多次證明此點，西方是否正在接近這一點，還是已經過了這一點，很難衡量。這種趨勢在北大西洋地區之外並不存在。包括俄羅斯和日本都在提高其軍事潛力，不僅在品質上，而且在數量上，中國也是如此，可以說是全球力量平衡的最重要挑戰者。

此政策的另一個重要方面是，純粹的常規部隊和能力往往被多用途的部隊和能力所取代。雖然這在財政上是合理的，但就長遠而言，缺乏專業化可能會造成寶貴的知識和經驗的損失。有一種論證是，為了面對混合型對手，多用途的能力和部隊要有用得多，但實際上並非如此。如果多用途能力包含了反混合成分，那麼這個論點可能是有效的，但多用途部隊通常被配置為多種常規用途。舉例而言，它們從裝甲部隊轉變成機械化步兵部隊，可以在兩棲行動中更容易地部署到海外。這樣的部隊甚至可能缺乏常規的嚇阻力，而此類嚇阻力可能會說服一個混合型對手，使其對升級的控制失效。混合戰爭是常規和非常規戰爭模式的混合體，因此單一用途的反混合戰爭部隊必須同時具備常規和非常規行動的能力，與他們所面對的部隊相類似。由於西方世界極不可能建立這樣的部隊，唯一的選擇是全譜系的相互操作能力，這將使行為者至少能對抗混合戰爭的一些常規和非常規優勢。然而，這種力量的關鍵問題不是它們的建立，而是缺乏使用它們的決心。

隨著時間的推移，最後一個共同的主題是加入其他與安全無關的主題來充實文件的內容，這種情況一直在增加。雖然可以提出合理的論點，即經濟、社

---

104 BAE Systems, "Destroyers," http://www.baesystems.com/en-uk/product/ destroyers.

105 IISS, "The NATO Capability Gap," *Strategic Survey 2012*, Vol. 100, No. 1 (1999), p. 16.

106 Robert M. Gates, "Remarks by Secretary Gates at the Security and Defense Agenda," Department of Defense News Transcript, Brussels, 10 June 2011, http://archive.defense.gov/Transcripts/Transcript. aspx?TranscriptID=4839.

會和環境因素有助於整體國家安全，但它們並不構成與軍事威脅或地緣政治競爭一樣的生存威脅。它們當然不會在相同、相對較短的時間框架內如此為之。在某些情況下，例如俄羅斯，戰略學說中的大量內容用於經濟和能源安全是可以理解的，尤其是在重大政治動盪後的困難時期，但可以很容易地認為，在一些核心安全問題尚未得到解決的情況下，將如此多的時間和精力放在社會經濟問題上是嚴重的疏失。本書的目的不是要大幅擴展這場辯論，除非它對混合戰的思維發展具有重要性。此並不是說這種辯論不受歡迎或沒有幫助，因為前面提到的大多數文件都是宏大的政治聲明，通常它們應該包括所有政策方面。然而，這些辯論應該在其他論壇上進行，不應該對戰略思維產生重大影響。混合戰作為新的戰略現象，具有潛在的威脅生命的後果，而且就長遠而言，可能對這些社會經濟政策產生巨大的影響，從道理上講，應該占據一些優先地位。

第三節　混合戰的統一理論

在本文開始時，有兩個問題需要回答：為什麼常規軍事力量發現其難以應對混合戰，以及混合戰所針對的弱點是什麼？在回顧了過去近三十年期間具有戰略意義的國家行為者的戰略規劃的主要政策方面後，現在可以回答這些問題了。之前觀察到的共同主題在一定程度上回答了第一個問題，它們也突出了混合戰試圖利用的一些潛在薄弱點。為了制定最佳答案，必須採用不同的理論架構，可以將此兩個問題結合成簡潔單元的架構。此架構將從混合戰的擬議界定、前一章中探討的混合戰發生的環境，以及基於上述探討得出的結論中推論出來。

經由結合這些理論原則和架構，本書將提出混合戰的統一理論。統一的理論試圖將既有現象的所有要素以及未來可能的補充內容結合起來，成為連貫的整體。其目的是確定能夠創造、使用和檢測未來混合戰事件的關鍵特徵。因此，混合戰的統一理論解釋了什麼是混合戰，混合戰是如何運作，以及在什麼樣的情況下發生。此外，它還可以作為理論指導，國際行為者可以用它來掃描地平線，提前發現混合戰的實例。

混合戰的統一理論是圍繞著利用弱點的概念展開。因此，有必要確定什麼是薄弱點。就最廣泛的意義而言，弱點是一國的國防或國家安全政策中出現或存在的缺陷、弱點、錯誤或誤解。它們可以是政策制定過程的一部分，可以是單一或多種學說或政策的一部分或全部，也可以是兩者的結合。具體的弱點，其中一些將在案例研究章節中展開，包括在不涉及重大利益時對友軍傷亡的零容忍，遵守國際秩序的規則和規範（包括戰爭規則）的必要性，保持聯盟一致的願望，過度強調技術解決方案和媒體的密集報導。[107]在某種程度上，這些都是難以避免的，因為人類的努力不可能是完美的，也不可能預測每一種可能性。然而，此處所構建的理論並不是指這些，而是指可識別和（相對）可預測的那些。戰略實踐的本質是必須接受一定程度的不確定性，但同樣重要的是，在已知的事實和可能性的基礎上，嘗試並制定出最佳的戰略是同等的重要，而不是忽視它們，要麼拿出一個有嚴重缺陷的戰略，要麼根本就沒有。

　　對統一理論的理解至關重要的是，從上述探討中提煉出的概念，即當代國防和國家安全學說是建立在對常規「盒子」和非常規「盒子」的明確劃分之上。自第二次世界大戰結束以來，此趨勢一直在進行，儘管偶爾會有反叛亂的嘗試，但仍在繼續。國家軍事機構，尤其是西方國家，對自己在常規領域的專長和優勢充滿信心，而且在大多數情況下，也可以聲稱自己在非常規盒子（領域）的專長。特別是英國，由於其處理叛亂的悠久歷史和保存這種知識的卓越能力，在這方面可以說是傲視群雄；美國也可以為其在伊拉克和阿富汗的一段成功的「反叛亂」行動提出類似的聲稱，但它在保存或應用這些經驗方面沒有達到同樣的成功程度。

　　歷史證明，以色列非常精通基於國家的常規戰爭，此持續的存在和穩定就是最好的證明，並且可以聲稱在處理諸如哈馬斯和真主黨等非國家行為者方面取得了一些成功。然而，當後者在 2006 年採取混合態勢時，事情變得更加複雜，隨後以色列國防軍出現了深刻的危機，因為其反應被認為並不充分。雖然以色列的國防規劃人員在衝突前試圖將常規和非常規的盒子合併，但此過程從未完成，也沒有顯示出什麼希望。

　　由於俄羅斯不是典型的西方自由民主國家，在應對無論是常規還是非常規威脅方面有更多的迴旋餘地途徑。事實證明，俄羅斯的政策在平息車臣叛亂的恐怖主義者，以及粉碎喬治亞加入北約和在高加索地區獲得更大地位的希望方面取得了顯著的成功。由於其嚇阻和防禦政策主要基於戰略和戰術核力量，其常規部隊的適應性更強，此可能是其成為唯一既成功抵禦又參與混合戰的國家

---

107 Rob de Wijk, *The Art of Military Coercion* (Amsterdam: Amsterdam University Press, 2014), pp. 134-135.

的原因之一。即便如此，俄羅斯解決車臣問題的辦法是對車臣大部分地區造成了相當大的破壞和退化，此乃透過大規模常規手段取得的「成功」，而它仍然將其他國家列為主要威脅，此可能表明即使俄羅斯自己也還沒有完全意識到其「出格」（Out of the Boxes）的行動。

在第二次世界大戰後的時代，日本無論在常規還是非常規戰爭方面都沒有什麼實際經驗。然而，它似乎對中國採用的模糊的混合概念掌握得非常好。它所觀察到的「灰色地帶」行動可能表明，由於缺乏其他戰爭的經驗，它更有能力應對混合戰。將日本視為沒有因為缺乏經驗而需要改掉任何壞習慣的國家可能是有說明的；它有能力在處理這個新問題時只帶著有限的、來自美國的先入為主的觀念。因此，它的觀察較少受到劃定盒子問題的阻礙，它能夠準確地描述這一新現象所帶來的影響。

混合戰是基於常規和非常規戰爭模式之間的蓄意和不透明的合併。它不適合整齊地放在常規或非常規的盒子裡。相反，它位於自己的盒子之中，其借用了兩者的元素，但並沒有採用它們的所有特徵，此意味著它可以選擇那些優勢和那些弱點，以及那些它可以利用的弱勢。弱點主要來自於將威脅和對威脅的反應分為兩個盒子。次要的薄弱點來自於對混合戰本身的誤解。英國 77 旅就是一個很好的例子；混合戰不僅僅是心理作戰或社群媒體上的網路爭論（Cyber-Argument），然而這正是反混合戰被認為是實際的情形。此並不是說國際上的看法，包括社會和新聞媒體，是不重要的。混合戰可以在很大程度上依賴於國際上對相關行為者的看法。羞辱一個人甚至可以是目的之一，就像 2006 年以色列的情況一樣，但它主要是為了推進政治野心，而不是獲得人氣加分。

另一個弱點是時間問題。大多數西方國家的安全戰略或戰略概念只是在俄羅斯於烏克蘭的行動之後才開始提及混合戰，在很大程度上否定了先前的例子。雖然這可以用有關國家的歐洲中心論來解釋，但這是很糟糕的戰略。2006 年的真主黨或 1990 年代的車臣並沒有依靠社群媒體進行影響，俄羅斯也沒有將自己限制在網路戰爭之中。與其他每一種戰爭形式一樣，混合戰是針對其發生的環境和時間框架；因此，為了理解其原則，只關注單一案例是無用和危險的。這種缺乏戰略遠見的情況說明了政治結構在預測未來安全趨勢時面臨的問題。前面分析的所有文件都是由政治組織製作的，不管它們是否以軍事為取向。這很正常，因為政治是所有安全相關活動的主要參考框架。

然而，政治結構，尤其是西方國家的政治結構，特別容易對與軍事有關的現象產生誤解。此乃自冷戰結束以來的一個趨勢，當時嚴格的戰略考慮在政治上似乎變得不那麼可行。任何國家的大部分日常政治活動都與社會經濟或法律問題的微觀管理有關，主要集中在福利國家的概念上。當出現嚴重的安全威脅時，這種心態會導致恐慌性的政治反應。圍繞混合戰的政治話語就是這種恐慌的一個很好的例子。數十年來，混合戰一直是一個新出現的現象，但西方的政治結構在很大程度上忽略了此點，儘管安全界早先發出了一些警告。

　　最後的弱點是民主體制，它也滲透到其他大多數國家。在討論國防規劃或反混合戰的案例時，本文探討主要集中在國際秩序的守護國之上。美國、英國、以色列和日本都是民主國家，甚至北約也可以認為是民主組織，因為其成員都是民主國家，其決策是基於共識和一致。所有這些行為者的防務規劃都是為了維護國際秩序和它們從中獲得的利益。因此，民主自由國家模式的維護和傳播已經成為守護國的核心國家利益。像俄羅斯和中國如此不遵循此模式的國家，認為它們正受到壓力，必須遵守此邏輯，改變其國內制度，否則將面臨潛在的干預。舉例而言，對俄羅斯國防規劃的探討清楚地表明，一國有更大的能力來決定那些政策獲得戰略優先權，即使這些政策在民主上是不受歡迎的。此方面最好的例子是兩次車臣戰爭，在此期間，俄羅斯國家對媒體進行了限制，此舉在西方國家是不可能之事。

　　開放的自由民主國家，民眾習慣於並被鼓勵參與政治生活的方方面面，因此很難說外交或安全政策不應受到同樣程度的廣泛參與。經由公眾和媒體的壓力，民主國家的政治領導人不能自由地將他們的安全計算僅僅建立在戰略考慮之上，而是被迫考慮國內政治。雖然這個過程並不新鮮，或者說確實不可取，但在過去的三十年裡，國內行為者對外交政策制定的影響卻愈來愈大。對西方在冷戰中取得勝利的看法只是強化了這樣的想法：在這個過程中注入更多的民主不僅是可取的，而且是必要的。有趣的是，上面討論的共同主題都是為了保護民主制度而不是制定長期戰略。應對國際恐怖主義者的威脅，限制國防開支以增加社會福利，以及國防規劃的安全化，都是旨在維護民主的政策，而不是尋求解決生存威脅的戰略目標。

　　恐怖主義和其他安全化問題對個別國家或國際秩序都不是生存威脅。具有諷刺意味的是，對它們的反應，也就是民主政治的結果，以及隨之而來的對國防開支的限制和對武力使用的進一步限制，是可能成為生存威脅的問題。由於混合戰是故意不透明的，因此即使是專家觀察員也很難識別，當民主的參與性被應用於外交和國防政策制定時，它為行為者提供了利用民主的參與性的能力。民主國家的其他傾向，特別是對傷亡的厭惡，以及對其他非關鍵性國防問題的關注，為混合行動者創造了更大的相對優勢的可能性，事實上，可以幫助他們保持低程度的衝突。

　　總而言之，混合戰的理論旨在解釋混合戰為什麼和如何能夠成功。最簡單的答案是，國家允許它成功，主要是經由建立和在意識形態上遵守基於規則的五元論國際秩序。透過過去二十五年的改革進程以及學說和戰略的變化，大多數國家和國際組織已經成功地填補了他們在應對常規或非常規威脅的能力上的空白。然而，正如戰爭中的情況一樣，此只會增加對手的聰明才智，找到新的薄弱點，並透過新的戰爭方式加以利用。不幸的是，常規的軍事力量或建設通常是巨大的笨重的野獸，不容易快速變化，此也許是它們中最大的弱點。對一個結構化的機構進行重新定位是很困難的，特別是如果這個機構有幾十年甚至幾個世紀的傳統，而重組需要對其中的大量內容進行改變。

　　在整齊劃一的盒子架構內思考問題會使情況更加複雜。無論是俄羅斯或真主黨的例子，還是來自中國的潛在威脅，不幸的是，該等威脅不太可能整齊地落入純粹的常規或純粹的非常規的「盒子」中。此論斷有兩個原因：首先是歷史上幾乎沒有任何衝突可以聲稱純粹屬於某一「盒子」，其次是西方大國在面對整齊劃一的「盒子」式威脅時，在能力和理論史上都有巨大優勢。過去的非混合型衝突和未來的混合型衝突之間的區別在於，實際上不可能確定它們主要是常規的還是主要是非常規的；它們都是。

第四節　結語：由戰略規劃尋混合戰跡象

　　一旦概念的基礎得以確立，然後將之放入有用的架構之中，本文經由理論的角度來研究為什麼混合戰似乎如此有效。本文對過去二十多年中領先或重要國家國防規劃的概述與前面幾章中確立的理論原則相結合。本文的目標是確定戰略政策和理論的「弱點」，這些弱點使混合戰的出現和成功應用成為可能。在案例研究章節中，研究行為者如何經由混合途徑利用該等弱點。經由結合理論和政策領域，本文代表了理論貢獻的最後一部分，並開始了在實踐中檢驗理論的過程。

　　理論概述將著眼於五個國家：美國、英國、俄羅斯、以色列和日本。選擇行為者的前提是，所選擇的行為者代表了國際體系中最有影響力或最強大的行為者（就美國、英國和日本而言），或者是親身經歷過混合戰的國家（俄羅斯和以色列）。俄羅斯尤其重要，因為它是目前唯一一個從兩方面都有混合戰經驗的行為體，既是目標國又利用國。日本的加入說明了混合戰影響的全球影響，也是對混合戰海洋領域的介紹。

第五章　真主黨與類國家的混合戰

　　第五章為開啟第二部分的章節，將「混合戰」的概念從理論和理論架構的領域轉移到實際案例。本文是三個系列的案例研究之首，探討 2006 年的黎巴嫩戰爭。作為最廣泛研究的混合戰爭的案例之一，是非常有用的起點。此案例也很有趣，因為它說明了非國家行為者——本章探討真主黨（Hezbollah）——如何利用「混合戰」對國家產生相對巨大的影響；甚至是像以色列如此的區域性強國。一般認為，2006 年的黎巴嫩戰爭是第一場混合衝突，它是霍夫曼（Frank Hoffman）對此現象進行的第一個廣為人知的研究和定義之基礎。

　　本文論證，儘管可以找到更早的混合性案例，但 2006 年的戰爭仍然是有用的案例研究之一。它之所以仍然有用，是因為真主黨的性質，尤其是它在混合背景下作為非常類似國家行為者的能力。本文經由對 2006 年戰爭的籌備和進行分析，詳細研究使真主黨能夠以這種方式運作的政治和軍事結構。還將研究以色列和以色列國防軍（Israel Defense Forces, IDF）的地位，並特別關注以色列自我檢討的無法成功反擊真主黨的攻勢。

　　第五章中的關鍵點之一是確定何為類國家行為者，以及它們如何行動。在過去的二十多年裡，關於國際安全的辯論有很大一部分集中在非國家行為者的角色之上。此主要是由於後冷戰環境中恐怖主義的興起。同一時期也適逢「混合戰」的演變，但此與恐怖主義問題沒有直接的關係。兩種現象是同步，但不是同時，它們之間唯一的聯繫是一些非國家行為者可以參與此兩種現象。然而，主要的分歧點是，「混合戰」需要更具體的非國家行為者類型，至少能夠進行有限常規戰爭的非國家行為者。將「混合戰」作為一種現象與其他「新」類型的衝突區分開來的部分問題在於，在相當長的一段時間內，歸入關於非國家行為者角色的整體辯論之中。「混合戰」的範圍要廣泛得多，本文將具體說明哪些類型的非國家行為者可以發動「混合戰」，以便將「混合戰」劃定為獨立的領域。

　　千年來，中東作為一個地區始終是衝突的大熔爐，此類狀況一直延續到今天。中東一直是不同利益和各類強權爭奪的戰場，並持續是全球霸權爭奪的重要競技場。由於沒有任何衝突是在真空中所發生，此就是本文探討 2006 年夏天事件的背景。就廣義的戰略角度而言，這些事件是包括區域和次區域霸權鬥爭的一部分。較大區域和次區域之間的相互作用是相當的複雜，但為了對 2006 年衝突發生的條件進行戰略評估，有必要大體上加以分析。

就區域的層面而言，美國作為全球霸主，旨在維持各區域行為者之間的權力平衡，並維護美國對此經濟和政治上重要區域的控制。美國藉由在中東地區建立密切聯繫的體系、友邦和自身的軍事存在，以實現此目標。對中東地區秩序的主要威脅來自伊朗和沙烏地阿拉伯，儘管沙烏地阿拉伯與美國關係密切，但沙烏地阿拉伯和伊朗一樣，兩國皆試圖將自身打造成中東地區的支配力量。

該地區穆斯林人口中的什葉派（Shia）和遜尼派（Sunni）的宗教分歧也十分重要，因為此兩類國家都聲稱代表各自的教派。兩者都利用直接和間接的手段以影響事件的方向，而伊朗由於其對真主黨的支持，在本書中尤為重要。在次區域層面，聚焦於狹義的黎凡特地區（即敘利亞、黎巴嫩、以色列和約旦），可以將以色列視為此次區域的霸主，尤其是在敘利亞內戰開始之後，使得以色列在次區域沒有任何實力接近的競爭者。

以色列的地位因其與美國的親密友誼而大幅加強，此不僅有助於以色列，而且也鞏固了美國作為區域和全球霸主的地位。當衝突發生時，通常是因為某行為者希望直接挑戰現狀，或經由削弱當前的霸主來挑戰現狀。在 2006 年的黎巴嫩戰爭中，此兩種力量都存在，它們與整個中東地區的戰略形勢一起，嚴重影響了戰爭的進行和結果。本文的目的是探討雙方是如何進行戰爭，並將觀察結果應用於更大的戰略架構，以確定雙方是如何影響對方，以及它對未來戰爭的意義。

一般認為，2006 年夏天，以色列和真主黨之間為期三十四天的衝突是現代戰爭發展的重要轉捩點之一。它也被譽為混合戰趨勢的明確開端。在最廣泛引用的混合戰研究中，霍夫曼將 2006 年的黎巴嫩戰爭作為關鍵的案例研究，儘管此術語本身以前也曾在第一次和第二次車臣戰爭（Chechen Wars）中使用。下一章將對車臣兩場戰爭進行更詳細的探討。2006 年的真主黨與以色列衝突受到廣泛研究的主要原因是，該次衝突表明非國家行為者可以有效地並在一定程度上成功地與國家行為者在戰略上平等地交戰。此與經典的毛派叛亂組織的準則不同，後者只在最後階段，即在敵對當局已經被嚴重削弱的情況下方參與常規戰爭。

真主黨這樣的非國家行為者能夠與地區首屈一指的常規力量發生衝突，不僅能夠生存下來，而且還能夠聲稱取得了勝利，而以色列在過去數十年的連續戰爭中成功地擊敗了所有鄰國，此當然是新奇的情形，值得仔細研究。由於兩個主角之間的力量不平衡，真主黨明顯成功的祕密必須賴於其新穎的戰爭途徑，而且因為真主黨在同一行動中同時進行常規和非常規戰爭，此類新穎的方式稱之為「混合戰」。

第一節　黎巴嫩戰爭

　　與任何衝突一樣，完全脫離脈絡就開始探討 2006 年的黎巴嫩戰爭並不明智。本文的第一部分將集中論述衝突前的事件，以及衝突期間發生的事件之時間軸。尤其強調以色列 1982 年的入侵，以及隨後對黎巴嫩南部大部分地區的占領，直到 1985 年，以色列在 2000 年片面撤軍之前，一直保持著淡淡的邊境安全區，以及隨後導致 2006 年戰爭間歇性敵對行動的升級。本文將對戰爭期間的事件進行扼要探討，以便為本文第二部分的更深入分析提供背景資料。

　　黎巴嫩在以色列與其阿拉伯鄰國，尤其是敘利亞之間的關係中扮演了重要角色。1975 年黎巴嫩內戰爆發時，它為教派暴力創造了溫床。到 1976 年，一支由敘利亞領導、阿拉伯國家聯盟（League of Arab States, LAS；以下簡稱「阿盟」）贊助的維和部隊開始在黎巴嫩境內部署，儘管衝突仍在持續之中。在黎巴嫩南部，巴勒斯坦解放組織（Palestine Liberation Organization, PLO；以下簡稱「巴解組織」）開始攻擊以色列，將此所謂無法無天的地區作為其戰略避難所。1978 年，以色列襲擊了黎巴嫩南部，以應對巴解組織的襲擊，此行動導致了聯合國維和特派團（UN peacekeeping mission, UNIFIL；以下簡稱「聯黎部隊」）的成立與以色列的撤離。由於地區安全，尤其是就以色列的角度而言，情勢並沒有多大的改變。黎巴嫩政府無法恢復對南部的控制，巴解組織的活動仍在繼續。敘利亞在黎巴嫩的持續存在也損害了以色列的戰略地位。

一、1982 年至 2006 年的以色列和黎巴嫩的關係

　　孤立的衝突構成了黎巴嫩南部和以色列北部的持續暴力活動，持續了許多年。巴解組織已經從純粹的遊擊隊組織演變成為常備軍，並且在 1981 年能夠從黎巴嫩向以色列發射數以千計的砲彈和導彈。[1]此舉使得巴解組織的威脅從恐

---

[1]　Charles D. Freilich, "Israel in Lebanon—Getting It Wrong: The 1982 Invasion, 2000 Withdrawal, and

怖主義的麻煩升級為生存的挑戰，因此以色列決定進行干預。1982 年入侵黎巴嫩南部的理由是純粹的戰略。官方目標要求建立安全區，將巴解組織的部隊趕出以色列的砲火射程，與黎巴嫩簽訂和平條約，並在黎巴嫩境內建立新的政治秩序。[2]

當時，時任以色列總理比金（Menachem Begin）和國防部部長沙龍（Ariel Sharon）所闡述的真正目標是將巴解組織從黎巴嫩驅逐出去，希望能摧毀其大部分的力量，確保以色列在解決領土爭端中的主導地位，敘利亞軍隊從黎巴嫩撤出，隨後在黎巴嫩建立尋求與以色列建立更友好關係的政府。[3]儘管以色列內閣批准的目標與比金和沙龍私下設定的目標之間存在明顯的差異，但它們並不衝突。當然，非官方的目標可以視之為是對官方公佈目標的補充和擴展。

然而，兩套目標都是不切實際的雄心壯志，因此，沒有任何目標可以完全實現。以色列成功地建立了安全區，並對巴解組織予以沉重的打擊，有效地將其趕出了黎巴嫩，但這些成就都沒有實現自身的戰略目標，即以色列所尋求的和平。就長遠而言，安全緩衝區將得以證明是非常昂貴的承諾，而黎巴嫩的內部政治局勢並未改變，更沒有改善。在國際舞臺上，以色列的地位也受到了影響，此在很大程度上是因為它占據了聯黎部隊的位置。儘管以色列在 1985 年部分撤出了一個較窄的安全區，但聯黎部隊基本上淪為了提供人道主義的援助。[4]

以色列入侵的最具體的後果是真主黨的崛起。黎巴嫩是經由一套稱之為「民族條約」（National Pact）的複雜安排施以治理，該條約試圖在政府內部的基督教、遜尼派和什葉派之間建立起權力平衡。[5]自內戰開始以來，各派別都試圖透過訴求外部勢力來挑戰這種平衡。由於基督教團體得到了以色列的支持，遜尼派團體得到了整個阿拉伯世界的支持，什葉派感到愈來愈受到威脅。就歷史而言，什葉派組織試圖不參與政治，採取政治上的被動姿態，[6]這種姿態在1970 年代和 1980 年代的阿拉伯復興之後變得愈來愈站不住腳。在伊朗革命成

2006 War," *Israel Journal of Foreign Affairs*, Vol. 6, No. 3 (2012), p. 43.

2　*Ibid.*, p. 47.

3　*Ibid.*

4　UN, "Lebanon—UNIFIL Background," 2002, http://www.un.org/Depts/DPKO/Missions/unifil/unifilB.htm#background.

5　Judith Palmer Harik, *Hezbollah: The Changing Face of Terrorism* (London: I.B. Tauris & Co Ltd., 2005), p. 17.

6　*Ibid.*, pp. 8-9.

功後，黎巴嫩的什葉派可以指望得到什葉派伊朗以及復興黨敘利亞（Baathist Syria）的大量支持。

由於阿薩德（Al-Assad）家族是什葉派伊斯蘭教（Shia Islam）阿拉維派（Alawite）的成員，並在敘利亞建立了阿拉維派的統治菁英，此也是重要的考慮因素之一。因此，敘利亞的動機更多的是戰略面向，而不是宗教的面向，但此也可以說是伊朗的動機。對兩國而言，必須阻止以色列在 1982 年後對黎巴嫩政治影響力的增加。此外，對伊朗而言，此為經由代理人威脅以色列，而自身不須冒著直接對抗風險的機會。由於以色列當時成為黎巴嫩未來的主要利害關係者，包括敘利亞和伊朗都將目光投向了黎巴嫩社會中最後「無人問津」的部分，即什葉派。伊朗提供大部分資金和培訓，敘利亞在其黎巴嫩占領區內提供庇護所，為建立什葉派民兵奠定了基礎，他們不僅可以反擊以色列，還可以促進什葉派在黎巴嫩影響力的提升。[7]

這些算計的最終產物是真主黨。1982 年，真主黨由穆斯林神職人員構想，遵循何梅尼（Ayatollah Khomeini）的教導—教法學家的監護（Wilayat al-Faqih），[8]真主黨由伊朗提供資金，其成立目的主要為了反抗以色列入侵黎巴嫩。真主黨的領導人是何梅尼的追隨者，其部隊由伊朗 1,500 名革命衛隊訓練和組織而成，後得到敘利亞政府（當時占領黎巴嫩東部高地）的許可，允許他們過境到當時遭到占領貝卡山谷的一個基地。

真主黨在其 1985 年的公開信（An Open Letter to all the Oppressed）中揭示了此意識形態取向，此乃真主黨正式宣佈自身存在的基礎性文件。在信函中，真主黨宣布服從「一位明智而公正的領袖」，即「教法學者的監護」（Walial-Faqih），並宣布自己是「真主在伊朗取得勝利」的伊斯蘭革命的延續。[9]真主黨認為自己是跨國什葉派伊斯蘭實體，其「行為由教法學者的監護來決定」，而不是「黎巴嫩有組織或封閉的政黨」。據真主黨總書記哈納斯魯拉（Hasan Nasrallah）稱，此意味著真主黨的「領導、方向、任務、戰爭與和平的決策等」，皆掌握在教法學者的監護手中」。2009 年，真主黨發布了新的政治文件，

7　*Ibid.*, pp. 38-39.
8　何梅尼在 1970 年代的一系列演講促成了監護理念的成形，形成了當今伊朗伊斯蘭共和國憲法的基本概念。伊朗憲法規定政府的最高領袖必須是教法學家（Faqih）。在伊朗，教法學家的監護常被稱為「教法學家的管治」或「伊斯蘭法學家的管治」。
9　公開信的文本可參考 *Hizballah Issues "Open Letter" on Goals, Principles* (CIA, 16 February 1985), https://www.cia.gov/readingroom/docs/DOC_0000361273.pdf.

表達了對地區局勢的立場。該文件以其現實的語言以及類似於左翼和反全球化運動的知識分子和政治修辭而著稱。[10]

在黎巴嫩內戰期間，真主黨的目標是：驅逐「美國、法國及其盟友，徹底消滅我們土地上的任何殖民主義實體」，讓基督教長槍黨（Phalangists）屈服於「正義權力」，將他們「對穆斯林和基督徒犯下的罪行」繩之以法，允許「我們人民的所有子民」選擇他們想要的政府形式，同時呼籲他們「選擇伊斯蘭政府」。真主黨發動了一場不對稱戰爭，對以色列國防軍（Israel Defense Forces, IDF）和黎巴嫩境外的以色列目標發動自殺式襲擊。以色列國防軍於在占領黎巴嫩部分領土之後的十八年，於 2000 年從南黎巴嫩撤退。而真主黨和以色列國防軍在 2006 年再次交戰。

因此，真主黨於 1985 年正式成立，就是對以色列占領的直接挑戰，真主黨最初的合法性來自對以色列占領的反對。真主黨最初被設想為游擊隊式的恐怖主義組織，後來轉變為具有軍事色彩的政治和社會組織，以擴大其吸引力和擴大其支持基礎。在敘利亞和伊朗的鼓勵下，此過程試圖使真主黨在 1992 年的議會選舉中成為可行的政治實體，並使其不再純粹作為抵抗運動來運作。[11]雖然此種轉變實屬成功，但並不夠徹底，從而導致真主黨獲得了某種雙重人格，既為合法的政黨，又為民兵／抵抗組織。此類雙重性在黎巴嫩境內外一直產生一些模糊不清的感覺。

迄今為止，真主黨仍遭到許多國家和組織列其為恐怖組織名冊之中。[12]但它也被視為是黎巴嫩政府中重要、有影響力的組織之一；在 2009 年大選後，真主黨在議會中贏得了 13 個席位，[13]並且擁有兩個部長的職位。[14]真主黨還在兩年的政治危機後成功地選出了一位有利的黎巴嫩總統，並在新的黎巴嫩內閣

---

[10] Qassim Qaseer, "30 Years after the Open Letter: Hezbollah and the Necessary Revisions," *Middle East Monitor*, 31 December 2014, https://www.middleeastmonitor.com/20141231-30-years-after-the-open-letter-hezbollah-and-the-necessary-revisions/.

[11] Judith Palmer Harik, *Hezbollah: The Changing Face of Terrorism* (London: I.B. Tauris & Co Ltd., 2005), pp. 47-52.

[12] 截至 2022 年，美國將真主黨列為恐怖組織，而英國和歐盟僅將好戰派／外部行動派列為恐怖組織。

[13] IFES, "The Political Affiliation of Lebanese Parliamentarians and the Composition of the Different Parliamentary Blocs," *IFES Lebanon Briefing Paper*, September 2009, https://www.ifes.org/sites/default/files/lebanon_parliament_elections_200909_0.pdf.

[14] "New Government Announced under PM Saad al-Hiri," *Al Jazeera*, 18 December 2016, http://www.aljazeera.com/news/2016/12/lebanon-announces-government-saad-al-hariri-161218201145680.html.

中發揮巨大的影響力。[15]然而，2022 年 5 月舉行國會選舉，真主黨和所屬集團在此次的選舉中失利。由於難以確定真主黨究竟是屬於什麼定位，因此就如何最好地打擊真主黨展開了激烈的辯論，此類辯論一直持續到今天，並使其有能力作為混合行為者行事。

對黎巴嫩南部狹長安全區的占領，隨著以色列 2000 年的單邊撤離而結束。以色列決定撤軍有幾個原因，其中最重要的是安全區內持續的低強度戰鬥的高昂代價。雖然以色列的安全政策從根本上反對在沒有來自黎巴嫩或敘利亞的有意義的安全保證的情況下單方面撤軍，但巴拉克（Ehud Barak）的政府還是決定如此為之。以色列國防軍強烈反對單方面撤軍並認為，以色列很快就會回到黎巴嫩南部，此見解很有先見之明。作為回應，巴拉克認為，此將提升以色列的國際合法性，並使真主黨失去攻擊的理由。[16]

真主黨設法使以色列領導人相信繼續存在係徒勞無功之舉，此對一個與該地區最強大的常規軍事力量作戰的游擊隊組織而言是重大的勝利。巴拉克的決定在整個中東地區引起了震動，因為真主黨似乎在以色列的其他阿拉伯對手經常失敗的地方取得了勝利。此不僅是因為人們認為真主黨打敗了以色列，而且最令人驚訝的是此成就的不規則性。[17]雖然阿拉伯國家對此發展非常感興趣，但巴解組織卻最徹底地接受了此教訓，並可能試圖在隨後的第二次起義中複製此結果。[18]

在以色列占領期間，黎巴嫩南部成為敘利亞、伊朗、真主黨和以色列的一個戰略軍事釋放閥。在此競技場上，他們可以在他們認為必要的時候直接或間接地與對方交戰，而不必冒大規模戰爭的風險。[19]對以色列而言，不幸的是，此情勢變得愈來愈昂貴。由於以色列國防軍已經二十多年沒有參加過大規模的戰爭，人們對可接受的生命損失之看法已經改變。這種轉變並不侷限於以色列，而是存在於整個西方世界。它部分地與軍事思維重新聚焦於基於技術的行

15　David Daoud, "Hezbollah's Latest Conquest: Lebanon's Cabinet," *Newsweek*, 12 January 2017, https://www.newsweek.com/hezbollahs-latest-conquest-lebanons-cabinet-541487.

16　Charles D. Freilich, "Israel in Lebanon—Getting It Wrong: The 1982 Invasion, 2000 Withdrawal, and 2006 War," *Israel Journal of Foreign Affairs*, Vol. 6, No. 3 (2012), p. 44.

17　Daniel I. Helmer, "Flipside of the COIN: Israel's Lebanese Incursion Between 1982-2000," in *The Long War Series Occasional Paper 21* (Fort Leavenworth, KS: Combat Studies Institute Press, 2007), p. 72.

18　*Ibid.*

19　Charles D. Freilich, "Israel in Lebanon—Getting It Wrong: The 1982 Invasion, 2000 Withdrawal, and 2006 War," *Israel Journal of Foreign Affairs*, Vol. 6, No. 3 (2012), p. 48.

動相吻合。

　　隨著戰爭變得愈來愈加重技術方面，對士兵個人的要求也愈來愈少，以至於必須不惜一切代價避免生命損失。雖然國家尋求以最小的生命損失以實現他們的目標實屬正常，但戰爭的不可預知性表明，他們不能完全避免。厭惡生命喪失是西方戰爭的主旋律，包括以色列，由於其相對於鄰國的人口較少，以色列一直試圖將生命損失控制在最低程度。雖然令人欽佩，但如此的政策有時會適得其反，因為此迫使國家推遲地面部隊的投入。具有諷刺意味的是，此決策有時會導致更大的生命損失，因為敵人有時間做好準備，或者意味著戰略目標不再能夠實現；在 2006 年的黎巴嫩戰爭中就證明了後者的存在。

二、戰爭的時間軸

　　衝突始於 2006 年 7 月 12 日，[20]一群真主黨戰士襲擊了以色列國防軍的一支巡邏隊，在迫擊砲襲擊的掩護下，殺死了 3 名士兵，綁架了 2 名士兵。由於以色列的政策非常重視此類事件，他們派出了一支更大的巡邏隊進行調查（此為以色列國防軍的標準程序）。這支巡邏隊也遭到了伏擊，造成了更多的生命損失，因為真主黨已經預見到了此行動。作為報復，以色列開始向黎巴嫩南部發動空襲和地面襲擊，以找回士兵並對真主黨進行反擊。第二天，真主黨開始向以色列發射導彈。所使用的導彈庫包括短程和中程武器，從簡單的「喀秋莎」（Katyusha）式火箭到更複雜的「法吉爾斯 3 號」（Fajr 3）和「法吉爾斯 5 號」（Fajr 5）中程導彈。[21]

　　以色列的反應是加強空中和砲擊行動，打擊黎巴嫩南部的戰術目標以及具有戰略意義的目標，諸如位於貝魯特達希亞（Dahiya）社區的真主黨總部。衝突期間的重要里程碑是在 7 月 14 日，真主黨發射了 1 枚（C-701）反艦導彈，並擊中了以色列國防軍的海軍哈尼特號護衛艦（INS Hanit）。[22]雖然損失相對有限，而且護衛艦倖存下來，但這清楚地表明，真主黨能夠獲得一些非常先進的

---

[20] 關於衝突的有用和簡明的時程表，見 IDF, "The Second Lebanon War: A Timeline," 7 July 2016, https://www.idflog.com/2016/07/07/second-lebanon-war-timeline/.

[21] Andrew Exum, "Hizballah at War: A Military Assessment," *Policy Focus*, Vol. 63 (The Washington Institute for Near East Policy, 21 December 2006), p. 6, http://www.washingtoninstitute.org/policy-analysis/view/hizballah-at-war-a-military-assessment.

[22] 一個伊朗的考熱爾（"Kowsar"）導彈的衍生品，它本身是基於中國的出口設計。有些消息來源提到使用了更大的 C-802 導彈，因此存在一定的差異。

武器，此乃原先沒有預料到的事實。儘管自衝突開始以來就發生了邊境小規模衝突，但以色列國防軍直到 7 月 22 日才開始大規模的地面行動。

這是由於政治上不願意冒大量人員傷亡的風險，以及認為衝突可以經由空襲來贏得勝利。這些因素將在本文的下一部分進行更詳細的探討。地面戰役進展緩慢，因此衝突的其餘部分大多是真主黨方面的導彈交火和以色列方面的砲火和空襲。真主黨使用了更遠距離的火箭，達到了海法市，此在以前是無法達到的能力。以色列國防軍的地面行動慢慢加強，並最終擴展到利塔尼河（Litani River），以確保以色列導彈射程內的地區，儘管沒有取得重大進展。

8 月 11 日，聯合國安理會起草了第 1701 號決議（United Nations Security Council Resolution 1701），該決議將實現停火和雙方撤退，同時大幅擴大聯黎部隊的任務範圍。[23]由於決議直到 8 月 14 日才生效，雙方都試圖利用最後數天的時間，設法取得某種勝利。在衝突的最後一天，真主黨以一種非常挑釁的方式向以色列發射了大約 217 枚導彈。[24]此後，儘管雙方都有一些違反停火的有限行為，但衝突實際上已經結束，以色列和真主黨都聲稱取得了勝利。[25]

第二節 （第）一場混合戰爭

一般認為，2006 年的黎巴嫩戰爭是混合戰的第一個例子。霍夫曼在其關於混合戰主題的深具影響力的論文中，將其作為主要案例研究，許多後續出版物也是如此。儘管「混合戰」一詞並非源於 2006 年的黎巴嫩戰爭，但「混合戰」仍然與黎巴嫩戰爭有著非常密切的聯繫，甚至在應用於其他衝突時也會繼續經由黎巴嫩的視角進行重新審視。雖然觀察家和學者們試圖從一場衝突中提煉出教訓，以應用於下一場衝突是正常的情形，但如此的過程只有在其範圍有限的情況下方有價值，因為所有的衝突都有相似的基礎，而這個基礎來自戰爭

---

23 2006 年後擴大的任務通常被稱為聯黎部隊二期，以區別於 1978 年至 2006 年的任務，儘管聯合國正式認為兩者是同一個維和特派團。

24 Matt M. Matthews, "Hard Lessons Learned—A Comparison of the 2006 Hezbollah-Israeli War and Operation CAST LEAD: A Historical Overview," in Scott C. Farquhar, ed., *Back to Basics: A Study of the Second Lebanon War and Operation CAST LEAD* (Fort Leavenworth, KS: Combined Studies Institute Press, 2009), p. 20, https://www.armyupress.army.mil/Portals/7/Primer-on-Urban-Operation/Documents/Back-to-Basics.pdf.

25 "Nasrallah Wins the War," *The Economist*, 17 August 2006, http://www.economist.com/node/7796790.

的基本性質。為了確定 2006 年黎巴嫩戰爭的混合性的性質和程度，本文將研究四個關鍵方面：真主黨的國家性質、其對先進技術的使用、以色列在確定衝突性質方面的困難以及資訊戰爭。

一、真主黨是類國家的行為者

　　為了確定 2006 年黎巴嫩戰爭的混合性質，有兩個基本前提需要確定：真主黨作為衝突行為者的性質和戰爭本身的進行。要符合作為混合戰的資格，衝突必須是在國家或非常類似國家的行為者之間所進行，因為混合戰的常規方面需要大量的結構和後勤支援。在 2006 年的黎巴嫩戰爭中，有兩個主要的作戰方，即真主黨和以色列，而敘利亞、伊朗和美國則作為支援者或支持者扮演次要的角色。本部分探討將僅關注於真主黨和以色列，因為實際衝突區內的情況對確定混合程度至關重要。

　　對於真主黨而言，這種判斷並不明確，但有數項指標似乎表明，即使真主黨沒有被正式視為獨立的國家，但也可以被認為是類似國家的行為者。關鍵問題是「類國家」（State-Like）的行為者是係屬何意？常見的定義列出了國際關係中某個實體可視之為國家的一些要求：人口、領土、政府、主權和國際承認。[26]這些標準獲得廣泛的採用，儘管經常有相當的爭議，但在本研究中，這些要素將作為基準。從混合戰的定義推斷，[27]該定義要求實施者既能進行常規軍事行動，又能進行非常規軍事行動，如果非國家行為者滿足了這些標準，能夠對另一國進行常規戰爭，那麼就可以認為其為類似國家的行為者。其基本假設是，非國家行為者就其性質而言，已經具備了非常規戰爭的能力。

　　真主黨既是政黨又是民兵的雙重角色，幾乎是獨一無二的地位，但它在 2006 年與以色列進行公開戰爭的能力，與其他類似組織（諸如哈馬斯）採取的游擊或恐怖方式並不一致。混合戰並非只由非國家行為者所實施，一旦此類行為者開始以此類方式行事，就不能再認為其是純粹的恐怖主義團夥或純粹的非國家行為者。前文已經討論了真主黨作為黎巴嫩政治中的政黨角色，所以為了

26　將國際承認作為一項要求是後來增加的，而且經常有爭議。此也違反了 1933 年《蒙特維多國家權利義務公約》（*Montevideo Convention on the Rights and Duties of States*）第 3 條的規定，而其他標準則源於現在被接受為國際習慣法的《蒙特維多國家權利義務公約》第 1 條，正式文本可參見 https://treaties.un.org/doc/Publication/UNTS/LON/Volume%20165/v165.pdf。

27　參見本書第二章。

解釋為什麼真主黨可以視之為是類似於國家的混合行為者，本文將擴展其活動的另外兩個面向：真主黨作為社會政治機制的角色，為生活在其「領土」上的人們提供社會和其他服務，以及真主黨的軍事能力，擁有類似於國家武裝力量的軍事和後勤組織。之所以選擇這些標準，是因為該等標準對真主黨的性質提供了最清晰的解釋，也因為該等標準對其合法性至關重要，是克勞塞維茲戰爭的基本組成部分。

真主黨一直非常注意強調其社會活動，甚至在正式開始游擊行動之前就已經如此。真主黨沿用了穆斯林兄弟會（Muslim Brotherhood）的模式，向受其照顧的人提供社會和財政支援，以便為自身其他活動建立安全和忠誠的基礎，同時發展叛亂的成員。黎巴嫩的什葉派社區特別容易受到這種進展的影響，因為什葉派人士在 1970 年代和 1980 年代基本上遭到黎巴嫩政府的忽視，主要是因為貝魯特的政府連基本的社會服務都無法提供。為了改善他們的處境，同時將民眾團結在他們的事業周圍，甚至在真主黨或其早期的競爭組織「阿邁勒」（Amal）成立之前，各種團體就開始主動提供社會和經濟服務。[28]真主黨在此方面擁有比其他所有團體更多的優勢，因為它可以獲得其意識形態支持者伊朗的財政資源。真主黨最終組織的服務包括對困難家庭的財政援助，對為真主黨作戰而犧牲的家庭撫恤金，以及其他如今與福利國家相關的財政援助（補貼的文化和教育專案或失業津貼）。

真主黨還透過其成員擁有和經營的醫院系統，提供有補貼甚至免費的醫療服務，以及教育。特別是後一項活動，教育對該組織經由灌輸和宣傳建立支持基礎非常有用。[29]所有活動都經由真主黨的媒體存在，得到進一步的利用；真主黨經營廣播電臺、電視臺和印刷媒體，並在網路上有大量的追隨者。[30]雖然真主黨將其社會計畫描述成是說明那些需要的人，或其他冠冕堂皇的言辭可能很方便，但底線是為其軍事活動建立安全和忠誠的基地。真主黨的社會和軍事活動已經非常有效地結合在一起，以至於真主黨對黎巴嫩國內政治獲得了巨大的影響，甚至在什葉派社區之外也獲得了廣泛的公眾支持。真主黨的領導層已

28　Eitan Azani, "The Hybrid Terrorist Organization: Hezbollah as a Case Study," *Studies in Conflict & Terrorism*, Vol. 36, No. 11 (2013), p. 904.

29　*Ibid.*, pp. 904-905.

30　ITIC, "Terrorism in Cyberspace: Hezbollah's Internet Network," *The Meir Amit Intelligence and Terrorism Information Center*, 3 April 2013, https://www.terrorism-info.org.il//Data/articles/Art_20488/E_276_12_739632364.pdf.

經成功地將這種影響力轉化為政治和軍事資本。

　　就軍事角度而言，真主黨擁有橫向多樣化的結構，基礎是大量自成一體的小單位，在包括後勤和戰術決策制定方面都能有很大的自主權。後者的特點在阿拉伯組織（包括國家軍隊和非國家團體）中非常罕見，因為真主黨將決策制定權下放到了下層；此類學說需要廣泛的培訓和教育，在西方軍隊中更為常見。[31]真主黨可利用的戰士的實際人數難以確定，估計從大約 1,000 名正規戰士和數量更多的鄉村戰士[32]到數千名支持者和成員，以及數百名恐怖主義者不等。[33]

　　人們的共識似乎是，真主黨可以獲得大量訓練有素的「前線」部隊，以及大量的地方後備力量，此對非國家組織而言是了不起的成就。晚近，真主黨能夠派出數百名戰士在敘利亞內戰中援助其長期贊助者阿薩德（Bashar al-Assad）政權，[34]此表明真主黨有能力和專業知識在黎巴嫩境外進行軍事干預。由於在 2006 年的黎巴嫩戰爭中遭受了重大損失的結果，真主黨將重點放在招募人員之上，以補充和增加其人員規模，其中一些人來自非什葉派人口，反映了真主黨在黎巴嫩以及該地區的崇高地位。[35]

　　雖然真主黨能夠調用的戰鬥人員數量存在爭議，但他們的戰鬥能力卻沒有爭議。在 2006 年的黎巴嫩戰爭期間，真主黨部隊能夠有效和果斷地與以色列國防軍的同行交戰。沿著以色列與黎巴嫩邊境預先準備好的堅固陣地也是重要的資產，對真主黨而言是力量的倍增器。黎巴嫩南部的丘陵和山谷崎嶇不平，非常適合叛亂和輕裝步兵，真主黨只是經由增加防禦工事即改進了此特點。以色列國防軍知道邊境對面的建設工作，但對該系統的範圍有多大卻沒有什麼情報。只有當地面部隊進入黎巴嫩並遭遇到地堡時，工事的全部範圍方顯現出來。[36]

31　Andrew Exum, "Hizballah at War: A Military Assessment," *Policy Focus*, Vol. 63 (The Washington Institute for Near East Policy, 21 December 2006), p. 5.

32　*Ibid.*

33　US Department of State, *Country Reports on Terrorism—2009* (August 2010), https://www.state.gov/j/ct/rls/crt/2009/.

34　Randa Slim, "Hezbollah and Syria: From Regime Proxy to Regime Savior," *Insight Turkey*, Vol. 16, No. 2 (2014),pp. 61, 64-66.

35　Guy Aviad, "Hezbollah's Force Buildup of 2006-2009," *Military and Strategic Affairs*, Vol. 1, No. 3 (2009), pp. 9-10.

36　Andrew Exum, "Hizballah at War: A Military Assessment," *Policy Focus*, Vol. 63 (The Washington

工事系統有兩個目的：首先，安置和保護中程和遠端導彈發射器；以及其次，保衛村莊，以盡可能地拖延預期的以色列國防軍的地面攻擊。藉由將部隊分割成能夠獨立行動和自我維持的小單位，真主黨減少了後勤線索，使以色列國防軍幾乎不可能將它們在黎巴嫩南部全部的根除。這些小團體的生存能力體現在：在整個衝突期間，他們不斷向以色列境內發射火箭彈，而且往往是從以色列國防軍的後方所發射。[37]以色列國防軍的地面行動開始得相對較晚，實際上讓真主黨感到驚訝，因為它已經對利塔尼河進行了深入的防禦準備，以阻擋預期的裝甲部隊的進攻。真主黨利用這段額外的時間在有限的程度上，加強了真主黨在黎巴嫩南部的部隊，儘管此舉並沒有為真主黨帶來很大的優勢，因為真主黨部隊的分散性意味著重新補給或重新部署部隊是不可能的任務，尤其是在以色列的空中優勢面前。[38]

最後一個面向是真主黨研究和學習以色列國防軍的能力，此體現了真主黨的軍事智慧。真主黨事先進行了訓練和準備，以利用以色列軍事學說和社會的弱點，尤其是以色列對機動戰造成高傷亡的反感。[39]真主黨活動的基本前提是確保向以色列持續發射火箭，以嚇唬平民，迫使以色列國防軍不是涉入黎巴嫩南部的泥潭，面對可能無法接受的傷亡，就是讓平民暴露在真主黨的火箭之下。[40]真主黨的無制導火箭彈藥庫對軍事或其他高價值目標，幾乎沒有任何實際用途，而這些目標通常需要精確制導，但卻是對平民人口，進而對以色列領導人造成心理壓力的首選武器。就軍事學說上而言，以色列採用美式嚇阻和基於效果的作戰（Effects-Based Operations, EBO）的做法，也被真主黨巧妙地利用了，此點將在本文的後面進行探討。

與其他叛亂組織相較，真主黨當然與眾不同。它不僅有政治部門，使其具有廣泛的政治合法性，而且還在黎巴嫩南部實質上是國中之國，提供社會和福利方案。真主黨經由在其有效控制的某些領土上獲得公眾支持和合法性，可以說至少部分滿足了構成國家的人口、政府和領土條件，成為一個實體。真主黨

Institute for Near East Policy, 21 December 2006), pp. 2-4.

37　*Ibid.*, p. 4.

38　*Ibid.*, pp. 10-11.

39　Matt M. Matthews, "Hard Lessons Learned—A Comparison of the 2006 Hezbollah-Israeli War and Operation CAST LEAD: A Historical Overview," in Scott C. Farquhar, ed., *Back to Basics: A Study of the Second Lebanon War and Operation CAST LEAD* (Fort Leavenworth, KS: Combined Studies Institute Press, 2009), pp. 6-7.

40　Ron Tira, "Breaking the Amoeba's Bones," *INSS Strategic Assessment*, Vol. 9, No. 3 (2006), p. 10.

被承認為黎巴嫩境內的合法抵抗運動，使其能夠將其社會政治和軍事活動結合起來，成為先進、類似國家的組織。尤有進者，真主黨的軍事力量被證明有能力作為一支有機的聯合武力軍隊（Combined-Arms Army），此也更能說明它是國家，而不是非國家行為者。為了參與混合戰，行為者必須能夠同時以常規和非常規的方式行動，這是它與傳統叛亂的區別所在。真主黨在理論和實踐中都表現出了此種能力，因此可以被認為是類似國家的混合行為者。

二、真主黨對先進技術的使用

　　隨著真主黨在混合背景下作為國家行為者的能力的確立，下一個邏輯推演的步驟是探討真主黨在 2006 年黎巴嫩戰爭期間所擁有的技術能力。在談論非國家行為者，諸如民兵或叛亂組織時，先進的技術，尤其是先進的武器裝備，通常不是主要的考慮。然而，真主黨能夠使用一些相對先進的武器，此對「一般」的叛亂組織而言，肯定並不尋常。此乃混合行為者的核心區別特徵，與真主黨的類國家性質直接相關。在描述真主黨對先進技術的使用時，主要關注的是導彈庫和通信技術。之所以選擇這些方面，是因為它們代表了使真主黨最與眾不同的面向，而且在 2006 年的黎巴嫩戰爭中證明它們非常有效。導彈通常不是叛亂組織的首選武器，而通信往往是國家或非國家組織的致命弱點，但真主黨在這兩個領域表現出的熟練程度，遠遠超出了以往的水準。

　　真主黨的導彈庫自其成立以來一直是廣泛研究和辯論的主題。導彈主要由伊朗和敘利亞提供，並經由敘利亞與黎巴嫩邊境走私，構成了真主黨戰術的骨幹力量。在 2006 年的黎巴嫩戰爭的脈絡下，導彈庫可分為兩部分：地對地火箭，諸如「喀秋莎」和「法吉爾斯」，以及反坦克導彈。雖然前者主要是為了嚇唬以色列公眾，但後者可以說是真主黨在戰爭中最有效的武器。就數量而言，在 2006 年戰爭開始之前，該組織的導彈庫估計有 1 萬至 1 萬 3,000 枚不同射程的導彈。[41]其中大多數是簡單的「喀秋莎」式無制導短程火箭，也有紀錄顯示是更複雜的中程和遠端火箭，大部分由敘利亞和伊朗提供的庫存組成，儘管據稱真主黨擁有一些有限的生產能力。[42]雖然真主黨也成功地使用了 1 枚岸

---

[41] Amir Kulick, "Hezbollah vs. the IDF: The Operational Dimension," *INSS Strategic Assessment*, Vol. 9, No. 3 (2006).

[42] Yaakov Lappin, "In-House Hezbollah Missile Factories Could Add to Massive Arms Buildup," *The Algemeiner*, 20 March 2017, https://www.algemeiner.com/2017/03/20/in-house-hezbollah-missile-

基反艦導彈，但此乃孤立的事件，對於探討導彈技術的使用並沒有特別的用處，而是探討以色列的情報狀況，因為以色列並不知道真主黨正在部署這種導彈。

如前所述，真主黨的戰略是引誘以色列國防軍進入事先準備好的陷阱，以造成盡可能多的傷亡。黎巴嫩南部工事的分散性基本上意味著真主黨的部隊將進行靜態的戰術防禦。此又意味著他們很可能面臨以色列國防軍裝甲部隊的地面入侵，這就需要使用反坦克導彈，使以色列國防軍的梅卡瓦（Merkava）坦克和其他車輛失去功能或遭致摧毀，儘管真主黨甚至更進一步，將這些武器用於許多其他目的，諸如摧毀以色列國防軍士兵占領的庇護所或房屋。[43]真主黨最終使用的武器庫可以說是多種多樣，因為它包括各種敘利亞和伊朗的蘇製武器和美國製造的拖式發射器（TOW launchers）的混合物。[44]

其中一些武器（諸如雷射制導的 AT-14 Kornet-E）的相對複雜性，意味著它們甚至對最先進的梅卡瓦 Mk4 坦克也可以造成威脅，儘管此主要是由於坦克的保護不足所造成。[45]當然，擁有武器和有效使用武器是不一樣的，多年來，缺乏訓練往往是以色列國防軍許多對手的關鍵弱點。然而，正如以色列國防軍裝甲部隊在 2006 年黎巴嫩戰爭的最後幾天所了解到的那樣，真主黨的反坦克部隊在伊朗接受過預先使用武器的訓練，表現出使用此類導彈的能力，其熟練程度與正規軍相似。此既適用於武器的實際發射，也適用於武器的部署和戰場的準備。[46]

真主黨似乎在導彈戰的某方面有所欠缺，即防空導彈系統。驚鴻一瞥，此乃奇怪的遺漏，因為它已證明有能力在陸地和海上非常有效地使用導彈，而且以色列空軍（Israeli Air Force, IAF）對其發射器和戰鬥機構成危險。然而，對

---

factories-could-add-to-massive-arms-buildup/.

43　Guy Aviad, "Hezbollah's Force Buildup of 2006-2009," *Military and Strategic Affairs*, Vol. 1, No. 3 (2009), p. 6.

44　Andrew Exum, "Hizballah at War: A Military Assessment," *Policy Focus*, Vol. 63 (The Washington Institute for Near East Policy, 21 December 2006), p. 6.

45　Amir Rapaport, "The IDF and the Lessons of the Second Lebanon War," *Mideast Security and Policy Studies, No. 85* (The Begin-Sadat Center for Strategic Studies, December 2010), p. 13.

46　Matt M. Matthews, "Hard Lessons Learned—A Comparison of the 2006 Hezbollah-Israeli War and Operation CAST LEAD: A Historical Overview," in Scott C. Farquhar, ed., *Back to Basics: A Study of the Second Lebanon War and Operation CAST LEAD* (Fort Leavenworth, KS: Combined Studies Institute Press, 2009), pp. 19-20.

此明顯疏忽的最簡單解釋很可能是現代防空導彈的高度複雜性，這些導彈將具備擊落以色列空軍 F-15 和 F-16 飛機的能力。雖然低空飛行和相對較慢的直升機或部隊運輸機可能容易受到甚至是反坦克導彈的攻擊，但高空戰鬥轟炸機則不然，即使是像真主黨如此足智多謀的行為者，能夠到達此類目標的導彈系統似乎也是遙不可及。儘管有令人印象深刻的出動率，儘管其近距離空中支援和救援任務經常發現自己處於紅外線導引的地對空導彈和小武器的砲火中，但以色列空軍只遭受了 1 次戰鬥損失。為了限制傷亡，以色列空軍的飛行員通常在非常高的高度飛行，並依靠精確制導彈藥來打擊真主黨的目標，在整個衝突中基本上享有完全的空中優勢。[47]

通信是任何衝突的重要方面，但對混合行為者而言尤其重要。迅速動員和復員的能力是混合部隊的標誌之一，對於村莊和「自然保護區」[48]的真主黨戰士而言，此點尤其重要。真主黨的火箭部隊會迅速準備並發射火箭彈，然後從附近消失，直到危險過去，另一支不同的部隊再次準備好發射器。對於設防於村莊內的戰鬥人員而言，尤其重要的是，當以色列國防軍部隊突入防線時，能夠混入平民中（即使不是戰鬥人員，也大多是真主黨的支持者），一旦前線轉移，就能迅速重新組建。所有這些活動都需要可靠，但相對複雜的通信，而真主黨已經建立了通信系統，似乎表現得非常好。為了方便各團體之間的通信，真主黨擁有一套火腿族收音機系統、複雜的呼號，甚至還有自己的封閉式手機網絡。[49]

真主黨還在其總部和戰地部隊之間維持通訊，並與敘利亞，尤其是伊朗的支持者保持通訊聯繫。[50]雖然按照現代通信標準，真主黨的網絡並不被認為是最先進的工藝，但它卻非常強大和高效，在無情的空襲中，甚至在其位於貝魯特達希亞社區的總部被摧毀的情況下，仍然能夠生存。此外，真主黨還能夠攔截和利用來自以色列境內的大量通訊，尤其是手機通訊，包括來自以色列國防軍內部的通訊。[51]由於所有這些因素，真主黨能夠更有效地組織其戰鬥部隊，

---

47 Benjamin S. Lambeth, "Learning from Lebanon: Airpower and Strategy in Israel's 2006 War Against Hezbollah," *Naval War College Review*, Vol. 65, No. 3 (2012), p. 91.

48 用來描述真主黨強化陣地網路的術語。

49 Andrew Exum, "Hizballah at War: A Military Assessment," *Policy Focus*, Vol. 63 (The Washington Institute for Near East Policy, 21 December 2006), p. 5.

50 Avi Kober, "The Israel Defence Forces in the Second Lebanon War: Why the Poor Performance?," *Journal of Strategic Studies*, Vol. 31, No. 1 (2008), p. 20.

51 Penny L. Mellies, "Hamas and Hezbollah: A Comparison of Tactics," in Scott C. Farquhar, ed., *Back to*

在某些情況下，使他們免於即將到來的空襲，同時混淆了以色列的決策過程。再加上重要的情報蒐集能力，[52]這些資產對於衝突的結果肯定與戰鬥本身一樣具有決定性意義。

第三節 以色列的回應

2006 年黎巴嫩戰爭中或許最廣為人知和廣受研究的面向是以色列在衝突前和衝突期間所表現出的不盡人意的軍事和政治表現。以色列，尤其是以色列國防軍當時遇到的困難有數項原因，本部分將探討三個最具影響的原因：學說上的缺陷、政治和軍事上的優柔寡斷，以及以色列國防軍的近視（Myopic）狀態。在逐一探討這些因素之前，重要的是要注意到所有這些因素的共同主題是政治和軍事政策制定者沒有能力掌握以色列面臨的是什麼樣的衝突。如前所述，真主黨為對抗所做的準備，是專門為了對抗以色列的優勢和利用其防禦學說的弱點。雖然某行為者針對其對手的弱點利用是正常的選擇，甚至是更可取的選擇，但 2006 年黎巴嫩戰爭的影響與真主黨的準備工作和以色列的缺點一樣有很大的關係。事實上，可以說，以色列面臨的大部分困難都是自己所造成。

就學說的角度而言，2006 年之前的以色列國防軍的國防學說在很大程度上的確與時俱進。它追隨美國的趨勢，從常規戰爭轉向稱為基於效果的作戰的模式。基於效果的作戰的核心思想是，與其將對手的政府、基礎設施和軍事力量視為獨立的單位，不如將敵人視為單一的系統。因此，針對該系統的行動應以擾亂對手的作戰能力為目標，而不是簡單地側重於摧毀其軍事力量。[53]根據以色列的解釋，例子之一是，軍事行動不一定要占領和控制領土才能確保目標；只要能控制領土就足夠了，因為控制領土也會產生同樣的涓滴效應。[54]

Basics: A Study of the Second Lebanon War and Operation CAST LEAD (Fort Leavenworth, KS: Combined Studies Institute Press, 2009), p. 66.

52 Matt M. Matthews, "Hard Lessons Learned—A Comparison of the 2006 Hezbollah-Israeli War and Operation CAST LEAD: A Historical Overview," in Scott C. Farquhar, ed., *Back to Basics: A Study of the Second Lebanon War and Operation CAST LEAD* (Fort Leavenworth, KS: Combined Studies Institute Press, 2009), p. 9.

53 Ron Tira, "Breaking the Amoeba's Bones," *INSS Strategic Assessment*, Vol. 9, No. 3 (2006), p. 2.

54 Avi Kober, "The Israel Defence Forces in the Second Lebanon War: Why the Poor Performance?,"

此乃美國在巴爾幹地區經驗的產物，在實踐中，它是基於精確的火力投放，主要是從空中投放。可以說，此使得基於效果的作戰適合於針對技術落後國家的低強度行動，在這種情況下，使用精確的彈藥可以限制平民的傷亡人數，同時允許地面部隊遠離戰區。對以色列的吸引力顯而易見，因為以色列國防軍數十年來一直在對巴解組織和哈馬斯進行反叛亂運動的打擊。[55]在學說上，以色列主要的國防學者認為，重點應該完全轉向起義式衝突，此比全面戰爭更類似於低強度行動。[56]敵對行動爆發前數月，以色列國防軍參謀長哈魯茲（Dan Halutz）將軍簽署了以系統作戰設計（Systemic Operational Design, SOD）為基礎的以色列新國防學說。[57]系統作戰設計在很大程度上是以色列國防軍在加薩走廊和約旦河西岸經驗的產物。雖然它包含了一些基於效果的作戰的思想，但它的目的是進一步推動辯論，改變以色列國防界的整個思維基礎。事實證明，該學說過於複雜，在實踐中基本沒有用處，許多軍官對他們收到的命令感到困惑。[58]

基於效果的作戰的第二個後果是過度依賴對峙的火力，主要是空中力量，但也包括地面的火箭和火砲。以色列以美國為榜樣，相信空軍有能力更快地擊潰任何對手，而且雙方的傷亡都更少，因此在空軍方面投入了大量資金，甚至損害了其他部門的利益。[59]2006 年戰爭期間的參謀長哈魯茲將軍是職業空軍軍官，他非常相信僅靠空中力量就能贏得戰爭的觀點。[60]此也是他最初拒絕啟動以色列國防軍後備部隊的原因之一，也是他向內閣建議短期、精確火力密集的戰役會取得成功的原因之一。

Journal of Strategic Studies, Vol. 31, No. 1 (2008), pp. 27-28.

55 以色列國防軍最後一次使用大規模常規武力是 1973 年的贖罪日戰爭（Yom Kippur War）。後來 1978 年和 1982 年在黎巴嫩的行動規模要小得多。即使如此，1982 年對黎巴嫩的入侵也發生在 2006 年之前的二十四年。

56 Amir Rapaport, "The IDF and the Lessons of the Second Lebanon War," *Mideast Security and Policy Studies, No. 85* (The Begin-Sadat Center for Strategic Studies, December 2010), pp. 6-7.

57 關於系統作戰設計的深入分析，見本書第四章。

58 Matt M. Matthews, "Hard Lessons Learned—A Comparison of the 2006 Hezbollah-Israeli War and Operation CAST LEAD: A Historical Overview," in Scott C. Farquhar, ed., *Back to Basics: A Study of the Second Lebanon War and Operation CAST LEAD* (Fort Leavenworth, KS: Combined Studies Institute Press, 2009), pp. 11-12.

59 *Ibid.*, p. 12.

60 Ze'ev Schiff, "The Foresight Saga," *Haaretz*, 11 August 2006, http://www.haaretz.com/the-foresight-saga-1.195001.

　　不可否認的是，以色列空軍在摧毀長程和中程導彈發射器方面非常成功，導致哈魯茲將軍在 7 月 13 日宣布了一場過早的勝利，但最終證明它無法摧毀或消除更小、更機動的「喀秋莎」火箭發射器。[61]此導致在衝突即將結束時，決定部署大量的地面部隊，因為這是清除該地區真主黨發射器和導彈庫的唯一途徑。總體而言，在行動的頭三天，以色列空軍的空襲估計只影響到了真主黨軍事力量的 7%。[62]雖然這並不是微不足道的，特別是由於它清除了更危險的遠程導彈，但這並不是空中力量支援者所想像的壓倒性成功。

　　當從軍事和政治政策制定的角度審視以色列的行為時，很快就會發現，混合戰固有的不透明性產生了影響。由於學說上的缺陷，高層文職和軍事領導人都沒有做出足夠快的反應。此外，以色列總理奧爾默特（Ehud Olmert）贏得戰爭的戰略目標過於雄心勃勃，面對混合型對手無法實現。從官方角度講，以色列的目標是改變黎巴嫩南部的戰略局勢，將真主黨趕出邊境，以防止今後發生綁架士兵事件，加強以色列的嚇阻力，並促成外交進程，從而導致軍事干預和全面執行聯合國安理會第 1559 號決議。[63]決議要求黎巴嫩全面控制其領土（包括撤出以色列和敘利亞軍隊），並解除黎巴嫩民兵（主要是真主黨）的武裝。[64]

　　事實上，這些目標是在衝突開始三天後所提出，從而或許是最有趣的方面，因為它表明以色列是在沒有明確目標或連貫戰略的情況下進入戰爭。[65]以色列國防軍在戰前數月準備了一些應急計畫和演習，其中一些與最終的衝突非常相似。一般的結論是，如果沒有大規模的地面行動，就不可能實現目標。儘管有明顯的相反跡象，政治和軍事領導層（總理奧爾默特、國防部部長佩雷茨（Amir Peretz）和參謀長哈魯茲）一開始決定不實施大規模地面戰爭。他們的理由不是基於戰略思考，而是基於避免傷亡的理由，此正是真主黨所預期的取

61　Avi Kober, "The Israel Defence Forces in the Second Lebanon War: Why the Poor Performance?," *Journal of Strategic Studies*, Vol. 31, No. 1 (2008), pp. 23-24.

62　Alastair Crooke and Mark Perry, "How Hezbollah Defeated Israel: Part 1 Winning the Intelligence War," *Asia Times Online*, 12 October 2006, https://www.scoop.co.nz/stories/HL0610/S00206/how-hezbollah-defeated-israel-analysis.htm.

63　Charles D. Freilich, "Israel in Lebanon—Getting It Wrong: The 1982 Invasion, 2000 Withdrawal, and 2006 War," *Israel Journal of Foreign Affairs*, Vol. 6, No. 3 (2012), p. 49.

64　UNSC, *Resolution 1559* (2 September 2004), http://undocs.org/S/RES/1559(2004).

65　Charles D. Freilich, "Israel in Lebanon—Getting It Wrong: The 1982 Invasion, 2000 Withdrawal, and 2006 War," *Israel Journal of Foreign Affairs*, Vol. 6, No. 3 (2012), p. 49.

向。[66]

　　這種對傷亡的幾乎病態的厭惡肯定是以色列國防軍在 2006 年黎巴嫩戰爭期間表現的主要絆腳石。歷史表明，如果沒有某種損失，任何有價值的目標都無法實現。自冷戰結束以來，西方軍隊的趨勢一直是以最大限度地減少軍事和平民傷亡為目標，此過程被稱為「後英雄主義戰爭」（Post-Heroic Warfare）。[67]雖然希望限制戰爭的傷亡實屬自然，但這種想法不應追求到有損於行為者實現目標的能力。在 2006 年的黎巴嫩戰爭中，將傷亡控制在最低限度的願望嚴重阻礙了以色列對真主黨取得明顯勝利的能力。推遲開始地面行動也是部分基於此考慮，正如以色列總理承諾將 2 名被綁架的士兵安全帶回國一樣。

　　在戰術層面上，即使是有限的行動，在遭受輕微的損失後，也常常不顧作戰指揮官的反對而停止。[68]這種行動反映在普通民眾對損失的看法上，因為相對較低的平民傷亡並沒有引起對報復性反應的強烈要求。只有當以色列出現了動搖時，政府內部和公眾的看法才發生了變化，基本上迫使政府投入大量的地面部隊。在衝突的後期，當愈來愈清楚地看到很快就會出現停火時，以色列扭轉了原來的理念，對利塔尼河（Litani River）進行了大規模的裝甲和空降聯合攻擊，以確保至少取得某種勝利，其結果則令人沮喪。[69]包括以色列和黎巴嫩的主戰場也都受到了雙方資訊戰的嚴重影響，關於資訊戰方面將在後面進行探討。

　　以色列方面的最後一個問題是以色列國防軍的近視狀況。雖然這個問題與其他所有問題都有關聯，但它的重要性足以讓它自己單獨探討。在這裡，「近視」一詞指的是以色列國防軍的專業部隊和後備部隊，主要是其地面部隊的糟糕狀況。地面部隊已經從 1970 年代和 1980 年代中東地區最令人畏懼的軍事工具惡化到了這樣的地步：其部隊甚至沒有得到關於如何打一場真正的戰爭，而

66　Benjamin S. Lambeth, "Learning from Lebanon: Airpower and Strategy in Israel's 2006 War Against Hezbollah," *Naval War College Review*, Vol. 65, No. 3 (2012), pp. 86-87.

67　Edward N. Luttwak, "Towards Post-Heroic Warfare," *Foreign Affairs*, Vol. 74, No. 3 (1995), pp. 121-122.

68　Avi Kober, "The Israel Defence Forces in the Second Lebanon War: Why the Poor Performance?," *Journal of Strategic Studies*, Vol. 31, No. 1 (2008), pp. 3-40.

69　Matt M. Matthews, "Hard Lessons Learned—A Comparison of the 2006 Hezbollah-Israeli War and Operation CAST LEAD: A Historical Overview," in Scott C. Farquhar, ed., *Back to Basics: A Study of the Second Lebanon War and Operation CAST LEAD* (Fort Leavenworth, KS: Combined Studies Institute Press, 2009), pp. 17-18.

不是一場叛亂的基本指導。特別是裝甲部隊在訓練和裝備方面都遭受了多年的忽視，一些坦克乘員更熟悉在西岸徒步巡邏，而不是操作坦克。[70]

　　裝甲戰的專業知識特別容易因缺乏訓練而喪失，比步兵戰術更容易喪失，因為它需要熟悉車輛以及戰術技能和地形知識。如果再加上裝備短缺，大多數以色列坦克都沒有安裝主動反制措施或保護系統，而且沒有什麼實際經驗，難怪以色列國防軍表現不佳。[71]這種準備不足的情況在戰爭中最著名的事件之一的海軍中也很明顯，當時真主黨成功地攻擊了以色列海軍哈尼特號護衛艦。儘管這艘輕型護衛艦配備了能夠抵禦這種攻擊的保護系統，但這些系統當時被關閉了，因為以色列不相信真主黨擁有能夠打擊近海巡邏船隻的武器。[72]這表明情報工作的失敗，因為他們沒有意識到 C-701 導彈的存在，這也是對海軍準備水準低下的一種控訴。無論事先是否知道威脅，奇怪的是，一艘在敵對海岸線上巡邏的軍艦並沒有完全進入戰鬥準備狀態。

第四節　資訊戰

　　資訊作戰（Information Operations），或者更廣泛地說，資訊戰（Information Warfare）正在愈來愈被視為現代戰爭的關鍵和新的面向之一。儘管許多西方軍事學者和政治家宣稱此並不新鮮，但它十分重要，此點在 2006 年的黎巴嫩戰爭中得到了充分證明。雖然資訊戰不是混合戰的獨特特徵，但它代表了混合戰的突出特點之一。混合戰的成功有賴於消費者避免升級為大規模常規戰爭的能力，而對資訊流的控制是此努力的重要組成部分。雙方都廣泛地參與了資訊戰，主要是為了將對手描繪成侵略者，但也是為了破壞對方的戰場通信。影響後方也是重要的面向，因為民眾的支持對行動的成功往往至關重要。本部分將探討資訊戰的這些面向是如何影響雙方的衝突行為，以及如何影響衝突的結束和後果。

　　當以色列於 2000 年撤出黎巴嫩時，真主黨將其視為長達十八年的叛亂運

[70] *Ibid.*, p. 12.

[71] Yaakov Katz, "Post-battle Probe Finds Merkava Tank Misused in Lebanon," *Jerusalem Post*, 3 September 2006, http://www.jpost.com/Israel/Post-battle-probe-finds-Merkava-tank-misused-in-Lebanon.

[72] Amir Rapaport, "The IDF and the Lessons of the Second Lebanon War," *Mideast Security and Policy Studies, No. 85* (The Begin-Sadat Center for Strategic Studies, December 2010), p. 25.

動的高潮。與任何游擊隊行動一樣，宣傳和公眾對鬥爭的看法都很重要，真主黨顯然吸取了此教訓。另一方面，以色列一直認為公眾對其行動的看法，尤其是在國際社會中的看法相對不重要。它的觀點是，不是以色列的盟友，就是對以色列友好的國家會支持它的行動，其他國家說什麼並不重要。這種想法部分源於猶太復國主義（Zionist）意識形態中更具侵略性的方面，但也源於以色列的戰略現實；作為一個被敵對，或者至少是不友好的鄰國包圍的小國，它不能為了安撫國際輿論而減少對侵略的反應。

當以色列總理巴拉克宣布從黎巴嫩南部撤軍時，其中原因之一是為了在國際社會中為以色列創造一些善意。當時，此政策得到了對傷亡感到厭倦的以色列公眾的支持，但在戰略上，撤軍打破了數十年來的先例。此轉變也與前面概述的學說和政治變化相吻合，它產生了試圖藉由克制來改善其在國際社會形象的以色列國。然而，在此過程中，撤軍為真主黨提供了絕佳的機會，可以利用此新的立場，誘使以色列對真主黨的挑釁做出反應，從而從其新的姿態中退縮。

真主黨在這方面的目標是將以色列描繪成占領者／侵略者，以加強其在黎巴嫩和廣大什葉派社區中的地位，並再次表明其作為抵抗運動的立場。可以說，此資訊作戰對其自身利益而言太有成效了。真主黨相信以色列不會像過去那樣做出激烈的反應，於是發動了綁架行動，導致了戰爭的發生。到最後，甚至連真主黨秘書長納斯魯拉都承認，如果他知道以色列會有如此激烈的反應，他就不會發動那次行動。[73]在很好地說明了混合戰的侷限性，至少在這方面，真主黨失去了對衝突升級的控制，遭受了與其目標不相稱的傷亡，包括大量最有經驗的戰士，此充分說明了混合戰的侷限性。[74]雖然它成功地將以色列描繪成非比例的侵略者，但可以說，總體而言，這種方法既是失敗，也是成功。

2006 年黎巴嫩戰爭期間的資訊戰的第二個方面涉及戰場通信。作為非國家行為者，真主黨並不擁有最先進的軍事通信設備，但如前所述，真主黨通信技術仍然相當驚人。有幾次，真主黨設法截獲並破譯了以色列的通信，使其能夠對以色列國防軍部隊進行伏擊。另一方面，以色列的情報部門被證明是令人失望的表現。他們不僅不知道真主黨的導彈庫的數量和類型，而且也未能攔截或

---

73 Andrew Exum, "Hizballah at War: A Military Assessment," *Policy Focus*, Vol. 63 (The Washington Institute for Near East Policy, 21 December 2006), p. 9.

74 Benjamin S. Lambeth, *Air Operations in Israel's War Against Hezbollah* (Santa Monica, CA: RAND Corporation, 2011), p. 71.

阻礙其通信。真主黨戰士經常用手機和火腿收音機進行通訊，此使他們能夠更好地混入平民人口中，使以色列在面對一定的平民傷亡時難以選擇是否進行攻擊。

以色列國防軍的指揮官經常在遠離前線的地方，在布滿電漿（等離子）螢幕的掩體中領導他們的部隊，導致一些觀察家開始將這場戰爭稱為一種「等離子衝突」（Plasma Conflict）。[75]雖然符合現代技術戰爭的時代特徵，但此意味指揮官完全依賴資訊流，而資訊流往往不可靠或不完整。技術不能消除戰爭的迷霧，在某些情況下實際上會加劇它。當這些因素結合在一起時，它們在以色列國防軍的指揮結構中造成了一種永久性的不確定狀態，增加了已經混亂的政策制定過程。

資訊戰的另一個面向是公共外交。這場戰爭對以色列尤其重要，因為歐邁特（Ehud Olmert）政府的政策是維護國際合法性，以確保以色列的朋友，特別是當時希望與黎巴嫩政府進行建設性對話的美國和歐洲，不會放棄他們對自身的支持。[76]另一方面，這場衝突也是該地區兩個意識形態集團之間更大競爭的一部分：抵抗集團（由伊朗、敘利亞、真主黨和哈馬斯所組成，並得到卡達的部分支持）以及沙烏地阿拉伯、埃及、阿拉伯聯合大公國和約旦等更傾向於美國秩序的集團。後者會在私下裡歡迎真主黨在與以色列的衝突中被擊敗或羞辱，因為此將削弱伊朗的地位，儘管由於國內政治壓力，他們不能與以色列聯繫得太緊密。[77]

敵對行動開始後不久，歐邁特總理立即重申了以色列的政策，即讓黎巴嫩政府為真主黨的行動負責，這一立場得到了哈魯茲（Halutz）將軍的鼓勵，[78]但幾天後他改變了立場，降低了指責黎巴嫩人國家侵略行為的言論，將其侷限於

---

[75] Amir Rapaport, "The IDF and the Lessons of the Second Lebanon War," *Mideast Security and Policy Studies, No. 85* (The Begin-Sadat Center for Strategic Studies, December 2010), p. 49.

[76] Ehud Olmert, "In Retrospect: The Second Lebanon War," *Military and Strategic Affairs*, Vol. 6, No. 1 (2014), p. 8.

[77] Michael D. Snyder, "Information Strategies Against a Hybrid Threat: What the Recent Experience of Israel Versus Hezbollah/Hamas Tell the US Army," in Scott C. Farquhar, ed., *Back to Basics: A Study of the Second Lebanon War and Operation CAST LEAD* (Fort Leavenworth, KS: Combined Studies Institute Press, 2009), p. 118.

[78] Ehud Olmert, "In Retrospect: The Second Lebanon War," *Military and Strategic Affairs*, Vol. 6, No. 1 (2014), p. 7.

真主黨，以爭取國際支持。[79]這種途徑是一場賭博，因為它違背了歷史先例，只能說是部分成功；它成功地安撫了沙烏地集團以及美國和歐洲，但也造成了混亂，讓人們擔心這隻是以色列的宣傳。[80]對這一努力的一個巨大打擊是真主黨成功地操縱了媒體報導。衝突的性質意味著真主黨戰士混入了平民人口中，使以色列沒有有效的手段來區分兩者。雖然在這樣一場火力密集的衝突中，平民的傷亡相對較低，據報導約為 1,100 人，[81]但真主黨仍然設法將以色列的行動描繪成故意針對平民人口，這種策略導致非政府組織人權觀察（Human Rights Watch, HRW）指責以色列犯有戰爭罪。[82]這種戰術最耐人尋味的不是真主黨採用了這種戰術——它是世界各地叛亂組織的主打，而是以色列沒有對其做出充分的回應，進一步惡化了其在國內社會和國際公眾面前的地位。

在後方，包括以色列和真主黨都面臨著類似的兩難境地。兩者都需要保護他們的基地不受不必要的傷亡，保持士氣，並在戰爭結束後讓公眾站在他們一邊。反映了他們的性質，對手依靠不同的途徑來實現這些目標。作為一個民主和相對開放的社會，以色列無法完全控制資訊流，而真主黨則通過專制手段，幾乎擁有絕對的控制權；表現出令人印象深刻的內部紀律。[83]就成功而言，真主黨可以說成功地實現了大部分（如果不是全部）資訊目標，而以色列則基本上沒有成功。與 2006 年戰爭的大多數方面一樣，以色列的主要困難在於衝突本身的性質。由於政府很難決定明確的目標和手段，此在公眾看來是優柔寡斷的表現。[84]

使事情更加複雜的是一些資訊的洩露，這使公眾對他們所面臨的問題沒有什麼疑問。除了損害公眾的士氣外，這些資訊的洩露對真主黨而言也是某種情

79　Michael D. Snyder, "Information Strategies Against a Hybrid Threat: What the Recent Experience of Israel Versus Hezbollah/Hamas Tell the US Army," in Scott C. Farquhar, ed., *Back to Basics: A Study of the Second Lebanon War and Operation CAST LEAD* (Fort Leavenworth, KS: Combined Studies Institute Press, 2009), pp. 117-118.

80　*Ibid.*, pp. 119-120.

81　UN, "Report of the Commission of Inquiry on Lebanon Pursuant to Human Rights Council Resolution S-2/1," *UN Human Rights Council*, A/HRC/3/2, 23 November 2006, art. 11.

82　"Israel Accused over Lebanon," *BBC News*, 6 September 2006, http://news.bbc.co.uk/1/hi/6981557.stm.

83　Michael D. Snyder, "Information Strategies Against a Hybrid Threat: What the Recent Experience of Israel Versus Hezbollah/Hamas Tell the US Army," in Scott C. Farquhar, ed., *Back to Basics: A Study of the Second Lebanon War and Operation CAST LEAD* (Fort Leavenworth, KS: Combined Studies Institute Press, 2009), pp. 122-123.

84　*Ibid.*, p. 124.

報上的利好，向其表明其混合途徑是成功的。反過來，真主黨也能利用這些資訊來鞏固自己在黎巴嫩內部的支持。值得注意的是，在整個行動期間，以色列公眾對該行動的支持率一直很高，只是在行動結束時，由於缺陷愈來愈明顯，支持率才有所下降。以色列國防軍的支持率也高於政治領導層，此表明公眾對軍隊的信任度更高，儘管它有失誤。[85]對資訊流的嚴格控制也使真主黨能夠操縱這些資訊，展示反以色列的統一戰線，並最終聲稱在衝突中取得勝利。雖然情況遠比這要複雜，但真主黨看起來更有底氣，組織得更好，而以色列卻似乎在苦苦掙扎，這一簡單的事實使真主黨的支持者、贊助者和整個阿拉伯世界的同情者對這種宣稱更加信服。

第五節　結語：初期的混合戰

與任何新概念一樣，即使是那些採用混合戰的人也往往不知道它的潛力，或者他們的使用會有多成功。聲稱真主黨在 2006 年 7 月決定對以色列進行一場混合戰並非正確地描述。它只是決定，進行更嚴重對抗的時候到了，而且它已經制定了適合此類場合的戰略。雙方都意識到衝突不可避免，因為在整個 2006 年春天，壓力一直在增加。甚至可以看出，綁架企圖是真主黨最有可能引發對抗的選擇。[86]沒有預料到的是，真主黨參與戰爭的方式。以色列和真主黨之間或以色列和哈馬斯之間火箭彈和大砲交互對射，並非什麼新鮮事，但現在真主黨已經有了複雜的防禦網絡，由訓練有素、裝備精良和積極進取的戰士組成。雖然就技術上而言仍然是一支民兵部隊，但他們的組織技巧、先進的武器和機動性，使他們類似於一支常備軍，具有諷刺意味的是，在戰爭開始時，他們幾乎比以色列國防軍還要強大。真主黨戰士還能夠在受到壓力時分散並混入平民人口中，並以最少必須的相對原始和廉價的通信技術以重新集結。然而，真主黨也有能力利用最先進的信號攔截設備。

如前所述，真主黨的混合戰品牌的特點是類似國家的常規行為、戰術創新

85　Meir Elran, "The Civilian Front in the Second Lebanon War," in Shlomo Brom and Meir Elran, eds., *The Second Lebanon War: Strategic Perspectives* (Tel Aviv: Institute for National Security Studies, 2007), pp. 108-109.

86　Ehud Olmert, "In Retrospect: The Second Lebanon War," *Military and Strategic Affairs*, Vol. 6, No. 1 (2014), pp. 4-5.

和適應性、資訊戰和使用叛亂活動不常使用的技術。它成功地同時並以有控制的方式運用所有這些因素來實現其政治目標。事實上，以色列國防軍沒有為這樣的衝突做好準備，並做出了錯誤的反應，這讓真主黨更容易得手，但這絲毫不影響其成就。雖然納斯魯拉認為這是一個總體上的成功，但這場戰役確實說明了混合途徑的侷限性，特別是在被非國家行為者使用時。有限戰爭是一場持續的平衡鬥爭，以防止不必要的升級，在這種情況下，真主黨至少部分地失敗了，儘管它仍然可以而且確實聲稱取得了公關上的勝利。作為非國家行為者，真主黨缺乏一些國家工具（諸如國際承認和相關的外交和經濟措施），而這些工具本可以使它阻止以色列升級到它所做的程度。

在很大程度上依賴敘利亞和伊朗的援助也限制了它在這方面的選擇，因為它基本上被視為以色列和伊朗之間更大的區域競爭的一部分。真主黨雖然不是伊朗的代理人，但仍不能說自己是一個完全獨立的行為者，這意味著對其行動的升級被認為是對伊朗的打擊，這也是以色列明顯的過度反應背後的理由之一。在資訊領域，真主黨充分利用現代媒體管道，以及全球公眾對突發新聞頭條的渴求，影響了比以往更多的受眾，成功地羞辱了以色列。這是這場衝突的目的之一。也許 2006 年戰爭在技術方面的最大遺產是以色列對發展防禦性反導彈系統的重視，這一過程最終導致在 2011 年部署鐵穹系統（Iron Dome System）。雖然目前該系統主要用於攔截來自加薩地帶的火箭彈，但它也被部署在以色列北部以阻止真主黨。[87]

正如本書前面所提及，混合戰的關鍵問題是，西方國家的軍隊傾向於用謹慎的盒子來思考。在實踐方面，以色列國防軍可以被認為是如此的一支部隊，但有突出的特點。雖然大多數西方國家的軍隊仍然主要面向常規戰爭，但以色列國防軍，尤其是在 2006 年衝突之前的數年裡，幾乎完全適應了非常規戰爭。如果真主黨遵循巴解組織或哈馬斯的戰略，只專注於非常規途徑，那麼以色列極有可能迅速取得勝利，因為以色列國防軍在對抗巴勒斯坦游擊隊組織（Palestinian Guerrilla Organizations）時也會處於相對有利的位置。因此，非國家行為者必須發展常規能力，以便成功地與國家名義上的常規武裝力量交戰。

這種對傳統角色的顛覆說明了混合戰途徑的靈活性，以及真主黨的靈活性。它進一步顯示了只關注一個「盒子」或另一個「盒子」的危險性，因為這

87　Benjamin S. Lambeth, *Air Operations in Israel's War Against Hezbollah* (Santa Monica, CA: RAND Corporation, 2011), p. 333.

不可避免地會導致能力的退化。在許多方面，戰爭發生時對以色列而言是幸運的，特別是在以色列國防軍的轉型方面。如果這種轉變已經完成，真主黨可能有能力在狹小和淺薄的戰線上以有限的常規戰爭擊敗以色列，對以色列的安全造成災難性的影響，因為其嚇阻能力將被嚴重削弱。鑑於 2006 年以來該地區的發展，特別是敘利亞的內戰、伊斯蘭國的興衰、伊拉克未來的不確定性以及庫德問題，很明顯以色列國防軍將不得不保留其大部分常規能力。值得稱道的是，以色列對 2006 年的黎巴嫩戰爭進行了兩次深入調查（梅裡多 Meridor 委員會和維諾格拉德 Winograd 委員會），雖然它已經不遺餘力地執行調查結果並糾正不足之處，但關於需要那些改變的大辯論仍在繼續。

　　2008 年提出的「達希亞學說」（Dahiya Doctrine）又回到了 2006 年以前的火力密集型戰役，認為黎巴嫩應對真主黨的行為負責，同時省略了系統作戰設計元素。[88]儘管在一段動盪時期後回到純粹的常規途徑可能會令人感到欣慰，但它並沒有解決混合性問題。然而，以色列國防軍在 2015 年提出的最新學說是針對常規和非常規戰爭的，理論上可以用來對付混合型威脅。[89]以色列在學說上的改變是否正確，還有待實踐的檢驗。近年來，黎巴嫩南部的壓力有所下降，因為真主黨的大部分注意力都轉移到了敘利亞的戰爭上，它在維持阿薩德政府的統治方面扮演了重要角色。自 2006 年戰爭以來的幾年裡，真主黨也一直在重新武裝並鞏固其在黎巴嫩政府中的地位。儘管局勢相對平靜，但這兩個對手之間再次發生對抗的可能性仍然很大。

88　Jean-Loup Saaman, "The Dahya Concept and Israeli Military Posture vis-à-vis Hezbollah Since 2006," *Comparative Strategy*, Vol. 32, No. 2 (2013), pp. 146-147.

89　對以色列國防軍最新學說的回顧，參見本書第四章。

第六章　俄羅斯與混合戰

　　本文探討俄羅斯的混合戰途徑，試圖確定什麼影響了俄羅斯的混合戰戰略，以及它是如何應用。其中，最明顯的案例是 2014 年在烏克蘭的行動。烏克蘭危機之所以重要，不僅是因為它代表了俄羅斯發展混合戰的頂峰，而且還因為它是將混合戰概念在戰略詞典中對衝突樣態的鞏固。當然，俄羅斯代表對混合戰研究的獨特案例，不僅因為它是混合戰的實踐者，也是混合戰的對象。雖然本文的大部分內容專門討論烏克蘭的混合戰爭，但為了更好地了解俄羅斯的戰略選項和選擇，另外兩個危機也將列為探討的範疇。包括車臣戰爭（1994年至 1996 年和 1999 年至 2009 年）以及其與喬治亞的戰爭（2008 年）。之所以將喬治亞戰爭包括在內，是因為它不僅是俄羅斯在烏克蘭行動的前奏（包括在政治和戰略上），而且也是探討俄羅斯混合戰爭演變的有用墊腳石。

第一節　俄羅斯在混合戰的特殊地位

　　作為重要的國際行為者，俄羅斯處於獨特的位置，它既是混合戰的對象（車臣；美國與西方），又是混合戰的實踐者（烏克蘭）。因此，為了確定混合戰概念的雙面性，俄是對相關議題研究的關鍵行為者。作為歐洲和亞洲大國，俄羅斯也是西方和東方對戰事途徑的有用比較點。西方軍事學者認為「美國及其盟國需要清醒地認識這種威脅和策略，以有效應對俄羅斯的混合戰略」。因此，研究借鑑俄羅斯混合戰爭理論和實踐成果，具有重要現實意義。就此而言，有必要指出，「混合戰」一詞是西方的發明，因此，它沒有直接的俄羅斯對應物。一些文獻將俄羅斯的對應物稱為「非線性戰爭」（Non-Linear Warfare），而其他資料則使用「Gibridnaya Voyna」一詞。[1]後者在俄羅斯資料中確實存在，但指的是在西方稱之為「顏色革命」（Colour Revolutions）的事物。在致力於釐清混合戰爭的研究中引入更多新和難以定義的術語並無助益。因此，在本文中探討俄羅斯使用衝突和脅迫的情況時，將其稱為混合戰爭。

---

[1]　這個詞既是直譯，又是音譯。俄語原文是「гибридная война」。

自 1991 年蘇聯解體以來，俄羅斯聯邦已經發布了五份（1997 年、2000 年、2009 年、2015 年、2021 年）國家安全戰略。本文特別關注 1997 年和 2000 年的俄國安戰略，因為兩份報告適逢第一次和第二次車臣戰爭期間，該等衝突具有混合戰的一些特徵。比較俄在其國防出版物中如何看待衝突前後的安全威脅非常有用。1997 年的《俄羅斯國家安全藍圖》（*Russian National Security Blueprint*）是冷戰結束後動盪時期發表的首份戰略文件。文件首先概述了向多極世界秩序的過渡，聲稱此為漫長的過程。然後，文件隨即採用了「反單極時刻」（Counter-Unipolar Moment）的修辭，警告不要試圖在片面政策的基礎上對國際秩序進行改變。此過程的一部分是北大西洋公約組織（North Atlantic Treaty Organization, NATO；以下簡稱「北約」）向東歐擴張所帶來的威脅。[2]如果與美國大致同一時期的國家安全戰略相比較，就會發現它們幾乎是截然相反。雖然兩者都認識到了地緣政治局勢的變化，但對其含義的認識卻全然不同。

威脅重要改革步伐，以及俄羅斯總體的安全，是有點長的威脅清單，其中主要是經濟和社會的威脅。即使就字數上而言，社會經濟威脅也超過了更為傳統的國防和國際關係威脅，表明俄羅斯所處的危險經濟形勢和相應的社會壓力的重要性。族裔間的關係和社會分化，以及不利的人口結構，被認為是僅次於經濟問題的主要擔憂。在國際上，俄羅斯希望保持其影響力，尤其是在近鄰（東歐、近東、外高加索地區和中亞）。國防威脅清單在當時是相對的標準模式，承認國家間暴力的威脅已經減少，重點是大規模毀滅性武器（Weapon of Mass Destruction, WMD）的擴散和邊界附近的低級衝突，沒有特別提到任何地區。文件中沒有提到車臣，只簡短地提到恐怖主義是新出現的威脅，考慮到第一次車臣戰爭發生在該文件之前，此並不尋常。[3]

2000 年的《俄羅斯聯邦國家安全概念》（*National Security Concept of the Russian Federation*）更注重於傳統的戰略事務。變化中的多極世界的敘述被放棄了，取而代之的是對美國主導的國際體系的擔憂，「該體系是為單邊解決方案（主要透過使用軍事力量）而設計的」。[4]此立場有些諷刺，因為俄羅斯分別

---

2 Government of Russia, *Russian National Security Blueprint*, 17 December 1997, Chapter I, http://fas.org/nuke/guide/russia/doctrine/blueprint.html.

3 *Ibid.*, Chapter III.

4 Government of Russia, *National Security Concept of the Russian Federation*, 10 January 2000, Chapter I, http://fas.org/nuke/guide/russia/doctrine/gazeta012400.htm.

在 1994 年至 1996 年和 1999 年至 2000 年的第一次和第二次車臣戰爭期間單方面干預了車臣，儘管後者更像是內部干預，因為分離的車臣共和國沒有得到國際承認，因此行動發生在俄羅斯境內。《安全概念》是在車臣的行動仍在進行時編寫和發表，因此可以認為是某種程度的戰爭文件。《安全概念》的創作環境和時機與後來的 2002 年美國總統布希（George W. Bush）的國家安全戰略大致相似。

　　第二次車臣戰爭是由在俄羅斯出現的一些恐怖襲擊所引發，因此《安全概念》將恐怖主義列為主要威脅，儘管社會經濟威脅仍然受到更多的關注。[5]國家利益基本保持不變，但也有一些地方提及恐怖主義及其危險。此外，還繼續對近在咫尺的鄰國做出承諾，並對北約感到擔憂。此政策不僅反映了北約的擴大，而且也反映了在南斯拉夫和科索沃的行動。俄羅斯認為此乃破壞整個國際體系穩定的危險企圖，是基於國家為基礎威脅的回歸。此外，整個文件的總體趨勢是，淡化國際組織的重要性。[6]

　　儘管包括 1997 年的《藍圖》和 2000 年的《概念》大多是中短期的文件，但是 2009 年的《國家安全戰略》則具有更長遠的前景。它的正式名稱是《俄羅斯 2020 年的國家安全戰略》（Russia's National Security Strategy to 2020），試圖為政策決策制定建立長期基礎的想法，因為不確定的時代已經過去，現在可以做出這樣的承諾。然而，就目標和國家問題而言，沒有多少新內容。恐怖主義再次受到較少關注，而且也沒有提到新的具體威脅。即便如此，我們還是可以看到兩個有趣的發展，《戰略》將能源資源作為戰略談判的籌碼，以及將民族主義提升為戰略要素的趨勢。能源問題被認為是俄羅斯安全的優勢和威脅。[7]考慮到當時不斷增長的需求，表明了合理的推斷，當然也為俄羅斯在關注能源方面提供了一些長期的指導，以及北極的重要性，其他大國或多或少都忽略了此點。對能源來源的競爭被認為是對俄羅斯的可能威脅。[8]該戰略的經濟部分仍然很龐大，經濟增長被認為是十分的重要，不僅因為有利的金融效應，而且還因為威望的面向。[9]雖然《戰略》沒有明確地將石油和天然氣貿易列為潛在的外

5　*Ibid.*, Chapter III.

6　*Ibid.*, Chapter IV.

7　Government of Russia, *Russia's National Security Strategy to 2020*, 12 May 2009, para. 11, http://rustrans.wikidot.com/russia-s-national-security-strategy-to-2020.

8　*Ibid.*, para. 47.

9　*Ibid.*, paras. 53-60.

交槓桿，但《戰略》確定的能源的重要性以及俄羅斯的大量儲備確實使這種政策成為可行。

雖然國家文化和哲學的重要性已經包含在以前所有的戰略文件中，但如前所述，2009 年《戰略》在此基礎上闡述了「真正的俄羅斯理想和精神正在誕生，同時對歷史記憶採取有尊嚴的態度」。[10]如果與能源的重要性一起考慮，顯然是重要跡象，表明俄羅斯認為自己是多極世界中的全球大國，具有獨特和重要的文化貢獻；此種姿態透過軍事力量得到進一步加強。在軍事上，2009 年《戰略》與其說是革命性，不如說是進化性。所有的國防原則都與以前的原則相同。唯一的區別是對武裝部隊的區域部署和招募組織進行了重大調整。《戰略》還要求增加高戰備和現役師的數量，以便對危機做出快速反應。[11]此反映了俄羅斯經濟狀況的改善，以及 2008 年喬治亞戰爭的經驗。《戰略》還將「背離有關軍備限制和削減的國際協定」[12]列為威脅；此乃對美國總統布希 2002 年決定退出 1972 年《反導條約》的回應。

2015 年的《俄羅斯聯邦國家安全戰略》（*Russian Federation's National Security Strategy*）於 2015 年 12 月 31 日獲得批准，並在 2016 年初公布。在 2009 年至 2015 年期間，發生了三個重要的變化：烏克蘭危機、克里米亞之奪取及由此產生的經濟制裁，以及在歐洲的移民潮危機。所有這些都在文件中有所提及，但除此之外，它與之前的文件大致相同，唯一的顯著區別是在處理北約和美國的行動時，措辭和總體途徑更為堅定。[13]最主要的事態發展是 2014 年的烏克蘭危機，它不僅破壞了鄰國的穩定，而且還促使俄羅斯進行軍事干預，奪取克里米亞半島。因此，美國和歐洲聯盟（European Union, EU；以下簡稱「歐盟」）對俄羅斯實施了一系列的經濟制裁，並開始支持在基輔的親歐政府。同時，由於中東地區的衝突不斷升級，歐洲經歷了大量來自中東的移民湧入。

將美國／歐盟在 2014 年烏克蘭危機開始之前、期間和之後的行動認定為對俄羅斯安全的重大威脅，導致俄羅斯聯邦在戰略上對東歐近鄰採取了更不友

10　*Ibid.*, para. 1.

11　*Ibid.*, para. 32.

12　*Ibid.*, para. 30.

13　Government of Russia, *Russian Federation's National Security Strategy*, 31 December 2015, para. 15, http://www.ieee.es/Galerias/fichero/OtrasPublicaciones/Internacional/2016/Russian-National-Security-Strategy-31Dec2015.pdf.

好的態度。由於俄羅斯認為這些國家（白羅斯、烏克蘭和摩爾多瓦）牢牢地處於其影響範圍內，它試圖建立一個類似於歐盟的更加整合的區域塊。然而，當這些計畫沒有完全實現時，西方干預被認為是罪魁禍首。[14]此類修辭在俄羅斯安全文件中並不罕見，但如果再加上西方指責其推翻國內合法政權，並挑起國內動盪，那麼俄羅斯加強軍事態勢的理由就更清楚了，此類說法並非毫無根據。[15]

另一個有趣的發展是開始與中國建立更緊密的「全面夥伴和戰略合作」（All-Embracing Partnership and Strategic Cooperation）的關係。[16]此可能是由於美國／歐盟的制裁和對俄羅斯一定程度的孤立主義所造成。該戰略在很大程度上傾向於與中歐和遠東國家的經濟和政治關係，而歐洲和中東則在威脅部分被更多地提及。在軍事上，承諾不斷進行改革並普遍提高戰備水準，但對目標或能力沒有明確的闡述。文件中沒有提到混合戰爭或叛亂，只是泛泛地提到了恐怖主義。該文件的重點顯然是基於國家的威脅。

2021 年 7 月 2 日出版的《俄羅斯聯邦國家安全戰略》表明，俄當前國家安全面臨的主要威脅是美西方針對其進行的「混合戰爭」，具體包括軍事威脅、經濟制裁和政治施壓。

就軍事威脅而言，俄認為在多極世界與單極世界激烈博弈的背景下，俄面臨的首要威脅是北約對俄及其盟友和夥伴施加的軍事壓力。北約在俄邊境附近增建軍事基礎設施、派飛機和艦艇頻繁進行偵察活動、經常演練針對俄使用大規模軍隊和核武的作戰預案，對俄構成直接軍事威脅。其次，美推行放棄國際軍控條約義務的路線，相繼退出《限制反彈道導彈系統條約》（Treaty on the Limitation of Anti-Ballistic Missile Systems, ABM）、《開放天空條約》（Treaty on Open Skies），並企圖修改《歐洲常規武裝力量條約》（Conventional Armed Forces in Europe, CFE），導致俄周邊軍事政治局勢進一步惡化，特別是美退出《限制反彈道導彈系統條約》後，在歐洲和亞太地區積極推進部署中、近程導彈和反導系統，將突擊導彈與反導系統相結合，不僅會對全球戰略穩定和國際安全構成威脅，打破全球和地區力量平衡，而且會使武裝衝突升級為局部戰爭和地區戰爭（包括有核大國參與）的危險陡增。同時，美還加速太空和資訊空

14　*Ibid.*, para. 17.

15　*Ibid.*, para. 18.

16　*Ibid.*, para. 93.

間軍事化進程，將其打造成軍事行動的新戰場。[17]三是美西方國家為了「遏俄」、「弱俄」，除使用軍事手段外，還使用「顏色革命」、「輿論戰」、「認知戰」等混合戰爭手段，策動獨立國家國協（Commonwealth of Independent States, CIS；以下簡稱「獨立國協」）內部分裂，破壞俄與盟友的關係。

　　就經濟制裁而言，在世界主要經濟體停滯不前、全球貨幣金融體系穩定性下降、對市場和資源進入爭奪加劇的背景下，使用不正當競爭手段，包括金融戰和貿易戰等在內的保護主義措施正變得愈來愈普遍，為了獲得競爭優勢，美國等西方國家對俄及其夥伴公開實施經濟制裁，它們利用國際社會對氣候變化和環境問題的高度關注，限制俄羅斯公司進入出口市場，遏制俄羅斯工業發展，控制運輸通道，阻礙俄羅斯開發北極。據統計，自 1991 年俄獨立以來，西方以俄入侵其他國家、侵犯人權、研製武器、鎮壓反對派、顛覆他國政權等藉口對俄發起的各種制裁多達 400、500 次，其中僅美國發起的直接制裁就有 100 多次，涉及政治、經濟、軍事等各層面，使俄經濟等方面受到極為嚴重的影響。

　　就政治施壓而言，美國、西方國家在國際政治中奉行雙重標準，推進孤立俄羅斯的對外政策，為俄落實關於在諸多國際重要領域進行多邊合作的主張設置了巨大障礙。俄公開提倡在國際政治中要保證所有國家享有同等的和不可分割的安全，國際社會要積極參與調解各種衝突，打擊恐怖主義、極端主義、毒品貿易、有組織犯罪，預防傳染病傳播，確保國際資訊安全和生態安全。此外，在西方自由主義發展模式出現危機的情況下，美國及個別西方國家又開始對俄發起「認知戰」，旨在蓄意模糊傳統價值觀，歪曲世界歷史，否定俄在世界歷史上的地位和角色，企圖改造廣大社會群體的意識，顛覆民眾長期形成的傳統認知、文化標識，將異國的世界觀立場強加於他們，復興法西斯主義、煽動民族和宗教衝突。[18]

　　俄認為，當前西方正在大張旗鼓地實施旨在塑造俄羅斯敵對形象的宣傳運動，限制使用俄語，禁止俄大眾傳媒正常開展活動，禁止使用俄羅斯的資訊資

17　Тезисы выступления Президента Российской Федерации В. В. Путина, министра обороны Российской Федерации генерала армии С. К. Шойгу и начальника Генерального штаба Вооруженных сил Российской Федерации генерала армии В. В. Герасимова на IX Московской конференции по международной безопасности.

18　Маричев М. О., Лобанов И. Г., Тарасов Е. А. Борьба за ментальность — тренд современной войны/Военная мысль. № 8, 2021, C. 48.

源，並針對俄羅斯運動員進行制裁，無端指責俄違反國際義務、實施網路攻擊、干涉他國內政等，不僅如此，居住在國外的俄羅斯公民和僑胞也受到歧視和公開迫害，不友好國家利用俄存在的社會經濟問題破壞俄的內部團結，煽動並激化俄國內的抗議活動，支持邊緣群體並分裂俄羅斯社會，以「認知戰」方式企圖使俄國內局勢長期處於不穩定狀態，因此，俄認為，對俄而言，「認知戰」更具侵略性和混合威脅的特徵，是地緣政治對抗的重要趨勢之一。

　　俄羅斯所有的國家安全戰略都是非常籠統的文件，即使是補充性的軍事學說出版品也沒有提供多少說明。大多數高層政策仍然是保密的，只被批准進行有限的公布，因此精確的國防規劃往往很難從主要來源中確定。這些政策在真實世界的應用，特別是與混合戰爭有關的政策，將在隨後的章節中深入探討。

第二節　車臣戰爭

　　車臣的兩場戰爭既代表了後冷戰俄羅斯軍事衰退的低谷，而且也代表了俄羅斯軍事復興的開始。本文的目的不是要詳細描述車臣的戰爭。雖然有許多導致戰爭的因素（政治、經濟和戰略），但這裡的重點是俄羅斯在這些衝突中吸取的戰術和戰略教訓，並在隨後的危機中得到了極大有效的運用。本文的主要部分將探討這些因素到底是如何被運用，例如在烏克蘭。

一、車臣戰爭的脈絡

　　從混合戰爭的角度來看，第一次和第二次車臣戰爭標誌著一個重要的里程碑。內梅斯（William Nemeth）的《未來戰爭與車臣：混合戰的案例》（*Future War and Chechnya: A Case for Hybrid Warfare*）一書將車臣作為案例研究，並廣泛認為是「混合戰爭」一詞的起源。針對內梅斯著作的批評之一是，他把研究的重點過多地放在了車臣的視角之上。雖然確實是車臣人參與了混合戰爭，但事實是，他們的一些途徑受到俄羅斯軍隊所採用，或者他們修改了自己的學說，以更好地適應條件（環境）。正是在這些戰爭中，俄羅斯軍隊首次展示了混合性的跡象。由於俄羅斯現在已經成為世界上首屈一指的混合戰爭國家，因此了解這種轉變在何處以及如何開始十分重要。本文將建立在以下的假設上：雖然混合戰爭確實始於車臣，但它在衝突期間還沒有達到確定的形式。某種戰爭形式可以比喻為生物有機體，需要時間來充分發展。車臣戰爭僅僅代表了邁向更複雜混合戰戰略的第一步，俄羅斯最終將在二十年後在烏克蘭部署此類戰略。

1991 年 10 月，當車臣伊奇克里亞共和國（Chechen Republic of Ichkeria）[19] 宣布獨立時，在整個蘇聯勢力範圍內出現了一波類似的聲明，蘇聯正處於死亡的邊緣。當時的氣氛在某種程度上有利於如此的聲明，因為莫斯科政府希望保留當時搖搖欲墜國家中更重要的部分。當時新任俄羅斯總統葉爾辛（Boris Yeltsin）在很大程度上容忍了杜達耶夫（Dzokhar Dudayev）的民族主義政權，但後者在政治上似乎已經力不從心，他開始主張從新成立的俄羅斯聯邦中完全分離出來。[20]

迄至 1992 年，車臣共和國能經由談判促使聯邦軍隊從自身領土上撤出，並將設備移交給車臣人，成為事實上的主權國家，儘管俄羅斯從未承認或甚至不承認其獨立。[21]1992 年至 1994 年期間，車臣成為大量非法貿易進出俄羅斯的通道，不僅暴露了克里姆林宮的政治弱點，而且也為進入俄羅斯腹地打開了一條漏洞百出的邊界。[22]1994 年，當整個俄羅斯南部新邊界其他地區的局勢相對穩定時，葉爾辛面對國內的不受歡迎和不穩定局勢從車臣蔓延到北高加索其他地區，促使他決定對付分離主義的車臣。1994 年 11 月，一群由俄羅斯支援的車臣人發動的政變失敗後（讓人想起 1961 年的豬灣入侵），俄羅斯武裝部隊於同年 12 月入侵車臣，目的是將其恢復為俄羅斯聯邦的一個組成共和國。[23]

儘管杜達耶夫在 1996 年 4 月的一次導彈襲擊中死亡，但車臣人的抵抗並沒有減弱，如果說有改變，它實際上更加強硬。在俄羅斯發生恐怖襲擊後，莫斯科的政治局勢惡化了。當車臣最著名的指揮官之一巴薩耶夫（Shamil Basayev）在 1995 年 6 月占領了布迪諾夫斯克（Budyonnovsk）的醫院，並設法迫使莫斯科談判停火時，人們愈來愈清楚，俄羅斯正在打一場它無法贏得的戰爭。巴薩耶夫能帶著他的戰士返回車臣的事實，對俄羅斯公眾和軍隊的士氣

19　該國的官方名稱。

20　Mark Galeotti, *Russia's Wars in Chechnya 1994-2009* (Oxford: Osprey Publishing, 2014), p. 21.

21　Dmitri V. Trenin, Aleksei. V. Malashenko, and Anatol Lieven, *Russia's Restless Frontier* (Washington, DC: Carnegie Endowment for International Peace, 2004), pp. 10-11.

22　*Ibid.*, p. 11.

23　Mark Galeotti, *Russia's Wars in Chechnya 1994-2009* (Oxford: Osprey Publishing, 2014), p. 32.

是一個進一步的打擊。[24]就俄羅斯而言，第一次車臣戰爭以 1996 年 11 月的恥辱性停火而結束。1997 年 5 月的《莫斯科和平條約》（*Moscow Peace Treaty*）正式結束了敵對行動，並給予車臣很大的自治權，幾乎相當於事實上給予車臣獨立的承認。然而，隨著更大的自治權，也帶來了更大的挑戰。

車臣政府面臨的最大挑戰是基本教義伊斯蘭團體的崛起，這些團體在第一次戰爭中獲得了相當大的影響力，而且國家經濟完全崩潰。雖然整個北高加索地區在歷史上是穆斯林，但車臣獨立主要是一項民族主義政策，而不是宗教政策。然而，在第一次戰爭期間，愈來愈多的伊斯蘭志願戰士前來對俄羅斯發動宣稱的聖戰；其中最惡名昭彰的是軍閥哈塔布（Khattab），他的目標不是獨立的車臣，而是高加索伊斯蘭哈里發。[25]莫斯科承認的馬什卡多夫（Aslan Mashkadov）的新政府未能遏制極端主義的影響，而且經濟狀況也沒有改善人們對政府的信心。車臣社會和國家在種族和宗教方面的分裂越來越嚴重，導致政府崩潰，土匪行為和腐敗抬頭。

俄羅斯不能容忍高加索地區不穩定局勢的這種加劇。如果車臣的局勢繼續惡化，問題就會蔓延到該地區的其他地方，而這些地方對俄羅斯已經有了歷史的不滿。俄羅斯的決策者們，尤其是軍事高層，也瀰漫著未竟事業的感覺。[26]儘管葉爾辛在很大程度上繼續忽此問題，但新上任的總理蒲亭（Vladimir Putin）卻抓住了這一機會，尤其是在 2000 年的總統選舉中，蒲亭獲得了突出的地位。[27]1999 年 10 月，第二次車臣戰爭開始，由於一系列公寓爆炸事件歸咎於車臣叛軍，以及由巴薩耶夫和哈塔卜（Khattab）領導的極端主義組織對鄰國達吉斯坦（Dagestan）的跨境襲擊。這些事件也為俄羅斯提供了一個機會，將敵對行動的恢復歸咎於車臣政府，並表示自己只是在保衛自己的領土和人民。[28]相應方面，第二次戰爭被俄羅斯官方人士界定為反恐行動。它的進展與第一次戰爭完全不同。

如果第一次車臣戰爭代表了俄羅斯後冷戰軍事表現的低谷，那麼第二次戰爭則標誌著重生。不僅聯邦部隊的準備和裝備要好得多，而且在過去的數年

24　*Ibid.*, pp. 40-41.

25　*Ibid.*, p. 50.

26　Dmitri V. Trenin, Aleksei. V. Malashenko, and Anatol Lieven, *Russia's Restless Frontier* (Washington, DC: Carnegie Endowment for International Peace, 2004), p. 111.

27　Mark Galeotti, *Russia's Wars in Chechnya 1994-2009* (Oxford: Osprey Publishing, 2014), p. 54.

28　*Ibid.*, pp. 54-55.

中，車臣遭到極度削弱。即使利用恐怖主義的「壯觀場面」，諸如 2002 年 10 月占領莫斯科的杜布羅夫卡（Dubrovka）劇院，或 2003 年 9 月占領別斯蘭（Beslan）的學校，也無助車臣的事業。相反，它們嚴重損害了車臣在全世界的形象，911 事件後，人們不再將他們視為自由戰士，而僅為恐怖主義者。[29] 在第一次戰爭中出人意料奏效的戰術，體現在對布瓊諾夫斯克（Budyonnovsk）的成功突襲，結果卻成了慘敗。恐怖行動失敗的主要原因是，與葉爾辛相較，蒲亭的立場更加強硬，不進行談判。廣大公眾對此類行動的看法也發生了變化。別斯蘭慘案（Beslan Tragedy）在發生後的第一時間及隨後，甚至各種消息來源稱之為「俄羅斯的 911」。此可能部分是由於俄羅斯和美國在「全球反恐戰爭」上的合作更加緊密，[30] 911 後出現的現象，兩國似乎在與共同的敵人作戰。事實證明，恐怖襲擊事件是第二次車臣戰爭的最後一次重大行動。雖然主要的軍事行動在 2000 年底就宣告結束，但隨後的反恐行動在 2009 年才宣布完成。

二、混合要素

在車臣的戰爭因其殘酷性和大規模破壞而受到關注，但在表面之下，它是不同類型衝突的預示。與美國在第一次海灣戰爭（First Gulf War）中的經歷不同，那是一場常規的國家間衝突，而俄羅斯在後冷戰的戰爭經歷對未來戰爭的發動方式有更大的啟示。此趨勢最終形成了現在所謂的混合戰爭。為了確定哪些因素使車臣的經驗如此與眾不同，本文將探討五個重要因素：資訊行動、先進技術的使用、快速和突然的動員和復員、車臣部隊的準常規（Semi-Conventional）性質以及車臣化（Chechenization）的政策。

即使考慮到當時的技術限制，資訊行動在車臣衝突中也扮演了重要角色。雙方都利用了資訊，並取得了不同程度的成功，但正是俄羅斯在該領域最初的失敗導致俄羅斯，而不是車臣，獲得了對未來更有價值的教訓。資訊戰格局的第一部分是衝突本身的公開展示。在第一次車臣戰爭期間，葉爾辛作為其民主形象的一部分，沒有對衝突施加任何形式的有效媒體限制。因此，全世界都能

---

29 Council of Europe, "Declaration by the Committee of Ministers on the Terrorist Assault in Beslan," 9 September 2004.

30 Sharyl Cross, "Russia's Relationship with the United States/NATO in the US-Led Global War on Terrorism," *The Journal of Slavic Military Studies*, Vol. 19, No. 2 (2006), pp. 178-180.

看到車臣遭受的破壞和俄羅斯軍隊令人尷尬的缺點。此乃俄羅斯軍隊的第一場電視直播戰爭，似乎沒有任何程序來控制資訊的流動。車臣的領導人們往往比較張揚，他們設法用反帝和民族解放的術語來描述他們的鬥爭，[31]導致了公眾對他們的事業的廣泛支持，甚至在西方世界也是如此。

車臣運動成功所產生的心理影響超出了非政府組織和媒體的支持。由於俄羅斯軍隊主要由新兵組成，他們在該地區輪調，他們的故事被廣泛傳播到俄羅斯後方。從而造成了廣泛的士氣低落，並使本來就對葉爾辛的改革持懷疑態度的公眾產生了厭戰情緒，並威脅要終止公眾對任何政府行動的支持。顯然，在戰略媒體層面上，車臣人的表現遠遠超過了俄羅斯。[32]然而，蒲亭並沒有忘記此教訓，第二次車臣戰爭一開始，他就對行動進行了嚴格的個人控制，並對進出車臣的所有資訊進行了全面封鎖。[33]只有來自友好新聞機構（幾乎全是俄羅斯媒體）的特定記者才獲允許從現場進行報導，而那些持異議的記者則面臨更大的敵意和缺乏合作。此類資訊控制和直接涉入的結合，也被作為蒲亭削弱俄羅斯寡頭權力廣泛政治行動的一部分。[34]在沒有社群媒體的時代，此類控制更容易實現，但比其直接影響更重要的是，此類經驗告訴克里姆林宮，這種機制可以發揮巨大的功能。

使用先進的技術一直是任何衝突的主要內容，因為所有各方都會自然而然地傾向於獲得最好和最先進的能力，往往會使天平傾斜，但並不總是如此。就此而言，兩場車臣戰爭是一個例外。在衝突開始前，克里姆林宮撤出了許多駐紮在前蘇聯南部邊境地區的部隊。[35]在戰略上，葉爾辛政府早期的軍事學說較為混亂。隨著蘇聯在北歐平原反對北約部隊的舊有優先事項現在已不再重要，頭號威脅變成了新俄羅斯聯邦內部的民族和民族主義運動。[36]然而，儘管車臣符合威脅特徵，但與烏克蘭、喬治亞和亞塞拜然等國的關係更為優先，車臣被

31　Dan Fayutkin, "Russian-Chechen Information Warfare 1994-2006," *The RUSI Journal*, Vol. 151, No. 5 (2006), p. 53.

32　John Arquilla and Theodore Karasik, "Chechnya: A Glimpse of Future Conflict?," *Studies in Conflict & Terrorism*, Vol. 22, No. 3 (1999), p. 217.

33　Roland Dannreuther and Luke March, "Chechnya: Has Moscow Won?," *Survival*, Vol. 50, No. 4 (2008), p. 101.

34　*Ibid.*, p. 101.

35　Dmitri V. Trenin, Aleksei. V. Malashenko, and Anatol Lieven, *Russia's Restless Frontier* (Washington, DC: Carnegie Endowment for International Peace, 2004), pp. 10-11.

36　*Ibid.*, pp. 114-115.

置於較後的優先順序。如此為之的直接結果是，車臣在 1991 年宣布獨立後，擁有了撤軍後留下的重型裝備庫。戰爭開始時，雙方的裝備非常相似，相對於其規模和預算，車臣的部隊是相對現代化。特別重要的是防空導彈和反裝甲導彈的儲存，以及手槍和步槍彈藥和火箭筒（Rocket Propelled Grenades, RPG）的儲存，皆為車臣人最喜歡的武器。

　　雖然由於重新補給困難，這些物資很快就減少了，但它們為車臣武裝部隊，實際上是一個民兵編製，提供了常規軍隊的能力。然而，先進技術的主要用途是在通信領域。事實證明，車臣作戰部隊非常善於利用現代衛星和移動通信來協調他們的工作。有時，這些手段被證明甚至比俄羅斯的軍事通信更可靠。此外，大量活躍的線上活動使車臣部隊能夠主導國內（包括車臣和俄羅斯）和國外的新聞，提供攻擊的視訊、對知名領導人的採訪和他們自己的新聞頻道。通常，他們會劫持俄羅斯的新聞信號，用自己的新聞信號代替，此類做法使他們能讓車臣公眾了解他們的行動、政策和目標。[37]由於這些行動也延伸到了俄羅斯本土，他們能在俄羅斯民眾中塑造衝突的媒體形象。事實證明，這種方法也符合成本效益，因為常規武器更昂貴，而且最終在結束戰爭方面的效果較差。[38]

　　在俄羅斯方面，第一次戰爭中使用了冷戰時期的舊式武器和裝備，事實證明這些武器和裝備遠遠不夠。尤其有問題的是，重型彈藥的使用速度，俄羅斯的製造業根本無法跟上，結果是俄羅斯軍隊不得不使用愈來愈老舊和不可靠的火砲庫存。[39]至第二次戰爭時，情況有所改善，特別是在組織層面。更重要的是，雖然現代裝備的供應仍然短缺，但俄羅斯武裝部隊已經吸收了慘痛的教訓，並以新的方式使用這些能力，更適合於指定的任務，使用更好和更有效的戰術。相反，車臣人在第一次戰爭中不是用完了，就是失去了最好的裝備，愈來愈依賴自製的武器或突襲俄羅斯的物資。[40]他們也受限在第一次使用的戰術中，這對當時讓俄羅斯人感到震驚，但以後就不會了。

37　John Arquilla and Theodore Karasik, "Chechnya: A Glimpse of Future Conflict?," *Studies in Conflict & Terrorism*, Vol. 22, No. 3 (1999), p. 217.

38　Dan Fayutkin, "Russian-Chechen Information Warfare 1994-2006," *The RUSI Journal*, Vol. 151, No. 5 (2006), p. 53.

39　Pavel Felgenhauer, "The Russian Army in Chechnya," *Central Asian Survey*, Vol. 21, No. 2 (2002), pp. 162-163.

40　Dodge Bilingsey, *Fangs of the Lone Wolf: Chechen Tactics in the Russian-Chechen Wars 1994-2009* (Solihull: Helion & Company Limited, 2013), pp. 128-130.

　　車臣的混合特徵中最重要的是車臣戰鬥編隊能快速有效地動員和復員。就歷史而言，車臣社會一直是以家庭為單位的部族，對他們而言，戰爭是生活永恆的事實。軍事指揮官利用此點取得了巨大的效果，他們組織了以氏族為基礎的小分隊，這些小分隊對他們的指揮官個人忠誠，往往有家庭紐帶，而且實質上已經為游擊戰進行了預先訓練。[41]許多車臣人是蘇聯武裝部隊的老兵，其中有大量的人被訓練為狙擊手。[42]車臣人因其地理現實的性質而接受的歷史和文化「訓練」使他們非常適合擔任此類角色。然而，他們的主要特點是有能力混入平民百姓之中，隨後能迅速組織起來，開展行動，不是消失在山間鄉村，就是重新混入人群。在很大程度上得益於使用可靠的通信手段，以及周圍居民與戰士們有著密切的聯繫，因此願意保護他們。俄羅斯軍隊經常發現無法區分戰士和平民，不幸的後果是車臣人口中的大部分人都受到了騷擾、審訊、拘禁或處決。就長遠而言，這種強硬的途徑適得其反，只是增加了對戰鬥人員的支持，這個問題至少在第二次戰爭期間得到了解決。[43]

　　此外，車臣部隊本身的性質對於理解衝突的混合性質非常重要。杜達耶夫（Dudayev）在 1991 年宣布獨立時，著手建立一支統一的軍隊。為此，他在名義上將一些忠於政權的部族民兵組織起來，成為車臣國家的武裝力量。雖然他們的結構的確切性質難以確定，但一個安全的假設是，這些部隊在實踐中保留了他們以前的組織，特別是他們仍然效忠於他們的地方領導人，而不是中央政府當局。此可以從一些事實中發現：即使在最關鍵的戰鬥中，個別可證實的指揮官也能自行行動或無視命令。車臣人利用這種去中心化的優勢，發展了一種「蜂擁」戰術來對付優勢的俄羅斯部隊。憑藉高度機動、裝備精良，尤其是非常有機動性的戰鬥人員團體，他們能比常規軍隊更勝一籌。[44]在沒有高度集中的「高級指揮部」的情況下，不同的團體能獲得如此大的協調能力，令人印象深刻。

　　它有效地產生了一支從外部看類似於游擊隊的戰鬥力量，但實際上能作為

---

41 John Arquilla and Theodore Karasik, "Chechnya: A Glimpse of Future Conflict?," *Studies in Conflict & Terrorism*, Vol. 22, No. 3 (1999), p. 210.

42 *Ibid.*, p. 214.

43 Dmitri V. Trenin, Aleksei. V. Malashenko, and Anatol Lieven, *Russia's Restless Frontier* (Washington, DC: Carnegie Endowment for International Peace, 2004), p. 126.

44 John Arquilla and Theodore Karasik, "Chechnya: A Glimpse of Future Conflict?," *Studies in Conflict & Terrorism*, Vol. 22, No. 3 (1999), p. 208.

常規軍隊行動。正是車臣部隊的這種雙重、準常規性質對混合戰爭的發展非常重要。同樣的部隊能在自立戰鬥中作為大型編隊行動，在撤退時進行後衛行動，圍攻村莊並在格羅茲尼（Grozny）市區作戰，同時能對俄羅斯縱隊進行小股伏擊或對前哨或孤立的駐軍進行打了就跑的攻擊。然而，前者需要某種程度上的中央化指揮和後勤結構，正如 1996 年奪回格羅茲尼期間所展示的那樣，儘管這些結構比任何常規部隊都要小得多、鬆散得多，而後者則展示了戰鬥指揮官的高度機動性和獨立主動性。值得注意的是，車臣部隊在任何一次交戰中都很少超過數百名戰士；明顯的例外是重奪格羅茲尼，特點是由更多的戰士協調進攻，開始時大約有 1,600 人，到最後達到 6,000 人。[45]顯然，雖然他們在戰略上作為大型有組織的編隊行動，但在戰術上卻堅持他們的小單位途徑。正如俄國人發現的那樣，兩者結合起來成為一支強大的力量，與俄國人或早期的蘇聯軍隊之前遇到的任何情況都不同。

　　雙方的士兵和指揮官之前唯一稍有相似的經驗是在阿富汗的戰役（1979 年至 1989 年）。[46]然而，阿富汗聖戰者的戰鬥方式是典型的叛亂部隊，避免常規的戰鬥，而是專注於游擊戰的方式。雖然在車臣的俄羅斯軍隊採用了他們在阿富汗學到的許多戰術，但他們花了近十年的時間才完全掌握並成功運用這些戰術，主要原因是蘇聯解體後缺乏改革。使問題更加複雜的是，車臣人中許多是蘇聯軍隊的退役軍人，知道他們的對手所使用的戰術。蘇聯人特別喜歡用運輸直升機伴隨重型攻擊直升機進行地面支援，將部隊迅速空運到敵人陣地後方，此點被裝備精良的車臣人大量利用，由於他們的快速動員和移動，能將著陸區變成直升機殺傷區。[47]缺乏專業的士官（Non-Commissioned Officer, NCO）級意味著進入車臣的俄羅斯徵兵部隊被迫在激烈的戰鬥中隨機應變和學習。[48]

　　在第一次車臣戰爭期間，車臣人使用的戰術在很大程度上反映了他們的戰略現實。他們永遠無法在常規戰爭中擊敗俄羅斯軍隊，而曠日持久的游擊戰也永遠無法保證獨立，此為他們的最終目標。車臣人口少，領土狹小，也不是開

45　Mark Galeotti, *Russia's Wars in Chechnya 1994-2009* (Oxford: Osprey Publishing, 2014), pp. 45-46.

46　Dodge Bilingsey, *Fangs of the Lone Wolf: Chechen Tactics in the Russian-Chechen Wars 1994-2009* (Solihull: Helion & Company Limited, 2013), p. 170.

47　John Arquilla and Theodore Karasik, "Chechnya: A Glimpse of Future Conflict?," *Studies in Conflict & Terrorism*, Vol. 22, No. 3 (1999), p. 216.

48　Pavel Felgenhauer, "The Russian Army in Chechnya," *Central Asian Survey*, Vol. 21, No. 2 (2002), p. 159.

展游擊戰的好地方，而對手在人數上具有無可比擬的優勢。因此，車臣人利用他們所擁有的東西，但在此過程中，他們創造了新的戰爭類型。然而，到了第二次車臣戰爭時，俄羅斯人開始使用這些相同的要素來開展他們的行動。此表明了車臣戰爭方式的重要性和影響。

在向對手學習的同時，俄羅斯軍隊還增加了非常重要的因素，在後來的許多戰役中獲得證明是有效的：車臣化（Chechenization）的政策。「車臣化」一詞指的是，大部分戰鬥，特別是在衝突的叛亂階段，將委託給親俄的車臣團體，由阿赫瑪德（Akhmad Kadyrov）領導，後來又交給他的兒子拉姆讚（Ramzan）。在第二次戰爭開始時，一些著名的車臣領導人及其部隊叛逃到俄羅斯一方，使這種做法成為可能。車臣化想法背後有三點：利用車臣社會內部傳統民族主義者和更好戰的伊斯蘭主義者之間的分裂，為前者提供體面和簡單的放下武器或轉換陣營的方式，並為新的親俄車臣政府增加一些急需的合法性。[49]

就車臣的角度而言，這樣的政策帶來了俄羅斯軍隊所面臨的類似問題，即難以識別敵人。這種自相殘殺的衝突往往是野蠻的，但在俄羅斯的大規模支援下，親俄的車臣勢力能夠將自己作為大多數人更容易接受的選項，這些人對激進的伊斯蘭團體的崛起並不太熱衷，但同時也不希望看到一個完全由俄羅斯主導的車臣。在這種情況下，密切的個人和家庭關係既有利於卡德羅夫（Kadyrov）部隊，也不利於他們；他們有助於說服一些部族改變立場，同時也永久地疏遠了其他部族。[50]最後，當地部隊、俄羅斯提供的大規模軍事、後勤和財政支持以及內部社會因素的結合被證明是勝利的組合。使用當地的代理部隊，已經成為俄羅斯混合戰爭的主要手段。當然，這種利用地方勢力的做法並不新鮮；冷戰歷史中充滿了所謂的代理戰爭的例子，但正是這種做法與其他戰爭形式的結合，使其成為混合戰略的重要元素。

當第二次車臣戰爭於 2009 年正式結束時，在聯邦資金的大量注入的情形下，車臣已經順利走向相對繁榮。具有諷刺意味的是，為了讓卡德羅夫政權繼續執政並維持和平與安全，克里姆林宮不得不將大量的自治權下放給格羅茲尼，導致的情況是，車臣人比他們在俄羅斯統治的兩個世紀中的任何時候都更

---

[49] Roland Dannreuther and Luke March, "Chechnya: Has Moscow Won?," *Survival*, Vol. 50, No. 4 (2008), pp. 103-104.

[50] Mark Galeotti, *Russia's Wars in Chechnya 1994-2009* (Oxford: Osprey Publishing, 2014), p. 84.

自由。[51]考慮到衝突的開始主要是因為車臣民族主義的完全獨立的想法，可以
說他們至少實現了這個目標的更現實的版本。面對軍事和政治力量都無法與之
匹敵的對手，如此的目標是可以實現的，更令人印象深刻。戰爭確實在車臣造
成了巨大的破壞。2003 年，格羅茲尼宣布為世界上遭破壞最嚴重的城市，[52]而
且戰前的人口幾乎有一半不是逃亡就是被殺。[53]因此，如果車臣人採用的戰略
可以說最終是成功的，那麼這種成功的代價是非常高的。

　　就混合戰的角度而言，第一次使用混合戰可以說是部分的成功，但它也清
楚地表明了事實：一旦突破了大規模常規戰爭的門檻，混合戰略就會產生成
本，使人們對其最初的理由產生懷疑。就俄羅斯的角度而言，與儘管是雛形的
混合型對手的第一次交鋒提供了寶貴的經驗，莫斯科已經清楚地記住了這些經
驗。透過修改他們在車臣的途徑以模仿車臣部隊的某些方面，可以說俄羅斯人
創造了他們的第一支同樣處於萌芽狀態的混合部隊。憑藉大國的更多資源以及
相應的政治和軍事能力，俄羅斯已經能為其新發現為部隊制定混合戰略，其下
一次實地測試就不遠了。事實上，俄羅斯對混合途徑的第二次使用就發生在車
臣邊境對面的喬治亞。

第三節　俄羅斯與喬治亞戰爭

　　2008 年 8 月，喬治亞與得到俄羅斯支持的阿布哈茲（Abkhazia）和南奧塞
梯（South Ossetia）兩個分離共和國之間為期五天的戰爭引發了許多討論，尤
其是對於如此小規模和有限的衝突而言。如此廣泛的報導和研究背後的主要原
因是戰爭的廣泛影響，而不是行動的本身。這場衝突被認為是西方與俄羅斯關
係惡化（尤其是北約與俄羅斯關係）的重要里程碑，並標誌著後冷戰俄羅斯在
其近海活動的明顯升級。[54]以前的衝突，如前述車臣戰爭，主要是內部的性
質。然而，干預南奧塞梯意味著與主權、獨立和國際公認的國家——喬治亞

51　*Ibid.*, pp. 84-85.

52　"Scars Remain Amid Chechen Revival," *BBC News*, 3 March 2007, http://news.bbc.co.uk/2/hi/
　　programmes/from_our_own_correspondent/6414603.stm.

53　Mark Galeotti, *Russia's Wars in Chechnya 1994-2009* (Oxford: Osprey Publishing, 2014), pp. 83-84.

54　俄羅斯在 1990 年代初參與了阿布哈茲（Abkhazia）—喬治亞的戰爭，而且也在納戈爾諾—卡拉
　　巴赫（Nagorno-Karabakh）與亞塞拜然的戰爭中支持亞美尼亞。

——開戰，[55]它已經脫離了莫斯科的控制。

在扼要探討戰爭的時程表之前，重要的是要注意在戰爭之前發生的一些其他事件。其中有三個事件對於深入了解雙方的行動至關重要。北約 1999 年對塞爾維亞的干預和科索沃「國家」的建立，引發俄羅斯深深的懷疑，而 2008 年 2 月對科索沃的部分國際承認，則進一步加劇了這種情況。2004 年，所謂的「玫瑰革命」（Rose Revolution）中的薩卡什維利（Mikheil Saakashvili）當選為喬治亞總統，俄羅斯起初認為這是對其前任謝瓦納澤（Eduard Shevarnadze）反俄行為的歡迎。然而，薩卡什維利繼續採取愈來愈親近西方的立場，並對分離出來的南奧塞梯和阿布哈茲共和國採取非常積極的政策。俄羅斯人懷疑他的上臺是由西方國家，特別是美國資助和支持，這使情況更加複雜。[56]

最後的事件，美國總統布希在 2008 年 4 月的布加勒斯特（Bucharest）北約峰會上提出建議，主張讓喬治亞和烏克蘭加入北約，使得局勢進一步複雜化。對俄羅斯而言，此乃北約太遠的擴張，而喬治亞政府似乎對這種支持表現得特別有底氣。[57]不幸的是，他們似乎將此舉理解為默許他們解決懸而未決的領土爭端；無爭議的邊界是加入北約的條件之一。[58]包括美國總統在內的眾多高級官員的頻繁友好訪問，使薩卡什維利的信念更加堅定，儘管他們有明顯缺陷。[59]

一、事件的脈絡

蘇聯解體後，阿布哈茲和南奧塞梯成為自治實體，儘管喬治亞一直堅持認為它們是其主權領土的一部分。此導致了數十年的許多衝突和邊境小規模衝突，以至於每天都有槍擊發生，儘管聯合國觀察員和獨立國協以及喬治亞的維

---

55 Dmitri Trenin, "Russia in the Caucasus: Reversing the Tide," *Brown Journal of World Affairs*, Vol. 15, No. 2 (2009), p. 147.

56 David Lane, "'Coloured Revolution' as a Political Phenomenon," *Journal of Communist Studies and Transitional Politics*, Vol. 25, No. 2-3 (2009), p. 115.

57 Dmitri Trenin, "Russia in the Caucasus: Reversing the Tide," *Brown Journal of World Affairs*, Vol. 15, No. 2 (2009), p. 147.

58 NATO, *Study on NATO Enlargement*, 5 November 2008, art. 6, http://www.nato.int/cps/en/natohq/official_texts_24733.htm.

59 Dmitri Trenin, "Russia in the Caucasus: Reversing the Tide," *Brown Journal of World Affairs*, Vol. 15, No. 2 (2009), p. 145.

和人員都在場。[60]喬治亞日益增長的民族主義政治情緒只會使問題更加嚴重。就俄羅斯的角度而言，兩地區為他們提供了對喬治亞的影響力，以及有限的緩衝區。兩地區是典型的凍結衝突的例子，雙方都會定期利用以試圖與對方對立。然而，隨著 2004 年後喬治亞政治的急劇變化，局勢變得愈來愈緊張。再加上更廣泛地區的事件，包括車臣的戰爭，以及美國遊說喬治亞加入北約，原本是省級的爭端有可能成為重大的世界危機。

實際的戰鬥開始於 2008 年 8 月 7 日，當時喬治亞軍隊為入侵做了預先部署，開始砲擊南奧塞梯首都茨欣瓦利（Tskhinvali）。喬治亞的計畫是迅速占領該城市，以及羅基隧道（Roki tunnel），此為進入俄羅斯的最直接途徑。喬治亞軍隊的裝備和訓練相對較好，他們計畫整個行動只持續數小時。因此，喬治亞的計畫不包括俄羅斯軍隊進入的可能性。[61]由於任何針對自治區的作戰行動都要依靠快速部署，喬治亞軍隊希望其戰士對當地的地理環境有一定的熟悉程度。在敵對行動開始之前，許多喬治亞士兵在此地區擔任維和人員，而且喬治亞軍隊特別為此目的而頻繁輪調。[62]

令人驚訝的是，他們大肆吹噓的訓練似乎並沒有發揮什麼功能，因為他們幾乎立即陷入困境，從未接近占領首都或通往俄羅斯的重要道路。南奧塞梯民兵由於訓練有限、裝備落後，根本不可能指望打敗喬治亞人。然而，他們最終不需要如此為之，因為俄羅斯已經向南奧塞梯和喬治亞保證，任何喬治亞對分離地區的軍事入侵都將引發俄羅斯的干預。[63]慮及力量的平衡，他們能在俄羅斯援軍到來之前，成功地擋住喬治亞人相當長的時間，是非常了不起的。對南奧塞梯的快速打擊是薩卡什維利（Saakashvili）對付兩個分離主義實體更大計

---

[60] 聯合國駐喬治亞觀察員／維和特派團（United Nations Observer Mission in Georgia, UNOMIG）從 1992 年到 2009 年一直駐紮在阿布哈茲（Abkhazia），並在 1994 年藉由簽署《停火和部隊隔離協定》（Agreement on a Ceasefire and Separation of Forces）（阿布哈茲和喬治亞之間）而擴大。根據俄羅斯和喬治亞簽署的《解決喬治亞—奧塞梯衝突的原則協定》（Agreement on Principles of Settlement of the Georgian-Ossetian Conflict），又稱《索契協定》（Sochi agreement），在歐洲安全與合作組織（Organization for Security and Cooperation in Europe, OSCE）的監督下，來自獨立國家國協（Commonwealth of Independent States, CIS）和喬治亞的維和人員從 1992 年到 2008 年在南奧塞梯駐紮。該維和部隊由俄羅斯、喬治亞和北奧塞梯的維和人員組成。

[61] Anton Lavrov, "Timeline of Russian-Georgian Hostilities in August 2008," in Ruslan Pukhov, ed., The Tanks of August (Moscow: Centre for Analysis of Strategies and Technologies, 2010), pp. 42-43.

[62] Ibid., p. 39.

[63] Mike Bowker, "The War in Georgia and the Western Response," Central Asian Survey, Vol. 30, No. 2 (2011), p. 207.

畫的一部分，而且很可能隨後也會對阿布哈茲進行攻擊。

　　8月8日凌晨，俄羅斯軍隊首先作為小型前沿戰術小組進入南奧塞梯，旨在占領關鍵點，並在主力部隊到達之前守住之。儘管俄羅斯人有些無能，而且存在裝備老化的問題，但他們非常有效地擊退了喬治亞軍隊，並使他們在完全潰敗中撤退到喬治亞本土。在大量空襲和集中砲火的支援下，以及一支海軍特遣部隊在阿布哈茲登陸，並解除了喬治亞海軍的作戰能力，俄羅斯軍隊隨後越過邊境向喬治亞首都第比利斯（Tbilisi）推進。[64]其目的不是占領城市，而是破壞穩定，希望能迫使薩卡什維利政府下臺。此舉的附帶好處是襲擊了靠近南奧塞梯邊境的喬治亞軍事和供應基地。到8月12日宣布停火時，喬治亞人遭受了巨大的設備和供應損失。他們在戰鬥基本停止後遭受如此可怕的損失，更令人尷尬。[65]

　　在政治上，這場衝突被認為是歐盟和歐安組織等泛歐機構的福音，因為會談的調解人法國當時正擔任歐洲理事會的輪值主席國。[66]俄羅斯向其在高加索地區的競爭對手以及北約發出了重要訊息。不幸的是，正如後來的行動所表明的那樣，美國尤其沒有聽到或理解此訊息，因為他們對喬治亞的政策並沒有改變，即使是新政府上臺，[67]以及北約仍然將喬治亞列為潛在的成員國。[68]俄喬戰爭最大的影響是政治後果和東歐利益範圍的明確劃分；它還表明，重新崛起的俄羅斯願意訴諸戰爭來捍衛它所認為的國家核心利益。雖然這並不罕見，但歐盟和北約的邊界在過去二十年裡推向如此接近俄羅斯，此事實意味俄羅斯願意如此積極地捍衛的國家利益位於地理上非常有限的區域（實際上僅限於白俄羅斯、烏克蘭、摩爾多瓦和喬治亞）。這種缺乏地緣政治行動「緩衝區」的情況在西方國家基本上沒有得到承認，儘管在此類問題上具有豐富知識的知名人士一再警告。後果很快就出現了。

64　Anton Lavrov, "Timeline of Russian-Georgian Hostilities in August 2008," in Ruslan Pukhov, ed., *The Tanks of August* (Moscow: Centre for Analysis of Strategies and Technologies, 2010), pp. 48-72. 拉夫羅夫的章節對衝突雙方的運動和交戰進行了非常深入的闡述。在本書中，由於這些行動本身與混合戰爭的辯論沒有直接關係，所以只對它們進行了簡單的推測。

65　*Ibid.*, p. 75.

66　Henrik B. L. Larsen, "The Russo-Georgian War and Beyond: Towards a European Great Power Concert," *European Security*, Vol. 21, No. 1 (2012), pp. 106-107.

67　Mike Bowker, "The War in Georgia and the Western Response," *Central Asian Survey*, Vol. 30, No. 2 (2011), p. 207.

68　NATO, "Enlargement," 3 December 2015, http://www.nato.int/cps/en/natohq/topics_49212.htm.

二、混合要素

2008 年的俄羅斯與喬治亞戰爭本身並不是一場混合衝突。絕大多數行動是純粹的常規行動，側重於聯合武器戰術和大規模常規部隊。然而，戰爭期間也有一些混合要素存在。其中大部分是早先在車臣出現過的，但在使用中得到了進一步的發展和完善，成為烏克蘭更大衝突的墊腳石。其中有三個因素非常重要：資訊行動、網路戰和利用當地分離主義者和代理人。

與車臣的資訊行動相較，俄羅斯和喬治亞之間的資訊戰在衝突開始後才開始，多年來一直在不斷升級。雙方都試圖歪曲事實和事件，使新聞報導支持自己的敘事。自從南奧塞梯和阿布哈茲實現半自治以來，喬治亞就威脅要將其重新整合，必要時可使用武力。這種修辭擴大到了對俄羅斯的敵視政策，因為俄羅斯正在支持這些分離的共和國。隨著局勢的惡化，雙方都上演了邊境事件，或在新聞媒體上抨擊對方。薩卡什維利總統將此政策提升到了全新的高度，他將此政策與成為北約成員的願望結合起來，並為他的種族隔離政策和喬治亞武裝部隊的現代化獲得美國的官方支持。薩卡什維利聲稱俄羅斯是 2004 年和 2006 年衝突升級的幕後黑手，以及任何其他可能視為是對喬治亞不利的事態發展，他將資訊衝突與實際威脅相結合。[69]大多數現實的觀察家都會同意，喬治亞沒有在公開衝突中擊敗俄羅斯的實際辦法，然而此正是薩卡什維利顯然想要達到的目的。在沒有實際承諾的情況下，想像美國的支持似乎已經成為喬治亞政府的一種病態。[70]俄羅斯無疑是利用了這種情況，加大了對薩卡什維利的壓力，而薩卡什維利最終也主要是由於自己的過錯，將自己逼入了絕境。

特別重要的敘事是圍繞著那一方實際發動了戰爭的問題。當然，如此的問題從來都不容易回答，因為它們與更大的辯論密切相關，即什麼是足以被界定為戰爭的行動。最簡單的方法當然是如果正式宣戰，但這已經從現代衝突趨勢中消失了。另一種方法是以某種方式確定公開的敵對行動何時開始。在 2008 年俄喬戰爭的案例中，有人有說服力地認為，雖然不是沒有爭議，但實際上是喬治亞打響了第一槍。

---

69 Andrei P. Tsygankov and Matthew Tarver-Wahlquist, "Duelling Honors: Power, Identity and the Russia-Georgia Divide," *Foreign Policy Analysis*, Vol. 5 (2009), pp. 310-311.

70 Keir Giles. (2010). "Understanding the Georgia Conflict, Two Years On Reviews and Commentaries—part 2: Making Sense in Russia and the West," (NATO Research Review, Rome: NATO Defense College, September 2010), p. 6.

　　此事實起初並不明顯，而且在很大程度上，西方消息來源幾乎立即開始譴責俄羅斯的入侵，並廣泛相信喬治亞對事件的說法。[71]薩卡什維利所編織的故事是，喬治亞的行動是為了應對俄羅斯軍隊在南奧塞梯的存在，他們進行了進攻性干預。[72]這種立場方便地忽略了以下事實，即喬治亞軍隊事先已經在邊境集結了好幾天，而且薩卡什維利的修辭具有煽動性。這些因素導致南奧塞梯和俄羅斯政府將其軍隊置於高度警戒狀態。[73]戰爭結束後，歐盟下令由瑞士職業外交官塔利亞維尼（Heidi Tagliavini）負責編寫《喬治亞衝突獨立國際實況調查團報告》（*Report of the Independent International Fact-Finding Mission on the Conflict in Georgia*, RIIFFMCG）。恰恰是來自雙方的資訊的混雜性促使歐盟委託編寫報告。雖然此絕不是在為俄羅斯開脫任何錯誤行為（報告還包含了對俄羅斯侵犯人權行為的詳細和嚴厲的描述），但它確實證實了衝突是由喬治亞所發起。[74]然而，儘管《喬治亞衝突獨立國際實況調查團報告》的報告，甚至薩卡什維利自己的政府成員都為此作證，[75]但一些國家，尤其是波蘭和波羅的海共和國等東歐國家，根本拒絕調整他們的立場。鑑於烏克蘭的危機，喬治亞政府只是加強了這方面的操縱，薩卡什維利也是如此，在他的第二個總統任期於2013年結束後，他因擔心受到刑事起訴而離開喬治亞，從2015年5月至2016年11月擔任烏克蘭敖德薩州的州長。

　　如前所述，俄羅斯在操縱資訊流方面決非清白。事實上，如果他們的戰略之一是將薩卡什維利描繪成咄咄逼人和衝動的戰爭販子，他們可以說是非常成功。俄羅斯為應對喬治亞在南奧塞梯和阿布哈茲邊境的增兵作為維和部隊，但將人數限制在3,000人，此為《莫斯科條約》（*Moscow Treaty*）允許的最高人數。[76]對莫斯科而言，資訊戰最重要的方面也許不是過程本身，而是它在外國

---

[71] Mike Bowker, "The War in Georgia and the Western Response," *Central Asian Survey*, Vol. 30, No. 2 (2011), pp. 197-198.

[72] Richard Sakwa, "Conspiracy Narratives as a Mode of Engagement in International Politics: The Case of the 2008 Russo-Georgian War," *The Russian Review*, Vol. 71 (2012), p. 596.

[73] Anton Lavrov, "Timeline of Russian-Georgian Hostilities in August 2008," in Ruslan Pukhov, ed., *The Tanks of August* (Moscow: Centre for Analysis of Strategies and Technologies, 2010), pp. 45-46.

[74] Thomas de Waal, "The Still-Topical Tagliavini Report," *Carnegie Moscow Center*, 30 September 2015, http://carnegie.ru/commentary/?fa=61451.

[75] Olesya Vartanyan and Ellen Barry, "Ex-Diplomat Says Georgia Started War with Russia," *The New York Times*, 25 November 2008, http://www.nytimes.com/2008/11/26/world/europe/26georgia.html.

[76] Anton Lavrov, "Timeline of Russian-Georgian Hostilities in August 2008," in Ruslan Pukhov, ed., *The Tanks of August* (Moscow: Centre for Analysis of Strategies and Technologies, 2010), p. 41.

媒體上的表現。由於立即相信了喬治亞對事件的說法並否定了俄羅斯官方的新聞聲明，俄羅斯在與西方的公共關係戰中幾乎沒有任何損失。即使在歐盟的報告發表後，許多國家和許多其他國家的公眾輿論仍然譴責俄羅斯是侵略者。對當時的俄羅斯而言，教訓顯而易見：首先，最初的新聞報導至關重要；其次，一些西方國家無論如何都會將其周邊的衝突歸咎於俄羅斯，而其他國家則溫順地站在一邊。

　　戰爭的另一個方面是使用網路戰（Cyber Warfare）。「網路戰」或「網路行動」（Cyber Operations）這些術語的確切含義很難確定，因為大多數行為者似乎沒有任何形式的有用定義。舉例而言，包括美國和英國政府都有所謂的網路戰略（Cyber Strategies），即專門與網路威脅有關的政策文件，但都沒有包含任何技術定義。問題的部分源於對「戰爭」（War）一詞的普遍過度使用，尤其是在公共領域，它主要用於戲劇性的效果。[77]簡言之，網路戰通常定義為國家或其他行為者透過使用各種網路手段對目標的計算機或資訊網路進行的破壞行動。[78]這些行動發生在「網路空間」（Cyber Space）的特定戰鬥空間，由網路資訊技術和包括的數據組成。[79]儘管存在定義上的困境，但網路行動是現代戰爭，包括混合戰爭的日益重要的組成部分。然而，儘管有許多相反的論點，但它們並非混合戰爭的決定性特徵，而只是有助於識別混合衝突的眾多因素之一。

　　在 2008 年的戰爭案例中，包括俄羅斯和喬治亞多年來一直在進行著不斷升級的網路「鬥爭」，但在衝突本身中，雙方都試圖關閉對方的新聞和政府網站，以阻礙或影響資訊的傳播。雖然網路戰的使用通常與對資訊流的影響有關，但此術語本身要廣泛得多，可以在四個層面產生影響：物理、代碼、監管和思想的層次。[80]正是由於網路攻擊有可能造成現實世界的後果，才使此想法如此引人入勝，無論是破壞伊朗核離心機的「震網」（Stuxnet）病毒，[81]還是旨

77　Lisa Brownlee, "Why 'Cyberwar' Is So Hard to Define," *Forbes*, 17 July 2015, https://www.forbes.com/sites/lisabrownlee/2015/07/16/why-cyberwar-is-so-hard-to-define/#1708cd4131f1.

78　RAND Corporation, "Cyber Warfare," http://www.rand.org/topics/cyber-warfare.html.

79　US Department of Defense. (2017). *DOD Dictionary of Military and Associated Terms* (March 2017), p. 58.

80　Ron J. Deibert, Rafal Rohozinski, and Masashi Crete-Nishihata, "Cyclones in Cyberspace: Information Shaping and Denial in the 2008 Russia-Georgia War," *Security Dialogue*, Vol. 43, No. 1 (2012), p. 5.

81　John Arquilla, "From Blitzkrieg to Bitskrieg: The Military Encounter with Computers," *Communications of the ACM*, Vol. 54, No. 10 (2011), p. 63.

在使石油管道超載的惡意軟體，[82]其中部分管道貫穿喬治亞。

　　儘管 2008 年戰爭期間的網路攻擊與俄羅斯政府之間沒有明確的聯繫，但大多數行動都與地面上的部隊調動相吻合是事實，至少表明私人個體在某種有限的協調下默許了這些行動。此類行動模式完全適合於混合戰略，因為官方的否認性，無論多麼脆弱，對於防止不必要的升級不僅有用，而且是必要。這場衝突還表明，在軍事行動中，常規攻擊和網路攻擊相結合，可以對對手的通信和協調能力產生災難性影響。2008 年的俄羅斯與其喬治亞戰爭通常被認為是將網路能力與常規行動結合起來使用的首個例子，至少對俄方而言，這種結合被證明是非常有效的。喬治亞的通信遭受嚴重的破壞，以至於整個入侵部隊的凝聚力遭到瓦解，也是導致全面潰敗的因素之一。[83]雖然聲稱網路行動具有決定性被證明是錯誤，但它們表明，如果有效使用，它們可以在戰鬥的關鍵時刻提供重要的優勢。

　　與車臣的另一個相似之處是，俄羅斯部隊吸收了代理部隊和地方部隊，特別是在衝突的早期階段。儘管俄羅斯在 2006 年取消了武器禁運，但這些部隊裝備不足，訓練缺乏；但事實證明，他們有足夠的實力拖延喬治亞人，同時傷亡相對較小。一旦有足夠數量的俄羅斯軍隊到達，他們就接管了大部分的進攻行動，而當地部隊則負責守衛後方。

　　更有趣的是車臣沃斯托克營（Chechen Vostok Battalion）的存在，當時它仍然是俄羅斯軍事情報部門的一部分。雖然它因在第二次戰爭期間和之後在車臣經常採取殘酷行動而獲得了一些聲譽，但它在南奧塞梯被用於清理行動。由於南高加索地區複雜的族裔構成，在南奧塞梯有一些喬治亞的飛地。當喬治亞武裝部隊入侵時，他們迅速採取行動控制這些飛地，部分原因是其中一些飛地位於具有戰略意義的地區，但主要是為了給喬治亞軍隊提供安全避難所，以便開展進一步行動。相應地，一旦喬治亞軍隊開始潰敗，飛地的大部分平民也跟著潰敗。南奧塞梯和俄羅斯軍隊（包括沃斯托克營）的組合被用來清除這些飛地的任何潛在威脅。[84]

82　Jordan Robertson and Michael Riley, "'Mysterious' 08 Turkey Pipeline Blast Opened New Cyberwar," Bloomberg, 10 December 2014, https://www.bloomberg.com/news/articles/2014-12-10/mysterious-08-turkey-pipeline-blast-opened-new-cyberwar.

83　John Arquilla, "From Blitzkrieg to Bitskrieg: The Military Encounter with Computers," *Communications of the ACM*, Vol. 54, No. 10 (2011), p. 63.

84　Anton Lavrov, "Timeline of Russian-Georgian Hostilities in August 2008," in Ruslan Pukhov, ed., *The*

雖然沃斯托克營經常被指控侵犯人權，甚至犯下戰爭罪，但大多數喬治亞人在這些軍隊到達之前就已經放棄了飛地，意味這些行動並不特別值得注意。事實上，在俄喬戰爭結束後不久，它就和扎帕德（Zapad）營[85]一起被解散了。後來，沃斯托克營在烏克蘭東部的戰鬥中重新出現，它最初是由被解散部隊的老兵組成，直到最後成為多民族的僱傭軍。[86]如果情況確實如此，那就意味俄羅斯在三次衝突中一直在使用相同的代理部隊，而且情況相對類似。選擇這支部隊執行此類任務的原因之一是，它為俄羅斯，尤其是俄羅斯軍方提供了在可能非常殘酷和具有政治危害性的行動中的可否認性。在南奧塞梯開展清理行動的主要想法可能是基於軍事邏輯，即趕走任何剩餘的喬治亞戰士，但它也有可能升級為對喬治亞飛地的種族清洗，這是常規俄羅斯軍隊無法公開參與的。

第四節　烏克蘭的混合戰

混合戰爭最著名以及將此概念推向廣泛使用的案例，是俄羅斯 2014 年在烏克蘭的行動，由於 2022 年的衝突仍在進行，本文以 2014 年為探討對象。這場衝突本身十分重要，原因很多；主要是因為它重新引入了歐洲大陸公開敵對行動的可能性，而且還因為它標誌美國與北約在地區霸權的結束，導致了硬權力政治的回歸。就混合的角度而言，這場衝突代表了俄羅斯混合戰爭途徑的成熟，並有可能被其他國家作為未來使用的範本。儘管如此，重要的是，俄羅斯針對烏克蘭的情況非常獨特，並提供了其他國家可能沒有的一些優勢。與其認為烏克蘭是可以簡單地移植到全球其他地方的案例研究，不如說它只是其他行為者可能認為有價值的教訓和途徑；但有一項理解是，該戰略應適應不斷變化的環境。

Tanks of August (Moscow: Centre for Analysis of Strategies and Technologies, 2010), pp. 66, 70.

85　沃斯托克（Vostok）和扎帕德（Zapad）都是俄羅斯軍事情報局（Glavnoye Razvedyvatel'noye Upravleniye, GRU）內的車臣族裔部隊。他們的名字在俄語中分別是指東部和西部，指的是他們的戰士來自車臣的那個地區。

86　Andrew S. Bowen, "Coercive Diplomacy and the Donbas: Explaining Russian Strategy in Eastern Ukraine," *Journal of Strategic Studies*, Vol. 42, No. 2 (2017), p. 17.

一、事件的脈絡

沒有任何危機是在真空中發生。與以往的俄羅斯混合戰爭案例一樣，在探討其在烏克蘭的使用方式之前，本文扼要介紹歷史時間軸和戰略框架，兩者對於理解導致 2014 年 2 月的事件以及其後果至關重要。由於該案例研究是本文的主要部分，歷史敘事更加廣泛，包括對烏克蘭獨立以來的事態的總體概述。

一般而言，後冷戰的烏克蘭歷史最好描述為雙重性的時代。在烏克蘭社會和政治中都存在某些分裂。在語言、文化和政治派別的基礎上，存在著明顯的西方／北方與東方／南方之分。理解烏克蘭政治的關鍵特徵是關於烏克蘭國家性質的內部緊張關係，即一元制國家和多元制國家之間的競爭。薩克瓦（Richard Sakwa）將兩方面描述為對應於烏克蘭歷史上的長期鬥爭，即主張國家本身是自生的文化和政治統一體的人與認為基輔羅斯（Kievan Rus）的共同祖先，意味著他們是同一文化的一部分，並暗示是政治共同體。[87]

因此，一元論代表非常民族主義的烏克蘭觀，而多元論則認為，正是烏克蘭的非同質化特徵賦予了它力量。雖然就其本身而言，在許多歐洲國家並不罕見，但由於政治管理不善，它在烏克蘭內部已升高為生存危機。一元主義和多元主義陣營並不直接對應於反對聯邦化的單一主義（Unitarism）趨勢，而是與烏克蘭的一般政治一樣，它們在地理上有非常明顯的劃分。一元論在烏克蘭西部和北部以及基輔受到青睞，而多元論則以東部和南部為基礎。然而，這些地理上的劃分確實分別對應著贊成統一或聯邦化烏克蘭國家的傾向。[88]

烏克蘭的西部／北部地區往往更傾向於西方，或者至少更反俄，而南部／東部地區則完全相反。在實踐中，兩種途徑之間最明顯的分歧是關於俄羅斯語言和文化在烏克蘭的角色。就表面而言，此類分歧似乎遵循相同的地理界線，但有另外的問題，即在烏克蘭大部分地區，俄語往往是高等教育、商業甚至是家庭使用的語言。高達 80% 的烏克蘭人，其中包括更具民族主義色彩的西部和北部，使用俄語作為日常語言，而不是烏克蘭語。[89] 儘管如此，主導烏克蘭政治的一元民族主義政府堅持認為推動烏語政策對建立烏克蘭民族國家至關重要。雖然將烏克蘭語作為唯一官方語言的論點在原則上可能有助於建立一元化

---

87 Richard Sakwa, *Frontline Ukraine: Crisis in the Borderlands* (London: I.B. Tauris & Co. Ltd., 2015), p. 8.

88 *Ibid.*, p. 24.

89 *Ibid.*, p. 59.

的烏克蘭民族，但基於這種想法的政策的後果是疏遠了大多數俄羅斯和其他少數民族以及大量的多元化烏克蘭人；在許多方面確保了一元化烏克蘭的願景始終處於危險之中。[90]在獨立以來的整個時期，烏克蘭社會和國家的內部分歧以多種方式表現出來，甚至在外交政策中，無論由誰執政。它們是一種常態，因此在形成探討烏克蘭危機的理論框架時須加以考慮。

烏克蘭在 1991 年 12 月舉行獨立公投後成為獨立國家。獨立後的時間，國內政治非常動盪。在推動更加以西方為導向的市場經濟和延續舊的共產主義做法之間存在著巨大的分歧。[91]雙方都沒占優勢，烏克蘭長時間處於猶豫不決的狀態，很大程度上成為根深蒂固的體制。烏克蘭的第一任總統克拉夫丘克（Leonid Kravchuk）能比較好地處理東西方的內部分裂，儘管在經濟方面他任期的表現令人沮喪。[92]他任期內最重要的遺產或許是所謂的《布達佩斯備忘錄》（Budapest Memorandum），該備忘錄為烏克蘭提供了領土完整的保證，以換取放棄蘇聯時期的核武庫並保持中立國家的地位。

備忘錄由俄羅斯、美國、烏克蘭和英國的領導人簽署，[93]儘管它並不打算作為正式的條約，因此沒有得到任何國家的批准。協議非常重要，因為基本上確立了西方對烏克蘭面對俄羅斯時領土完整的保障，即使保障在實際中證明並不充分。克拉夫丘克的繼任者庫奇馬（Leonid Kuchma）更傾向西方。雖然他一開始是親俄的候選人，在競選時反對克拉夫丘克的政策，但庫奇馬在第二次選舉勝利後轉變了立場。他與美國總統柯林頓（Bill Clinton）維持著良好的關係，烏克蘭成為美國對外援助的第三大受援國。[94]就長遠而言，外國援助證明有一些問題。2003 年，庫奇馬還宣布烏克蘭希望成為北約和歐盟的成員，儘管他很快就意識到加入兩組織都是不現實的願景。[95]

對烏克蘭而言，2004 年是其獨立和 2014 年與俄羅斯衝突開始這段時間內最重要的一年。如果之前的十年在烏克蘭的進步和保守道路之間的平衡方面並不確定，那麼在新世紀的最初幾年，對更自由、以市場為導向的西方民主方式的支持明確上升。在庫奇馬擔任總統期間，烏克蘭的腐敗達到了前所未有的程

---

90 *Ibid.*, pp. 58-60.
91 Rajan Menon and Eugene Rumer, *Conflict in Ukraine* (London: MIT Press, 2015), p. 22.
92 *Ibid.*, pp. 25-26.
93 *Ibid.*, p. 25.
94 *Ibid.*, p. 28.
95 *Ibid.*, pp. 28-29.

度，也成為推動改革的主要原因之一。[96]事件在 2004 年的總統選舉中達到了頂峰。由於憲法禁止庫奇馬第三任，改革派集團在尤先科（Viktor Yushchenko）和季莫申科（Yulia Tymoshenko）等民粹主義人物的領導下，與總理和建制派的寵兒亞努科維奇（Viktor Yanukovych）之間展開競爭。在宣布亞努科維奇獲勝的選舉舞弊失敗後，全國各地爆發了抗議活動。在歐盟的調停下，經過緊張的談判，另一次選舉獲同意並舉行。此次是尤先科獲勝，季莫申科成為總理。[97]所謂的「橙色革命」（Orange Revolution）[98]席捲而來，並對他們帶來了很高的期望。不幸的是，這些期望證明並不現實。舊的政治體制和寡頭勢力依然存在，尤先科和季莫申科之間的爭吵和內鬥對局勢沒有任何助益。她僅在八個月後就遭解除了總理職務，政府的不穩定仍然是尤先科時代的一個標誌。

　　作為非常親西方（或者說是反俄羅斯）的政治家，尤先科試圖將烏克蘭牢牢置於俄羅斯的軌道之外。他的做法有兩個方面，一是加強烏克蘭與歐盟和北約之間的政治和經濟聯繫，二是採取更加民族主義的國內政策。[99]事實證明，兩方面在烏克蘭內部都造成分裂，只是進一步激怒和疏遠了俄羅斯。雖然可以理解尤先科為什麼要採取如此的做法，但對於像烏克蘭這樣的國家而言，試圖無視強大得多的鄰國的願望和擔憂，似乎是非常的危險，因為俄與烏克蘭有著共同的歷史，遑論非常密切的經濟關係。在此問題上，尤先科和薩卡什維利有某些相似之處；兩人都是經由「顏色」革命上臺，而且似乎都認為俄羅斯會對他們的所作所為袖手旁觀。在兩種情況下，此為可怕的誤判。尤先科最反俄的政策之一是承認烏克蘭「民族英雄」班德拉（Stepan Bandera），他是有爭議的民族主義者和納粹合作者，[100]以及將大饑荒（Holodomor）定性為對烏克蘭人民的種族滅絕的運動。[101]烏克蘭語成為國家唯一官方語言的問題也再次提出。雖然憲法確實規定了對其他少數民族語言的保護，但它將俄語降為「其他」語言。在烏克蘭東部和南部有大量講俄語的人，[102]對他們而言是令人擔憂的

96　*Ibid.*, pp. 30-32.

97　*Ibid.*, p. 34.

98　橙色來自於尤先科的「我們的烏克蘭」（Our Ukraine）政黨的顏色方案。

99　Rajan Menon and Eugene Rumer, *Conflict in Ukraine* (London: MIT Press, 2015), p. 39.

100　關於班德拉（Bandera）的複雜歷史和烏克蘭民族主義的不同階段的更細微的解釋，參見 Richard Sakwa, *Frontline Ukraine: Crisis in the Borderlands* (London: I.B. Tauris & Co. Ltd., 2015)，尤其是「對抗的倒數計時」（Countdown to Confrontation）章節。

101　*Ibid.*, pp. 19-20.

102　*Ibid.*, pp. 10-11.

轉變。

在試圖建立民族的烏克蘭意識時，尤先科犯了兩個錯誤。首先，烏克蘭化（Ukrainization）政策疏遠了社會中的大部分人。由於此似乎是為了加入歐盟而為，它使歐盟的結盟進程染上了非常激進的民族主義色彩。反過來，此意味那些擔心他政策的人更有可能支持那些主張與俄羅斯建立更緊密聯繫的政治家（該等地區無論如何都不會投票給他，使得這一決定變得更加容易）。其次，經由破壞多元化的烏克蘭的內部平衡，他永久地破壞了國家內部和外部的關係。前兩任總統，不管他們有什麼其他的缺點，都清楚地知道烏克蘭的人格分裂問題，並試圖在國內或外交政策中平衡相互競爭的各方。尤先科的許多政府在推動快速改革的過程中，忽視了此種分裂，並試圖掩蓋分裂，假裝它們不存在，只會使問題變得更糟。他還設法加深了經濟危機，疏遠了強大的寡頭以及俄羅斯，此意味在 2010 年總統選舉時，尤先科已不再是可行的候選人。[103]

大多數觀察家都認為 2010 年的選舉是一次相對自由和公正的選舉，[104]主要是由於亞努科維奇的反對派之間不團結造成。他的政治支持完全依賴於烏克蘭親俄地區，因此他的大部分政策也反映了此現實。此並不是說亞努科維奇總是順從於俄羅斯。他與蒲亭的關係很差，[105]蒲亭更願意與季莫申科打交道。[106]從他的主要政策決定來看，亞努科維奇似乎想回到以俄羅斯為一方、以歐盟／北約為另一方的舊有平衡行為中。[107]此原本可以成功，因為在整個烏克蘭，民眾對加入北約的支持率明顯偏低。[108]

然而，他將烏克蘭引向不結盟地位的努力，在 2010 年寫入法律，[109]但由於他繼續推行由國家寡頭主導腐敗的國內政策而遭到破壞。與歐盟更緊密的聯繫勢必會對此體系帶來巨大的壓力；隨著關係的密切，對改革和透明度的要求也愈來愈高。俄羅斯為他提供了更容易的出路，即提供 150 億美元的直接貸款

---

103 Rajan Menon and Eugene Rumer, *Conflict in Ukraine* (London: MIT Press, 2015), p. 44.

104 OSCE, *Ukraine, Presidential Election, 17 January and 7 February 2010: Final Report* (28 April 2010), pp. 1-3, http://www.osce.org/odihr/elections/ukraine/67844.

105 蒲亭在 2008 年至 2012 年期間擔任俄羅斯總理，並在 2012 年第三次當選總統。

106 Richard Sakwa, *Frontline Ukraine: Crisis in the Borderlands* (London: I.B. Tauris & Co. Ltd., 2015), p. 210.

107 Rajan Menon and Eugene Rumer, *Conflict in Ukraine* (London: MIT Press, 2015), pp. 62-64.

108 K. Holzwart Sprehe, "Ukraine Says 'NO' to NATO," *Pew Research Center*, 29 March 2010, http://www.pewglobal.org/2010/03/29/ukraine-says-no-to-nato/.

109 Rajan Menon and Eugene Rumer, *Conflict in Ukraine* (London: MIT Press, 2015), p. 66.

和大幅降低天然氣價格。當亞努科維奇在 2013 年 11 月取消與歐盟簽署聯合協議（Association Agreement）時，與其說是為了與俄羅斯結盟，不如說是為了維護這個體系和他在其中的地位，這對後來的事件而言是一種諷刺。[110]

　　突然決定停止與歐盟的聯繫，在烏克蘭國內引起的反響似乎超過了預料：四個月的時間，以基輔邁丹廣場（Maidan square）為中心的抗議活動愈演愈烈，儘管所有主要人口中心都發生了類似的抗議活動。2014 年 2 月 21 日，亞努科維奇在歐盟的支持下與議會中的反對派領導人達成協議，恢復修訂後的憲法，組建民族團結的臨時政府，並在 12 月提前舉行選舉。[111]人們嚴重懷疑任何一方是否真的能對該項協議感到滿意。議會中的反對派較愈來愈多的右翼抗議者要溫和得多，但他們基本上拒絕了此提議，並要求亞努科維奇立即下臺，而亞努科維奇顯然感到自己的地位難以維持，第二天就逃離了基輔。[112]在他離開後，議會完全無視憲法，投票將他趕下臺，並將新的總統選舉日期提前。[113]俄羅斯立即做出反應，譴責臨時政府是一場政變，並質疑其合法性。鑑於臨時政府成立時的情況，俄羅斯的立場有相當的合理性，儘管基輔新當局立即受到西方廣泛接受。[114]

二、奪取克里米亞

　　克里米亞半島在包括俄羅斯和烏克蘭的歷史上都扮演了重要角色。在整個中世紀，曾是韃靼人（Tatar）的政體，後來成為克里米亞蒙古汗國（Crimean Mongol Khanate）的一部分。俄羅斯帝國於 1784 年征服了克里米亞並將其納入麾下，直到 1954 年，克里米亞在行政上成為烏克蘭蘇維埃社會主義共和國（Ukrainian Soviet Socialist Republic）的一部分，是蘇聯的共和國之一。當時，此也轉移了塞瓦斯托波爾市（Sevastopol）及其海軍基地的擁有權和行政

---

[110] *Ibid.*, pp. 51-52.

[111] Richard Sakwa, *Frontline Ukraine: Crisis in the Borderlands* (London: I.B. Tauris & Co. Ltd., 2015), p. 88.

[112] *Ibid.*, p. 89.

[113] Daisy Sindelar, "Was Yanukovich's Ouster Constitutional," *Radio Free Europe/Radio Liberty*, 23 February 2014, http://www.rferl.org/a/was-yanukovychs-ouster-constitutional/25274346.html.

[114] Ian Traynor, "Russia Denounces Ukraine 'Terrorists' and West over Yanukovich Ousting," *The Guardian*, 25 February 2014, https://www.theguardian.com/world/2014/feb/24/russia-ukraine-west-yanukovich.

權。然而，隨著後來憲法的修改，塞瓦斯托波爾及其海軍基地成為「具有全聯盟結意義的對象」（Object of All-Union Significance）；由聯邦政府而不是地區政府直接管理的「共和國」城市。[115]1991 年蘇聯解體時，克里米亞和塞瓦斯托波爾的問題在關於領土的討論中出現。然而，葉爾辛並沒有催促此問題，因為他認為新成立的獨立國協基本上意味當地的情況不會改變。塞瓦斯托波爾的地位從未得到妥善解決，儘管它在法律上應歸屬俄羅斯管理。[116]

出於戰略和地緣政治的原因，塞瓦斯托波爾對俄非常重要，因為它是俄海軍唯一的主要「溫水」港口，也是俄黑海艦隊的所在地。雙方於 1997 年簽署了關於艦隊分工和各自基地權的協定。[117]除其他條款外，協定規定俄有權在 2017 年前使用塞瓦斯托波爾海軍基地，並在克里米亞駐紮最多 2 萬 5,000 名士兵。此問題在尤先科時期尤其具有爭議性，當時烏克蘭正在追求更緊密的北約整合，政府提出了基地權不應永久存在的觀點。部分原因是，為了幫助經濟不穩定的烏克蘭，亞努科維奇在 2010 年當選總統時，簽署了新的協定，即《哈爾科夫協定》（Kharkov Accords），將使用權延長至 2042 年，以換取俄羅斯天然氣價格的大幅下降。[118]

當亞努科維奇政權於 2014 年 2 月遭到推翻時，為俄羅斯帶來了兩難的困局。烏克蘭不僅處於內部的動盪，而且帶頭起義的烏克蘭親歐盟示威運動（Euromaidan Movement）也明顯反俄，而且正如民粹主義運動所常見的現象，變得愈來愈民族主義。[119]起初，蒲亭和其他俄羅斯領導層似乎因索契冬奧會（Winter Olympics in Sochi）分散了注意力，[120]俄羅斯沒有做出應有的反

---

[115] Vasility Kashin, "Khrushchev's Gift: The Questionable Ownership of Crimea," in Colby Howard and Ruslan Pukhov, eds., *Brothers Armed: Military Aspects of the Crisis in Ukraine* (Minneapolis, MN: East View Press, 2014), p. 4.

[116] Richard Sakwa, *Frontline Ukraine: Crisis in the Borderlands* (London: I.B. Tauris & Co. Ltd., 2015), p. 101.

[117] 關於黑海艦隊的精確劃分的出色概述，參見 Dmitry Boltenkov, "Home of the Black Sea Fleet: History and Disposition of Russian Forces in Crimea," in Colby Howard and Ruslan Pukhov, *Brothers Armed: Military Aspects of the Crisis in Ukraine* (Minneapolis, MN: East View Press, 2015), pp. 136-141.

[118] Richard Sakwa, *Frontline Ukraine: Crisis in the Borderlands* (London: I.B. Tauris & Co. Ltd., 2015), p. 71.

[119] *Ibid.*, p. 97.

[120] 索契冬奧會於 2014 年 2 月 7 日至 23 日舉行。

應。[121]當烏克蘭局勢隨著亞努科維奇的逃離而進一步惡化時，俄羅斯被迫出手。在克里米亞，議會於 2 月 26 日舉行會議，討論降低與烏克蘭的關係，此乃半自治的克里米亞自 1991 年以來一直以這種或那種形式追求的目標，但由於沒有達到法定人數，因此沒有達成任何決定。2 月 27 日上午，沒有任何可識別標誌的蒙面和制服部隊開始控制政府大廈，包括克里米亞首都辛菲羅波爾（Simferopol）的議會，並罷免了任命的克里米亞總理。後來，議會在一次祕密會議上投票通過了新的總理阿克謝涅夫（Sergei Aksenev），並就克里米亞的主權地位安排了一次全民公決。[122]

第二天，成群的武裝士兵控制了辛菲羅波爾機場，並開始在主要道路上設立檢查站，封鎖烏克蘭軍事基地。[123]官方稱他們是親俄的地方民兵，但他們的裝備和這些行動的精確時間和組織表明，他們可能是俄羅斯軍隊。他們在烏克蘭被稱為「小綠人」，而俄則稱之為「禮貌的人」（Polite People）。這些團體後來確認為俄特種部隊和克里米亞防暴員警。[124]在軍事封鎖的情況下，舉行了全民公決，克里米亞人民顯然以壓倒性的優勢投票加入俄聯邦，此決定很快地由俄立法機構接受並成為官方決定。[125]公投的結果廣泛認為是受操縱，儘管世界上普遍不承認對克里米亞的吞併，但當地的事實是，烏克蘭在一次基本不流血的行動中失去了克里米亞，遭俄占領。

在組織和執行得非常好的混合戰爭的案例中，俄羅斯利用其在克里米亞的有利地位來確保其在該地區的關鍵戰略利益。克里米亞行動有三個重要方面需要探討：「小綠人」的使用、資訊行動和整體戰略理由。

使用蒙面和無隸屬的部隊是對當時烏克蘭情況的完美適應。它不僅為俄羅斯提供了某種程度的國際推諉，而且還在當地造成了誰在指揮行動的巨大混淆。在中央政府不存在的混亂環境中，烏克蘭的地區寡頭開始建立自己的安全

---

[121] Rajan Menon and Eugene Rumer, *Conflict in Ukraine* (London: MIT Press, 2015), p. 84.

[122] Richard Sakwa, *Frontline Ukraine: Crisis in the Borderlands* (London: I.B. Tauris & Co. Ltd., 2015), p. 103.

[123] John Simpson, "Russia's Crimea Plan Detailed, Secret and Successful," *BBC*, 19 March 2014, http://www.bbc.co.uk/news/world-europe-26644082.

[124] Alexey Nikolsky, "Little, Green and Polite: The Creation of Russian Special Operations Forces," in Colby Howard and Ruslan Pukhov, eds., *Brothers Armed: Military Aspects of the Crisis in Ukraine* (Minneapolis, MN: East View Press, 2014), pp. 124-5.

[125] "Crimea, Sevastopol Officially Join Russia as Putin Signs Final Decree," *RT*, 21 March 2014, https://www.rt.com/news/russia-parliament-crimea-ratification-293/.

部隊。[126]其他團體也開始在各政治派別中形成，此認為是關於國家未來走向的全國性決戰。俄為其在烏克蘭的行動進行辯護的部分理由是保護克里米亞的俄居民。雖然此類擔心肯定誇大了，但也不是完全沒有道理。克里米亞是烏克蘭境內講俄語的人和俄公民最集中的地方，反俄的歐羅邁丹潮（Euromaidan Tide）變得愈來愈暴力，尤其是在政府控制完全失敗後。後來在敖德薩發生的事件表明了該運動所激起的仇恨。[127]透過使用不可歸屬的力量，俄利用了這種情勢。當地居民和基輔政府都無法確定誰是這些部隊的後臺，直到為時已晚。此類混亂並沒有持續很久，但它為俄提供了它所需要的關鍵時間。

由俄羅斯在整個烏克蘭衝突期間使用的所有各種工具中，資訊行動在國際上獲得了最大的關注。正是這種出人意料的準確宣傳攻勢，使「混合戰爭」一詞進入了日常使用。如前所述，雖然對資訊的控制或影響是混合戰爭的重要面向，但並不是其關鍵組成部分。事實上，烏克蘭的衝突應該作為案例，說明將注意力集中在不甚了解概念的單一方面是多麼危險，從而損害了實際政策制定。其中兩方面特別值得注意。首先是俄在關鍵時刻利用媒體，即行動開始之前和之後獲得優勢，其次是西方對這些事件的反應。由於受到媒體的嚴重影響，媒體激起了國內觀眾對行動的呼聲，他們的直接反應除了尷尬地發現西方完全措手不及，無法想出切實可行的辦法來應對此情況外，幾乎沒有任何結果。[128]最後，他們只能抨擊俄歪曲事實，並透過國際機構施加壓力。由於俄在聯合國安理會擁有否決權，不可能進行大規模的制裁，因此美國，以及更不情願的歐盟，對俄進行了經濟制裁。[129]他們還開展了自己的資訊行動，試圖將以蒲亭為代表的俄描繪成不可靠的侵略者，無視國際規範和道德。

資訊戰中的關鍵論點是對俄羅斯貼上了提前計畫這些行動的標籤。許多國際行為者指出，俄軍隊的快速部署，以及參與行動部隊獎章背面所刻的日期，[130]都證明針對烏克蘭的行動乃事先設想好。這種指責就根本而言係屬錯

---

[126] Richard Sakwa, *Frontline Ukraine: Crisis in the Borderlands* (London: I.B. Tauris & Co. Ltd., 2015), p. 97.

[127] *Ibid.*, p. 109.

[128] Keir Giles, "Russia's New Tools for Confronting the West: Continuity and Innovation in Moscow's Exercise of Power," Chatham House Research Paper, 21 March 2016, pp. 31-32, https://www.chathamhouse.org/publication/russias-new-tools-confronting-west.

[129] "How Far Do EU-US Sanctions on Russia Go?," *BBC News*, 15 September 2014, http://www.bbc.co.uk/news/world-europe-28400218.

[130] Can Kasapoglu, "Russia's Renewed Military Thinking: Non-Linear Warfare and Reflexive Control,"

誤，因為任何明智的國家都會準備好任何數量的應急計畫，尤其是對於對本國利益如此重要的地區。考慮到事件發生的時間軸，俄的軍事規劃人員有長達四個月的時間為數種可能的情境做準備，儘管更有可能的是，即使在 2013 年 10 月基輔事件開始失控之前，例如在橙色革命或俄喬戰爭之後，就已經制定了一些初步計畫。[131]由於參與的部隊數量相對較少，約 3,000 人，而且其中大部分是特種部隊或已駐紮在克里米亞的部隊，因此，即使沒有預先制定的計畫，他們也有可能在很短的時間內部署。[132]俄的軍事訓練學說非常強調在最短的時間內進行快速演習，而駐紮在克里米亞的部隊中職業軍人的水準相對較高，無疑能支持此論述。

　　因此，與其指責俄羅斯故意計畫瓜分烏克蘭，不如強調如次事實：烏克蘭的局勢讓俄幾乎沒有其他選擇。俄無法袖手旁觀，面對烏克蘭新政府取消其基地權的現實威脅，並透過積極追求北約整合，不僅消除俄羅斯的影響力，而且可能將塞瓦斯托波爾變成北約基地。[133]在黑海地區權力平衡的巨大變化將有效地使俄淪為東歐的小國，此種情境決不會增加該地區的安全。可以說，俄的堅定態度事實上拯救了北約和歐盟，使它們的影響力沒有擴大到完全顛覆歐洲的權力平衡。在現代資訊技術的時代，更多的公眾可以參與外交政策，並對其施加愈來愈大的壓力，此種堅定自信只能藉由混合途徑實現。經由採取混合途徑，俄在烏克蘭和歐洲大西洋的決策制定圈內製造了混亂，並避免了大規模的常規反應。如果俄羅斯以傳統的常規方式入侵，此類反應是否會真正實現並不嚴格相關，只是升級的可能性會阻止這種嘗試。

　　就戰略角度而言，俄羅斯在克里米亞行動中有兩項目標：第一，利用烏克蘭內部的不穩定，確保其對塞瓦斯托波爾海軍基地的使用不再受到干擾；第二，盡可能避免國際社會對此類行動的譴責和反應，包括西方國家對烏克蘭的軍事干預支援。純粹的常規方法無法實現第一項目標，因為它可能會使分裂的烏克蘭政體團結起來，因為沒有什麼比共同的敵人更能激勵人心。它也很有可能在歐洲引發全面戰爭。非常規的途徑，例如叛亂或贊助起義，可能會實現第

Research Paper, No. 121 (Rome: NATO Defense College, November 2015), p. 3.

131 Richard Sakwa, *Frontline Ukraine: Crisis in the Borderlands* (London: I.B. Tauris & Co. Ltd., 2015), p. 107.

132 Rajan Menon and Eugene Rumer, *Conflict in Ukraine* (London: MIT Press, 2015), pp. 83-84.

133 Richard Sakwa, *Frontline Ukraine: Crisis in the Borderlands* (London: I.B. Tauris & Co. Ltd., 2015), p. 102.

一項目標，但它會花費太長的時間。動亂不會永遠持續下去，一旦中央政府重新獲得控制權，他們就會盡其所能來壓制動亂。此也很可能導致某種維和任務或軍事干預，以防止衝突蔓延到烏克蘭之外。

這些途徑中的任何一種都有可能產生成本，即使是最狂熱的鷹派人士也不願意看到。混合途徑，正如它所展示的那樣，設法以令人難以置信的輕鬆、快速和果斷來實現俄羅斯的政治目標。就成本而言，聲稱經濟制裁對俄經濟和主要政治人物產生了重大影響是主要的方式。此類立場不僅在政治或經濟方面沒有意義，而且在戰略上也為錯誤。與戰爭的戰略成本相較，即使戰爭只限於烏克蘭和俄羅斯，充其量是不太可能發生的情境，經濟制裁的後果幾乎微不足道。

三、烏克蘭東部的衝突

雖然與克里米亞事件肯定有聯繫，但烏克蘭東部（也稱頓巴斯地區）的衝突，[134]不應視為是其直接的延續。兩者都是爭奪烏克蘭大門爭的一部分，有著相似的根源，但在時間和動機方面都相對獨立。就混合戰爭的角度而言，頓巴斯行動應視為是俄羅斯混合戰略的另一個方面，但其地緣政治目標與奪取克里米亞明顯不同。

頓巴斯的事件在吞併克里米亞後的數周內開始升級，儘管盧甘斯克和頓涅茨克的地方抵抗自獨立運動（Maidan Movement）開始時就已存在。烏克蘭東部是烏克蘭工業化程度最高、最親俄的部分，不包括克里米亞，同時也是包括亞努科維奇的地區黨（Party of Region）在內的多元主義和區域主義政黨的政治基地。更大規模的抗議活動於 2014 年 3 月開始，包括在烏克蘭第二大城市哈爾科夫（Kharkov），但從一開始，基輔當局就對這些抗議活動進行了更為嚴厲的處理。執法單位在武裝暴徒團夥的支援下，驅散和鎮壓任何形式的反邁丹（Anti-Maidan）抗議活動，通常會採取相當殘酷的手段。雖然鎮壓在哈爾科夫相對成功，但在更多的農村地區盧甘斯克和頓涅茨克卻適得其反，該地的抗議開始變成叛亂。[135]地方武裝團體開始組建並占領政府大廈，很快就由組織和裝

---

[134] 頓巴斯（Donbas）是對包括頓涅茨克（Donetsk）和盧甘斯克（Lugansk）行政區域在內的地區的一種稱呼。

[135] Richard Sakwa, *Frontline Ukraine: Crisis in the Borderlands* (London: I.B. Tauris & Co. Ltd., 2015), pp. 149-150.

備更完善的團體所取代，這些團體雖然是非正規部隊，但卻更像專業部隊。[136]

　　在此階段，很難確定這些部隊是否由俄羅斯訓練、裝備或支援，因為該地區即使沒有外來援助，也有可能形成如此的團體；大部分人口曾在烏克蘭或俄軍隊或當地民兵中服役，而且不缺乏武器。此外，民兵組織的早期成功可以歸因於烏克蘭武裝部隊的退化狀態。至 2014 年危機發生時，在烏克蘭獨立後的二十三年中，基輔在很大程度上忽視了軍隊。[137]軍隊的狀況非常糟糕，政府不得不呼籲私人捐款以補充軍隊的資金，只是為了協助支付最基本的物資。[138]到4 月，叛亂分子占領了一些重要的政府和行政大樓，而且 4 月 7 日宣布成立所謂的頓涅茨克人民共和國（Donetsk People's Republic），隨後在 4 月 27 日宣布成立鄰近的盧甘斯克人民共和國（Lugansk People's Republic）。試圖重新控制分離地區的政府軍與當地民兵之間爆發了衝突。起初，俄似乎並不急於捲入戰鬥，但隨著分離主義者開始失去陣地，尤其是在 2014 年 5 月奪取頓涅茨克機場的企圖失敗後，俄變得更加堅定。

　　他們開始培訓和過濾志願者，並提供數量有限的設備，儘管在 8 月之前開始的程度很難確定，而且幾乎可以肯定受到基輔的誇大。[139]7 月 17 日 MF17 航班遭擊落是重要的進展，因為此事或多或少證實了俄在向叛軍提供武器，因為他們最初的武器庫中沒有任何武器能射擊高空飛機。對認為負有責任的個人提出刑事指控進一步表明，儘管他們都與俄有聯繫，但他們並不是俄武裝部隊的直接成員。[140]最終，頓巴斯的衝突變成了「凍結的衝突」。俄不願意投入大量自己的軍隊，儘管他們確實提供了顧問，[141]並在烏克蘭邊境駐紮了大量的部隊作為嚇阻力量。在戰鬥的後期階段，其中一些部隊以「志願者」身分進入烏克蘭。

---

[136] *Ibid.*, p. 150.

[137] Anton Lavrov and Alexsey Nikolsky, "Neglect and Rot: Degradation of Ukraine's Military in the Interim Period," in Colby Howard and Ruslan Pukhov, eds., *Brothers Armed: Military Aspects of the Crisis in Ukraine* (Minneapolis, MN: East View Press, 2014), p. 69.

[138] *Ibid.*, p. 71.

[139] Richard Sakwa, *Frontline Ukraine: Crisis in the Borderlands* (London: I.B. Tauris & Co. Ltd., 2015), pp. 155-156.

[140] "MH17: Four Charged with Shooting Down Plane over Ukraine," *BBC News*, 19 June 2019, https://www.bbc.com/news/world-europe-48691488.

[141] Richard Sakwa, *Frontline Ukraine: Crisis in the Borderlands* (London: I.B. Tauris & Co. Ltd., 2015), p. 155.

頓涅茨克和盧甘斯克的衝突與克里米亞幾乎沒有相似之處，應從此角度看待俄羅斯的反應。兩者都是同一地緣政治對抗的一部分，但其背後的動機和方法卻不同。當時俄並不想吞併烏克蘭東部，但俄想透過支持烏克蘭政權的反對者，加強他們以及俄自己對基輔的談判地位，從而保持對烏克蘭政治的影響力。[142]在混合戰方面，頓巴斯行動的特點是使用資訊戰、使用代理部隊和常規嚇阻態勢。與克里米亞問題一樣，俄羅斯再次利用廣泛的資訊行動來詆毀基輔政權，並宣稱它將保護俄人（不僅限於俄羅斯族人，還包括所有贊同其立場的人）的觀點。

俄羅斯試圖反擊來自基輔和西方對其關於入侵烏克蘭的指控，儘管正如它在喬治亞學到的那樣，西方，尤其是美國，更願意相信反俄的基輔政府，而不是來自俄羅斯或甚至歐安組織觀察員的報告，他們找不到證據證明有大量的俄軍隊存在。[143]當然，沒有任何可以描述為入侵行為的報告。經過一段時間的停滯後，頓巴斯的衝突在 2016 年底開始再次激化，當時明斯克協議顯然不會獲得執行。自那時起，它成為另一個典型的凍結衝突，根據俄羅斯和烏克蘭之間的政治關係而升級和降級。有趣的是，多年來，發生了多起高調的叛軍領導人遭暗殺事件，但沒有明確的兇手。此謎團讓人猜測，實際上是俄在消滅其無法控制不懷好意和好戰的人。若情況確實如此，就說明有必要對所使用的代理部隊進行嚴格控制，以防止衝突自行升級。[144]

經由在頓巴斯地區使用當地代理人，俄羅斯積極地試圖阻止其遭指控的那種入侵。在危機開始之前，該地區早已存在反政府和反民族主義的傾向，一旦潛在的緊張局勢爆發，俄只是利用了這種情勢。與車臣化一樣，此類對代理部隊的使用實際上導致了烏克蘭內部的內戰，衝突的殘酷性只是進一步證實了此點。在此類情況下，基輔政府及其支持者的民族主義熱情，將頓巴斯地區的俄羅斯族人視為叛徒，可以說比俄羅斯在車臣的政策更加劇了衝突的嚴重性。俄還向分離主義者提供了武器和其他物資，儘管從未達到他們預期的程度。俄似

---

[142] Vyacheslav Tseluyko, "Rebuilding and Refocusing the Force: Reform and Modernization of the Ukrainian Armed Forces," in Colby Howard and Ruslan Pukhov, eds., *Brothers Armed: Military Aspects of the Crisis in Ukraine* (Minneapolis, MN: East View Press, 2015), p. 188.

[143] Richard Sakwa, *Frontline Ukraine: Crisis in the Borderlands* (London: I.B. Tauris & Co. Ltd., 2015), pp. 174-175.

[144] Jack Losh, "Is Russia Killing Off Eastern Ukraine's Warlords?," *Foreign Policy*, 25 October 2016, http://foreignpolicy.com/2016/10/25/who-is-killingeastern-ukraines-warlords-motorola-russia-putin/.

乎沒有建立禁飛區來防止烏克蘭空軍在地面上壓制分離主義者，而是決定向他們提供先進的防空導彈，此導致一架民航客機遭到意外擊落。

分離主義或叛亂部隊通常沒有機會獲得此類武器裝備；就其性質而言，他們依靠的是較輕的武器系統。經由如此為之，以及幫助他們組織中央化的指揮結構，俄羅斯基本上將他們變成了更接近於常規軍隊的部隊。此符合混合戰爭的途徑，而且它確實有助於扭轉衝突的趨勢。此外，經由將大量俄軍置於警戒狀態並將其移至烏克蘭邊境附近，俄在其背後增加了自己的常規力量。此舉不僅加強了代理部隊，而且還打消了西方干預或甚至向烏克蘭提供武器的想法。鑑於烏克蘭軍隊的破敗狀況，俄有理由相信，即使得到有限的支持，分離主義者也能堅持自己的立場，藉由影響他們，俄將保持對烏克蘭政治的影響力，無疑是俄在該地區最重要的地緣政治目標。

然而，這些代理部隊不是「小綠人」。他們不是俄羅斯軍隊的成員，也沒有以同樣的方式行事。克里米亞的行動是外科手術式的精確，執行起來沒有任何差錯，而頓巴斯的衝突則有業餘的感覺。他們也沒有滿足同樣的角色。頓巴斯的代理部隊更像是俄羅斯與喬治亞戰爭中的南奧塞梯的民兵：裝備不足、訓練有素的地方部隊，他們從地方角度而非大戰略角度看待衝突。

混合戰略，就像其他戰略一樣，必須足夠靈活，以利用可能出現在行為者身上的機會。2014 年的烏克蘭為俄提供了若干機會，儘管當時的情況，一個鄰國的完全崩潰，肯定不可取。混合戰略的重要性特別體現在，沒有其他常規或非常規的途徑可以實現俄的目標。

第五節　結語：俄式混合戰之特點與途徑

一、俄羅斯混合戰的特點

當把俄羅斯在烏克蘭的混合戰爭與以前在車臣和喬治亞的案例相比較時，當然不乏相似之處。四個關鍵方面非常突出：常規和非常規戰爭的模糊化、資訊行動、使用代理人以及通常不擁有先進技術的部隊使用先進技術。它代表了俄羅斯混合戰爭途徑的頂峰和全球意義上的混合性的頂點。

學術界對俄羅斯在烏克蘭行動的動機進行了大量的辯論。雖然這樣的辯論在探討新現象時往往是有用的，但不幸的是，許多人堅持認為主要原因是蒲亭的個人願望或世界觀：[145]舉例而言，他希望恢復蘇聯或俄羅斯帝國，然而，此立場的論據係以西方為主導。此皆為關於地緣政治和俄羅斯以及不斷變化的世界秩序。自 1990 年代初的經濟衰退以來，俄羅斯一直處於復甦狀態，並開始在歐洲重新確立自己的地位，同時在全球有選擇地挑戰美國的霸權。好的戰略標誌是有能力將戰術上的進步轉化為戰略和政治上的收益，在此點上俄羅斯取得了巨大的成功。總體而言，西方一直無法掌握如何管理某種使其無法以明確的常規方式或明確的非常規方式做出回應的行為者。換言之，西方的反應一直受制於國際體系的性質和缺乏靈活性。具有諷刺意味的是，對俄羅斯而言，此乃出於需要和以往艱難經驗而來。在阿富汗和車臣等衝突中，俄有選擇地成功運用了其所學到的經驗。2008 年的喬治亞戰爭提供了檢驗這些經驗的機會。

　　研究俄羅斯混合戰爭的一份重要文件是所謂的格拉西莫夫學說（Gerasimov Doctrine）。該出版物是以俄羅斯武裝部隊總參謀長（Chief of the General Staff of the Russian Armed Forces）格拉西莫夫（Valery Gerasimov）的名字所命名，他在 2013 年 2 月發表了一篇關於未來戰爭的可能願景的文章。[146]雖然此絕不是實際的戰爭學說文件，但它還是對俄羅斯軍隊內部新戰爭形式的研究現狀進行了非常有用的揭露。他概述的要點是戰爭與和平狀態之間的界限愈來愈模糊，[147]而且戰爭規則也發生了變化，實現政治目標的非軍事手段愈來愈重要。[148]如果把這篇文章視為是對烏克蘭事件的某種預測，那就言過其實，因為它沒有具體提到混合戰爭或非線性戰爭。然而，它所提供的是對俄軍內部轉型的洞察，包括處理戰爭的新現實：戰爭不再適合於整齊的盒子。很容易指出，此幾乎不是什麼新資訊，然而，俄的西方競爭對手在其政策聲明中沒有在同樣的程度上掌握這些變化。

　　本文探討的衝突關鍵和一致的特徵是常規戰爭和非常規戰爭之間的模糊，此代表了混合戰爭的核心。美國或北約在冷戰後的軍事經驗主要集中在國家間的常規戰爭上，而俄羅斯則不同，它必須適應不同的現實。唯一可以說俄參與

---

[145] Elias Götz, "It's Geopolitics, Stupid: Explaining Russia's Ukraine Policy," *Global Affairs*, Vol. 1, No. 1 (2015), p. 3.

[146] 原文以俄文發表在《軍工庫爾》（*Military-Industrial Kurier*, VPK）上。為了本書目的，將使用自由歐洲電臺（Radio Free Europe/Radio Liberty）編輯庫爾森（Robert Coalson）提供的英文翻譯，該翻譯發表在《軍事評論》（*Military Review*）。

[147] Valery Gerasimov, "The Value of Science Is in the Foresight," *Military Review*, January-February 2016, p. 24.

[148] *Ibid.*

了傳統的常規戰爭的衝突是 2008 年與喬治亞的衝突，事實上，即使是那場戰爭也不能明確地歸類。那場衝突只是證實了車臣的教訓，它表明對使用常規武力的要求已經發生轉變，它不再適用於愈來愈多的情境，因為它不能產生結果，或者因為它的代價太大。

「小綠人」是混合戰爭固有的不透明性的最好例子，他們來自常規部隊，以叛亂分子的身分行事，但卻有著國家組織的武裝力量才有的精確目的和組織。沒有徽章可能提供了一種平庸的可否認性，但它在關鍵時刻提供了足夠的可否認性，使這種途徑得到了完全的證明。在一個以管理為取向的西方政治環境中，可能很容易直截了當地聲稱，我們從第一時間就確定他們是俄羅斯軍隊，但這種保證不容易轉化為戰略上的確定性。當猜錯的代價是潛在的核戰爭時，應該以最大的保留來對待這種聲明。在混合途徑中融合常規和非常規戰爭，並不是為了取代常規戰爭和嚇阻；它是為了在確定性和猜測之間的灰色地帶運作，併為行為者提供足夠的迴旋餘地，無論事後看來多麼平庸或可笑，以實現他們的目標，而不突破徹底戰爭的門檻。

二、俄式混合戰模式

本文的最後部分探討俄在烏克蘭的混合途徑可以以何種方式（如果有的話）在其他地方進行複製。毫無疑問，確切的複製範圍是非常有限的。奪取克里米亞的前提是已經有 1 萬 2,500 人的部隊在當地，[149]而且由於半島的地理位置可以相對容易地與大陸分離，限制了報復性選擇。它也是烏克蘭境內所有地區中俄羅斯族和講俄語的人口最集中的地區，[150]而且它長期以來一直要求更大的自治權。世界上沒有其他地區可以發現如此的因素組合；因此，就邏輯而言，克里米亞式的吞併不太可能再發生。對小綠人的單獨使用也不能輕易複製。克里米亞的情況只是意味著可以以超常的速度部署它們，並不排除在其他地方不能精心策劃類似事件的可能性，只是需要更多的時間完成。普遍的想法是，愛沙尼亞境內龐大的俄羅斯少數民族可以作為下一次使用「小綠人」的基

---

[149] Richard Sakwa, *Frontline Ukraine: Crisis in the Borderlands* (London: I.B. Tauris & Co. Ltd., 2015), pp. 103-104.

[150] 2001 年烏克蘭人口普查的結果，其地圖參見 http://www.rferl.org/a/map-ukraine-percentage-who-identify-as-ethnic-russiansor-say-russian-is-their-first-language-/25323841.html.

礎，[151]但在混合脈絡下，他們將成為代理戰士，因為他們不是俄羅斯武裝部隊的成員，也沒有必要的訓練。東烏克蘭式的混合戰爭，使用代理人並導致僵持的衝突，作為案例更有說服力，也可以在更多的地區和環境中使用。

比俄羅斯混合戰爭的具體方面更重要的是混合戰略作為整體的概念。如果說車臣人和俄羅斯人在喬治亞使用混合戰爭可以說是喜憂參半，那麼在烏克蘭則是非常成功。經由一種可以避免外國（通常是西方）軍事干預的手段來實現政治目標的原則，提供了拒絕知道或參與這種行動的機會，只招致合理的戰略成本，這當然很有吸引力。在 2014 年之前，大多數軍事思想家都會同意，在另一國內獲得領土只能透過常規入侵來完成。俄已經證明，透過有控制、精心編排的混合行動，一國可以保持在常規戰爭的門檻之下（車臣的錯誤），實現不成比例的重大目標。吞併克里米亞時，俄軍確實以常規方式進駐克里米亞，但那時克里米亞已正式成為俄的一部分。儘管將俄單槍匹馬地顛覆武力邏輯歸功於它是錯誤的，但可以說它遇到了備選的途徑；這種途徑在專業和學術討論以及現實世界中都有吸引力。國家通常用打上一場戰爭的方式來打新的戰爭，因為戰略預測是最明顯的西西弗工作（Sisyphean work）的例子之一。因此，當變化發生時，創新國家同樣感到驚訝，這並不罕見。

在烏克蘭衝突之初，不能說俄羅斯擁有成熟的混合戰略；相反，它對戰爭行為的趨勢有更好的理解，對烏克蘭的內部分裂有更深入的認識。它將以前的經驗與戰略機會結合起來，嘗試不同的途徑，從而獲得了成功。儘管頓巴斯地區的衝突仍在繼續，但截至本文撰寫時，俄的途徑現在可以歸納為連貫的戰略。就其基本形式而言，可以說它已經成為混合戰爭的典型之一，它不僅僅是理論上，而且還在實地得到了證明。雖然其他行為者可能會模仿和調整此概念以適應自己的特殊需要或戰略環境，但成功的混合途徑的基本前提已經確立。

---

[151] Sam Jones, "Estonia Ready to Deal with Russia's 'Little Green Men'," *Financial Times*, 13 May 2015, https://www.ft.com/content/03c5ebde-f95a-11e4-ae65-00144feab7de.

第七章　南海的海洋混合戰

　　本文係本書最後的案例研究，探討中國「混合戰」的出現。此乃全面聚焦涉及當前以及未來的案例研究。東南亞和東亞地區（印太）已成為當前與未來戰略競爭的兩個最重要舞臺。本文藉由探討中國在南海的行動和活動，以探討「混合戰」中經常遭忽視的海洋面向。迄今為止，關於「混合戰」的討論一直侷限於陸戰，其次是空戰。然而，正如本書所提出的定義，「混合戰」是全領域的概念，若不包括海洋領域，對「混合戰」的探討即不完整。畢竟，正是此類廣泛的吸引力和潛力使「混合戰」從其他形式的衝突或脅迫中脫穎而出，並使「混合戰」對一些國際行為者具有如此大的吸引力。此外，藉由對中國作為觀察的混合行為者之一，本書展示「混合戰」的全球範圍及其靈活性，致使其成為地理上、文化上和政治上不同行為者群體的有用工具。

　　在探討海洋領域時，需要對其不同的規則和環境進行扼要的探討。如此根本不同的出發點需要不同的能力和作戰原則，而中國似乎正在迅速掌握該等原則。南海的人工島礁建設是國際關係中與混合戰相關的最明顯和最有爭議的問題之一。中國首屈一指的混合戰作戰部隊，海上民兵已經取得了重大的成果，而複雜的法律環境意味海洋混合戰有可能對升級進行更細膩的控制，因此有能力較其他形式的「混合戰」產生更大的成果。雖然所有的現代戰爭都受到不同程度的法律影響，但這一點在海上尤其明顯。本書將針對中國對法律架構的使用和濫用進行研究，包括其本身以及與島礁建設和海上民兵的關係。連接所有這些活動的關鍵特徵之一是行動的動能性，此在海洋領域尤為明顯。本文最後將探討非動能性的海洋「混合戰」的特點及其對未來可能產生的影響。

　　前兩章在類國家（Statelike）和國家層面探討了混合戰，本書第三個也是最後的案例研究，將混合戰引入獨立的領域（Domain）範疇，同時維持國家層次的分析。本文探討與先前的案例處於根本不同的環境之中，轉向海洋領域如何影響混合戰的行為和戰略。在陸地上作戰時，無論行為者是國家還是類國家的行為者，戰爭規則都是相對直接以及單純。人們可以根據自己的個人經驗或歷史紀錄或史詩級的電影刻畫，十分容易想像出陸地戰爭的模樣。

　　即使此類行動非常複雜，諸如 1813 年的萊比錫戰役（Battle of Leipzig），或發生在巨大的規模方面，例如 1941 年德國對蘇聯的入侵，它們仍然在某種程度上較大規模的海軍戰役更容易理解。此一方面是由於有限的地理空間限制了陸地上的戰爭，另一方面也是因為，雖然歷史上有許多陸地大國，但可以聲稱是海上強權的國家相對較少。與陸地上的任何特徵相較，海洋始終是人類致力於更艱難障礙的場域，而且海洋形成了一系列獨特的挑戰。

　　因此，陸地和空中領域的戰爭，往往在關於戰爭性質的辯論中占據主導地位，也是對衝突研究最多的面向。圍繞新戰爭和未來戰爭的辯論尤其如此，該等辯論往往包括空間領域或網路競技場，但在很大程度上忽視了海洋領域，即令海洋地理範圍涵蓋了地球表面的三分之二以上。就海洋領域，混合戰是與眾不同的情形，因為它有可能包括和／或結合所有的戰爭領域。本文的目的是將海洋領域的複雜性引入圍繞混合戰的辯論之中，此方面的研究相對於陸基和空基的探討相對較少。作為海上混合戰的主要和持續發生的案例，本文將以南中國海（South China Sea, SCS；以下簡稱「南海」）作為案例研究，以確定海洋混合戰的現實應用。更具體而言，本文重點探討中國在南海地區的行動和活動。

　　就結構而言，本文首先對海洋領域進行扼要概述，並將混合戰置於海權的脈絡之下。從而先界定海洋混合戰的定義，說明海洋混合戰的主要區別特徵，並將海洋混合戰置於本書對混合戰的定義脈絡之中。本文的主體部分係探討海洋環境如何影響中國海洋混合戰的進行，並挑選島礁建設、海上民兵和法律戰三個主要方面為基本，對南海進行案例分析。由於中國在南海此廣闊區域內的政治和戰略演習過程是在非常龐大、廣泛的地理區域內所發生，而且時間序列較長，因此將只使用一些最能說明問題的案例以支撐理論上的探究。本文的最後部分將總結基於陸地和海洋領域混合戰的異同，並確定動能水準與每個獨立領域的混合戰的相關性。

第一節　海洋領域的特色

　　自人類文明誕生以來，海洋一直是人類活動的重要場域，因此，海洋在整個歷史上也在戰爭中扮演了重要角色。海洋領域中的衝突與任何陸上或空中的行動具有根本性的不同性。不僅通常沒有明顯的地理特徵來劃分海域，而且行動的速度也要緩慢得多，通常也發生在較遙遠的地方。一般的情況下，影響世界某地的海上行動甚至可能不會發生在自身周邊的水域。

就能力而言，海洋領域在花費和所需知識方面也有其自身的特點。訓練一名士兵開槍或駕駛坦克是相對容易。飛行員要經過艱苦的訓練，他們駕駛的飛機在技術上也十分複雜和昂貴，但他們的數量仍然相對較少，一般只需要一到二名飛行員就能操作一架戰鬥機，當然還有地勤人員的支援。然而，船艦需要大量訓練有素的水手和軍官共同操作，而且往往作為任何國家武器庫中最昂貴的資產，從而脫穎而出成為重要的面向。海戰無疑是最複雜和最昂貴的戰爭方式，其規則與其他領域的規則有相當大的差異。

一、海洋領域術語

在開始更詳細地探討海洋領域之前，有必要釐清相關術語。在描述與海洋有關的活動時，各種資料都使用了各類術語，諸如海上強權（Sea Power；以下簡稱「海權」）、海洋強國（Maritime Power）或海軍力量（Naval Plower）。眾所周知，「海權」一詞最早是由馬漢（Alfred Thayer Mahan）在其著名的研究報告中所提出，但較為遺憾的是，馬漢從未對該詞做過簡潔的定義。馬漢對海權最廣泛的含義是指國家之間發生在海上、可能導致戰爭的競爭，[1]主要組成部分是地理位置、物理環境、領土範圍、人口數量、人民的性格和政府的特性。[2]為了研究的目的，本書採用蒂爾（Geoffrey Till）研究中精煉出來的更具現代化定義。海權，就最廣泛的意義而言，係指使用所有可用的資產以利用海洋，並影響海洋或來自海洋的行為。[3]

然而，由於本書主要關注的是混合戰的戰略和戰術運用，因此還需要聚焦與海軍的軍事活動有關的狹義定義。蒂爾將海權置於國家權力的背景之下，並將其描述為由民用和軍用海洋能力所組成，導致海軍（軍事）和商業行動。[4]因此，海軍力量是海權的組成部分之一，主要涉及海軍的活動、組織和使用。[5]簡言之，根據上述海權的定義，海軍力量只是將行為者的可用資產限制在其海軍部隊之上。

1　Alfred T. Mahan, *Influence of Sea Power Upon History* (Pantianos Classics, 2016) (originally published in 1890), p. 7.

2　*Ibid.*, p. 18. 關於更多的資訊，包括馬漢對所有這些要素的解釋，參見頁 18-40。

3　Geoffrey Till, *Seapower: A Guide for the Twenty-First Century* (Abingdon: Routledge, 2013), p. 25.

4　*Ibid.*, p. 24.

5　Ian Speller, *Understanding Naval Warfare* (Abingdon: Routledge, 2014), p. 6.

海洋之所以重要的原因可以與四個廣泛的屬性相聯繫，該等屬性來自於海洋本身：海洋是資源的來源，是運輸的媒介，是資訊的媒介，而且也是支配的媒介。[6]海洋用途之間的相互作用，以及與海洋使用相關行為者對每個用途的重視，決定了海軍的性質和用途，包括軍事和民事。

與前幾章所探討的一些理論和方法不同的是，在海洋領域可以間接實現對領土的控制。在海洋領域，主要還是由海上的船隻來決定哪個行為者將獲得海洋領域的利益。事實上，現代海權甚至已經超越了此點，可以來自海上而不僅僅是在海上實現其效果。[7]因此，現代海權途徑所涵蓋的地緣戰略和經濟領域要比陸權或空權大得多，此事實反映在海洋相對的複雜性和影響之上。

海權此術語意味各種意涵和解釋。海權的戰略家、實務者和分析家們重新審視了海權之構成、重要性和效用。有些人喜歡使用「海權」，而另一些人則偏愛「海洋強國」。[8]在狹義上，海權被理解為遠距離干預的「海軍」，與軍艦、潛艇、航空母艦和海軍同義。[9]在光譜的另一端，海洋強國被廣泛理解為一國以最佳方式利用海洋的能力。也有人認為，偉大的海權未必是海洋強國，儘管二者相輔相成。[10]

在這種情況下，一般而言，海權定義為擁有強大海軍能力的國家（艦艇、潛艇、為特定任務提供軍事支援的航運），而海洋強國則被定義為為了經濟目的廣泛利用海洋資源的國家，此反過來又使該國在權力關係中占據重要地位。因此，海洋強國沒有必要發展海軍，理論上，偉大的海權不一定是海洋強國。然而，歷史證據顯示，海洋強國確實發展了海軍，以維護其利益和權力的投射。

儘管如此，「海權」或「海洋強國」有著悠久、有據可查的歷史，包括國王、國家領袖、政治人物、政策制定者和實踐者在內的所有人都已經意識到了它的重要性和角色。海權是動態的概念，它經歷了不斷的變化，在國際法律建制、技術和海戰的變化基礎上，又有了新的內容。《聯合國海洋法公約》

6　Geoffrey Till, *Seapower: A Guide for the Twenty-First Century* (Abingdon: Routledge, 2013), p. 6.

7　*Ibid.*, p. 37.

8　Geoffrey Till, *Seapower: A Guide for the Twenty-First Century* (London: Frank Cass, 2004), pp. 2-4.

9　Sam J. Tangredi, "Globalization and Sea Power: Overview and Context," in Sam J. Tangredi, ed., *Globalization and Maritime Power* (Washington: National Defense University Press, 2002), pp. 1-5.

10　Geoffrey Kemp, "Maritime Access and Maritime Power: The Past, The Persian Gulf and the Future," in Alvin J. Cottrell, ed., *Sea Power and Strategy in the Indian Ocean* (California: Sage Publications Inc., 1981), p. 26.

（*United Nations of Convention on the Law of the Sea*, UNCLOS；以下簡稱《公約》）第 3 條所建立的航海建制導致了關於海洋主權的建立，從而改變了國家間的海上交往，對國家間關係產生了重大影響。同樣，多年來的技術發展也導致了海洋事務的重大轉變，海戰也經歷了重大變化。

全球化也推動了貿易、技術和互賴的三角進程。在關於全球化和國家安全的辯論中，全球化和海洋經濟已經成為重要的問題。在技術和通訊快速變化的推動下，全球化本質上即為貿易、服務、市場以及因此經濟整合的努力。對於全球化如何使民族國家的經濟向全球整合開放，以及對海洋被認為是國家主權之單一實體國家安全的影響，人們有不同的看法。全球化顯然是為了提供平等的路徑進入全球經濟大蛋糕，儘管不一定是在平等分配的基礎之上。此對國家的海洋強國有著重要的意涵，即使各國都在爭奪對其經濟至關重要的貿易和資源的獲取。

經濟的快速增長吞噬了大量的資源，這些資源有限，必須經由跨洋航線獲取和運輸。資訊和通信技術的進步也加速了全球化的進程。在另一層面，資訊技術創新的擴散對未來戰爭的概念產生了深遠的影響。因此，全球化對內陸國和沿海國都留下了深刻的影響。大多數國家在進入全球市場後都經歷了蓬勃的經濟和貿易繁榮。全球體系主要依賴國際貿易，其中 90% 的貿易是經由海上運輸，從而在全球化和海洋強國之間建立了共生關係。[11]全球物流體系也在發生轉變，注重無縫的海上供應鏈，重點是由巨型船舶和樞紐港口組成的門到門交付系統。

如此巨大的現象正在引發新的權力匯聚，致使供應鏈系統沿著數量、力量和影響的方向全球化。全球化的影響已經體現在海洋基礎設施的發展上，港口運營、航運運動和轉變後的交易都在資訊技術的基礎上發生了革命。此類轉變在外國和國內投資驅動的創新中顯而易見，此類創新致使中國和印度等國家在海運活動中占據主導地位。資訊時代的技術系統有效地促進了全球化，使國家或企業在此全球化的行業中愈來愈難以推行獨立的海事政策，遑論自主了。

如前所述，在任何歷史時期，海洋強國在民事和軍事方面的重要性都是任何崛起大國的重要組成因素。海洋強國的聚合為國家在全球領域的經濟實力提供了保障。就本質而言，海洋強國在其綜合範圍內是圍繞著政治、經濟、軍事和技術層面建立起來的，而地理因素仍然是海洋強國發展的根本。

---

11 Sam J. Tangredi, *Globalization and Maritime Power* (University Press of the Pacific, 2004), pp. 1-24.

二、海洋戰略

海洋戰略是海權和海軍力量之間的關鍵環節，也是其主要組成部分。它涉及到政治和政策之間的聯繫，以及它們與海上行動的關係。海洋戰略的核心是「指導以海洋為主要因素的戰爭的原則」。[12]在此基礎上，科貝特（Julian S. Corbett）以克勞塞維茲的方式進一步將海洋戰略與外交政策聯繫起來，他說：「那麼，海洋戰略的首要問題是確定戰爭計畫中陸軍和海軍的相互關係。」[13]換言之，海軍行動幾乎總是會對衝突的總體進行產生影響，並可能影響到其他領域（陸地、空中等）的事件，同時也為宏大政策目標服務。如果沒有政策目標，海洋戰略以及由此產生的海權的實施，就不可能產生結果。

與其他形式的戰略一樣，海洋戰略也非常難加以表述和成功實施，但如果執行得當，往往會產生巨大的效果。可以說，海洋領域本身的複雜性使海洋戰略成為最困難的戰略。它往往是間接，很少能自行決定衝突。軍隊可以奪取首都或關鍵地區，從而結束衝突，而海戰雖然常常是決定性因素，但並不能直接結束衝突。與空中力量類似，海權可以幫助行為者實現其政策目標，但其效果往往是輔助的性質。

三、海軍力量

除了在戰略層面上對涉及海權的術語進行定義外，澄清關於海軍能力的部分也是有益的。雖然此似乎是不言而喻的，但海軍的定義在南海的情況下尤其相關，因此，對混合戰也是如此。關鍵問題是：什麼構成了海軍力量，或者說，哪艘船可以被稱為軍艦？在此脈絡下，「海軍」一詞用來描述行為者的軍事能力，它與海洋有關；換言之，什麼構成行為者的海軍。此點十分的重要，原因有二。首先，常規海軍部隊在武器、平臺和人員方面都有其獨特的能力。其次，將某種海軍資產納入或排除在海軍部隊的構成之外，都會產生實際和法律後果。

這些問題類似於在陸地上區分戰鬥人員和非戰鬥人員的問題。不同類型的船隻會受到對手的不同對待，而且它們的使用也會反映此點。例如，海軍艦船和海岸警衛隊船隻之間就有明顯的區別。一些國家還可能有海上警察部隊或海

---

12 Julian S. Corbett, *Principles of Maritime Strategy* (Mineola, NY: Dover Publications, 2015), p. 13.

13 *Ibid.*, p. 14.

關船隻，該等船隻也往往與海岸警衛隊或海軍船隻又有所不同。關鍵的問題是，這些部隊中何者可以視為是構成行為者（通常是國家）的海軍力量。

　　雖然對這些問題沒有明確的答案，但一個有用的出發點是探討國際法如何試圖解決這些問題。1982 年《公約》給出了最廣泛接受的軍艦定義，它將軍艦定義為屬於一國武裝部隊的船隻，帶有區分其國籍的外部標誌，由該國政府正式任命的軍官指揮，其名字出現在適當的服役名單或類似的名單之上，並由接受正規武裝部隊紀律約束的船員所操作。[14]

　　然而，與國際法的大多數方面一樣，在執行方面存在著問題。此定義依賴於各國自己明確標註哪些船隻被認為是軍艦，因而屬於海軍部隊。一些國家，諸如美國，認為海岸警衛隊的船隻是軍艦，[15]但此並不普遍。例如，英國海岸警衛隊幾乎只作為海上救援服務機構工作，既不是執法機構也不是軍事組織，儘管它是穿制服的軍警機構。[16]中國的海警原先在技術上也不是軍事組織，儘管人們對其軍事化感到擔憂，[17]而且它在戰時經由修法確認歸入中國人民解放軍海軍（People's Liberation Army Navy, PLAN）。這些例子說明了關鍵的問題，即各個國家對其掌握的各種海上能力的考慮完全不同，當不同類型的船隻在有爭議地區的海上相遇時，就會產生問題。本文稍後將進一步探討船舶的法律地位有爭議或不明確如何與南海的海上混合戰相聯繫的問題。

14　*Convention on the Law of the Sea* (Montego Bay, 12 November 1982), *United Nations Treaty Series*, Vol. 1833, No. 31363, p. 3, Art. 29, http://www.un.org/depts/los/convention_agreements/texts/unclos/unclos_e.pdf.

15　US Department of the Navy, "The Commander's Handbook on the Law of Naval Operations," *Naval Warfare Publication*, NWP 1-14M, July 2007, http://www.jag.navy.mil/documents/NWP_1-14M_Commanders_Handbook.pdf.

16　UK Maritime and Coastguard Agency, "About Us," https://www.gov.uk/government/organisations/maritime-and-coastguard-agency/about.

17　Ryan D. Martinson, "The Militarization of China's Coast Guard," *The Diplomat*, 21 November 2014. https://thediplomat.com/2014/11/the-militarization-of-chinas-coast-guard/.

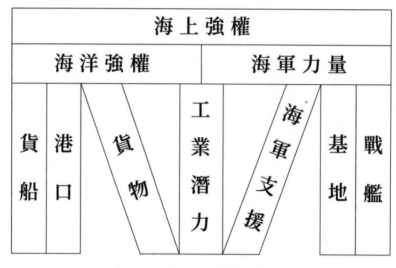

圖 7-1　海權內容的架構圖

資料來源：筆者整理自繪。

第二節　海洋混合戰

　　作為混合戰爭的分支，海上混合戰與陸上混合戰在定義上仍屬同一範疇，但在使用和戰略上卻呈現出更多的複雜性，主要源於海洋領域本身的性質。本文的首要部分係定義「海上混合戰」此術語的含義，並討論將海上混合戰與其他類型的混合衝突區別開來的關鍵因素。由於戰略辯論在很大程度上受到陸戰和空戰的支持者所主導，試圖定義海上混合戰的例子相對較少。其中最重要的例子來自前北約盟軍最高司令官（NATO Supreme Allied Commander, SACEUR）史塔夫里迪斯（James Stavridis）上將，他將海上混合戰的關鍵組成部分定義為在沿岸水域進行，利用無法直接識別、可能是民用的船隻，這些船隻由「小藍水手」（Little Blue Sailors）組成，並配備各種隱蔽的武器。[18]此定義雖然說明了海上混合戰的一些重要方面，但卻落入了與其他大多數定義相同

18　James Stavridis, ADM, "Martitime Hybrid Warfare Is Coming," *Proceedings*, 142:12, Annapolis: United States Naval Institute, December 2016, https://www.usni.org/magazines/proceedings/2016-12-0/maritime-hybrid-warfare-coming.

的陷阱，只是簡單地列出了各種組成部分，而沒有涉及混合戰的核心常規／非常規性質。本文所使用的定義將以本書提出的混合戰的總體定義為基礎，同時利用史塔夫里迪斯提供的定義的某些要素。

廣義的海上混合戰是指發生在海上或來自海上進行的混合戰爭，主要透過海上能力進行。由於本文將主要聚焦探討中國在南海的行動，因此中國的海上混合戰可以具體定義為混合行為者的行動，它採用常規部隊（海軍）、非正規部隊（海警、民兵、民間漁民）和其他活動（建島、法律戰），經由精心控制、不透明的常規和非常規戰爭模式的合併而形成。

混合戰的有限性質在海洋領域尤其明顯。採用海上混合戰的行為者不僅要將衝突程度維持在升級為常規戰爭的門檻以下，它還必須保持在對海洋良好秩序造成重大破壞的門檻以下，以維持海洋對行為者的資源開採和貿易的可用性。由於全球貿易的 90% 以上都是經由海路所進行，[19]因此必須謹慎控制混合海戰所造成的任何和所有破壞。

如果某一行為者的行動升級到超過該程度，即使沒有升級到公開衝突，這些行動也會被證明在經濟和外交上具有極大的破壞性。海上混合戰爭的目標是在不訴諸常規戰爭的情況下獲得對海洋的重大影響或控制。然而，與陸上混合戰爭不同的是，這個過程更加艱難和緩慢，因為海上戰略的實施需要更長的時間，而且任何需要的新能力的建立也比陸上戰略的建立要長。因此，海上混合戰爭是基於一系列個別的小步驟或階段，每一個步驟或階段都不會單獨顛覆海上力量平衡，並盡可能長時間地保護行為者在現狀下使用海洋。前面概述的中國活動的例子將構成本文後面探討的基礎，但它們代表了常規和非常規戰爭的有趣融合。雖然有些方面，諸如使用海軍艦艇護送或恐嚇其他船隻，明顯屬於常規方面，但其餘的活動或多或少都是非常規的，主要取決於其用途。值得注意的是，中國在歷史上一直傾向於在南海使用常規戰爭，直到最近才轉向可稱為混合的途徑。

1974 年 1 月，中國與越南就西沙群島的控制權發生海軍交戰衝突，雙方都有小型軍艦涉入，而且最後一些越南船隻沉沒，100 多名水手死傷。[20]雖然這

19　IMO, "International Shipping Facts and Figures," *Maritime Knowledge Centre*, 6 March 2012, http://www.imo.org/en/KnowledgeCentre/ShipsAndShippingFactsAndFigures/TheRoleandImportanceofInternationalShipping/Documents/International%20Shipping%20-%20Facts%20and%20Figures.pdf.

20　Toshi Yoshihara, "The 1974 Paracels Sea Battle: A Campaign Appraisal," *Naval War College Review*, Vol. 69, No. 2 (2016), pp. 46-51.

次行動確實包括拖網漁船，但急劇升級為槍戰和使用軍艦表明此並非一場混合衝突。與 2012 年的黃岩島（Scarborough Shoal）對峙相較，2012 年的事件似乎要小得多，因為它沒有涉及人員傷亡或槍擊。稍後將更詳細地研究南海重要區域的類似主權爭奪。

除了混合戰爭的「標準」面向外，中國海上混合戰的特點是法律操縱的強烈影響。與海洋規則相關的複雜法律環境是海權的重要特徵之一。此不僅是指前述的明確識別軍艦的困難，也是指在大範圍內進行的國家行動。合法性和正當性問題在現代國際關係中扮演著重要角色，混合戰尤其更是如此。混合行為者必須始終意識到法律規範的界限在何處，一旦越過該等界限，可能會導致對手，可能是維持現狀的行為者，最可能是西方國家的壓倒性常規反應。

在海權的背景下，這些規範和條例尤其重要，因為在海上的邊緣戰術要困難得多，因為缺乏靈活性。陸地上的士兵可以根據需要進行分組，也可以單獨行動，而且一個士兵越過邊界不太可能導致一場全面的戰爭。然而，在海上，最小限度謹慎的海軍部隊通常攜帶幾位水手和較陸地上使用更大的武器。因此，傳統的海軍缺乏一定程度的可控升級，此問題可以經由使用較小的船隻來解決，這些船隻可能不是嚴格意義上的軍事船隻。

中國似乎特別擅於此道，為了進一步攪渾水，北京利用相互競爭的法律聲索作為擴大主權的掩護。人工島的目的，除了其直接的戰術價值之外，還在於展示和擴大中國對有爭議的大片島群事實上的主權。人工島並不創造法律權利或擴大領海；然而，透過改變地面上的狀況，中國正試圖規避其在南海地區利益的任何法律障礙。由於沒有明確的跡象表明南海地區的領土聲索即將得到解決，中國基本上可以按照自己的意願自由行事。

如果有一天能協同推動南海島礁歸屬以及海域劃界問題的解決，中國在包括外交和地緣戰略上都將處於更強大的地位，在此期間它也能享受到這兩方面的好處。這種混淆視聽和故意濫用或利用法律的行為被稱為「法律戰」（Lawfare），而且將在本文的最後部分進一步探討。這顯然是中國混合武器庫（Hybrid Arsenal）中的一個重要工具，因為它不僅可以實現自己的目標，而且經由聲稱自己的行動在它所挑戰的相同法律條款下是合法的，它還能使自己免受西方的報復。

海洋混合戰是一種進展緩慢得多的衝突類型，因此它大部分是以混合威脅的形式所出現，這是一種預期狀態，意味即將發生，或被認為即將發生，但尚未完全實現的動能衝突。威脅的混合性質，尤其是其不透明性，是其關鍵的區別特徵，而且它的目的與常規威脅不同。常規威脅的目的是向對手發出信號，以便嚇阻或恐嚇他們。混合威脅的目的是為了混淆視聽，掩蓋最終有限地升級為混合戰的情況。在常規和非常規思維中，行為者希望他們的威脅受人知曉，以使其有效，而混合威脅是微妙，盡可能不受人知曉，以避免影響升級的門檻。

就此而言，有必要指出的是，前面描述的海上混合戰的理論定位是在西方視角下所完成。與俄羅斯的情況一樣，中國對混合戰的解釋也有很大不同。雖然由於政府系統的保密性和封閉性，中國在安全問題上普遍缺乏研究的資料，但有些來源還是具有了重大意涵，其中最主要的是《超限戰》（*Unrestricted Warfare*）。該書由中國人民解放軍的兩位上校撰寫，於 1999 年出版。該書翻譯成英文之後，[21]在安全界引起了一些不安，因為它被認為對中國如何在發生爭端時利用暗中手段打擊美國，而不直接挑戰美國的主導地位具有預見性。一些擬議的手段包括網路駭客攻擊、攻擊金融機構、恐怖主義、影響媒體和進行城市戰爭。[22]一般認為，這些都是弱國為挑戰強國，尤其是像美國如此嚴重依賴高科技戰爭的國家必須採取的手段。其基本前提是，在這種戰爭中，一切都獲得允許，因為如果挑戰者僅限於按照霸權主義超級大國強加的規則作戰，而霸權主義超級大國因此從中獲益匪淺，那麼自身就註定要失敗。[23]

雖然此乃有趣的概念，但西方公眾的看法似乎將這本出版物視為中國全球支配的總體計畫。當然，此類看法顯然是某種過度的解讀。《超限戰》從中國人的角度對現代戰爭的進程進行了有趣的揭露，它說明了與西方戰爭方式有關的幾個重要、眾所周知的弱點。它從全球化的角度觀察戰爭，實際上與西方所謂的軍事事務革命（Revolution in Military Affairs）密切相關。[24]中國官方不承認該作品是外交或國防政策的基礎，意味著《超限戰》不能被視為中國混合戰思想的確定來源。因此，儘管它有說明另一種觀點的價值，但本文不會進一步利用《超限戰》。

21　喬良、王湘穗（1999），《超限戰：對全球化時代戰爭與戰法的想定》（北京：解放軍文藝出版社，1999 年）。英文譯本是由美國外國廣播資訊局（Foreign Broadcast Information Service, FBIS）提供，該局是中央情報局（Central Intelligence Agency, CIA）的組成部分，負責翻譯公開來源的外國情報，以便在美國政府內部傳播。

22　同上註。

23　同上註。

24　同上註，頁 220-222。

第三節　中國在南海的行動

　　整體而言，中國在處理南海的海洋爭端，以及隨著時間的推移加強其在南海的地位方面的做法可概括為以下幾點：中國似乎已將主張和捍衛其在南沙的海洋領土聲索，以及加強其在南沙的地位，視為重要的國家目標。為了實現這些目標，中國似乎採用了一種包括外交、資訊、經濟、軍事、準軍事／執法和民事因素在內的多元素戰略。在實施此戰略的過程中，中國似乎堅持不懈，有耐心，戰術靈活，願意花費大量資源，並願意承擔其他國家因中國的行動而可能強加給中國的至少一定的聲譽和其他代價。[25]表 7-1 總結了中國在南海的明顯目標，以及中國為支持這些目標所採取的行動類型；這是新美國安全中心（Center for a New American Security, CNAS）在 2020 年 1 月關於中國南海戰略報告中的評估。

表 7-1　中國在南海的明顯目標

支持行動	明顯的目標				
	在國內爭取支援	阻止美國	恐嚇鄰國並鼓勵安撫／順從	誘惑鄰國合作以換取未來的經濟利益	強化中國作為經濟強國的形象
解放軍行動	✓	✓	✓		
海警行動	✓	✓	✓		
海上民兵行動			✓		
疏浚船隊和島嶼施工隊的作業	✓	✓	✓		
國有銀行和國有企業的業務				✓	✓
官方媒體運作	✓	✓	✓		

資料來源：修改自 Patrick M. Cronin and Ryan Neuhard, "Total Competition, China's Challenge in the South China Sea," *Center for a New American Security*, 8 January 2020.

25　更多的討論，參見 Shuxian Luo, "The Rising Power's Audiences and Cost Trade-offs: Explaining China's Escalation and Deescalation in Maritime Disputes," *Asian Security*, Vol. 18, No. 2 (2021), pp. 172-199; Patrick M. Cronin and Ryan Neuhard, "Total Competition, China's Challenge in the South China Sea," *Center for a New American Security*, 8 January 2020, pp. 5-28; Denny Roy, "How China Is Slow Conquering the South China Sea," *National Interest*, 7 May 2020; Kerry K. Gershaneck, "China's 'Political Warfare' Aims at South China Sea," *Asia Times*, 3 July 2018.

為了提煉出海上混合戰的精髓，不妨先檢視目前在實踐中是如何進行。中國在南海的戰略和戰術行動是最重要和最有趣的海上混合戰的體現。由於此乃正在進行中的當代案例研究，在開始深入分析之前，有幾個注意事項需要確定。首先，南海是位於中國、越南、菲律賓和馬來西亞之間的廣闊而定義鬆散的地理區域。在地理上，本書的重點是「九段線」（Ninedash Line）的南部和中部地區的島礁和地物；[26]主要是南沙群島、西沙群島和黃岩島（Scarborough Shoal）。其次，由於事件的時間線及其意義不容易確定，因此將以個別事件為例，說明南海內持續的衝突和緊張局勢，儘管還不能形成直接的歷史敘述。

對中國在南海活動的探討將分為三個關鍵方面：島礁建設、海上民兵和法律戰。之所以選擇此三個方面，是因為它們代表了最重要的區別特徵，並提供了最清晰的案例，說明海上混合戰在結合成邏輯和戰略整體後是如何運作。

一、島礁建築

最明顯和最有爭議的中國活動無疑是填海造地。經由此過程，中國在其聲索擁有主權的南海各島群上創造了超過 3,200 英畝的新土地。[27]雖然中國的填海造地在南海地區和全球都受到了極大的關注，但重要的是要注意到中國並不是唯一一個在南海從事填海造地的行為者。越南和臺灣也擴大了他們的領土；儘管他們分別填海造地 120 英畝[28]和 8 英畝，[29]但在規模和強度上都遠遠無法與中國相比。

最廣泛的三個填海計畫是渚碧礁（Subi Reef）、永暑礁（Fiery Cross Reef）和美濟礁（Mischief Reef），它們都位於南沙群島內。三個島礁都受到大幅的擴建，現在都有長長的跑道、飛機裝卸設施、大型港口設施以及水和燃料庫。[30]

---

26 「九段線」是對中國在南沙群島內的歷史聲索的劃定，這也是參與領土爭端的各個國家之間爭論的主要焦點之一。詳情參見"Chinese Submission to the UN Division for Ocean Affairs and the Law of the Sea," Notes Verbales CML/17/2009, http://www.un.org/Depts/los/clcs_new/submissions_files/mysvnm33_09/chn_2009re_mys_vnm_e.pdf.

27 CSIS, "Asia Maritime Transparency Initiative," https://www.csis.org/programs/asia-maritime-transparency-initiative.

28 Ibid.

29 Ibid.

30 US Department of Defense, Annual Report to Congress: Military and Security Developments Involving the People's Republic of China 2017 (Office of the Secretary of Defense, 15 May 2017), p. 12；該報告還根據衛星圖像，對軍事集結進行了有益的說明（頁 13-16）。

雖然中國對這些島礁的控制在某些情況下已經持續了幾十年，但在很長一段時間內，這些島礁要麼沒有受到干擾，要麼只有小型基地。最近的一波填海和建設是迄今為止最大的一次，於 2014 年開始，並正式宣布在 2015 年中完成。在這段時間裡，由於中國的活動，中國受到了巨大的外交壓力，而停止的時間可能表明中國向國際壓力低頭。

　　鑑於後來的發展，這似乎不太可能，中國在 2015 年停止建島的原因只是因為自身已經完成了填海的目標，[31]而在撰寫本書時，人工島上的建設仍在持續。2017 年，中國推出了一艘新的填海挖泥船，這是亞洲最大的挖泥船「天鯤號」，[32]中國商務部發布的 2017 年第 28 號公告顯示為維護國家安全，從 2017 年 6 月 1 日起對大型挖泥船實施出口管制。此也再次引起了世人對另一波建島浪潮可能即將到來的擔憂。[33]雖然單邊擴張的地物引起了極大的興趣和爭論，但人們對中國的最終目標可能是什麼卻存在分歧。最有可能的兩種解釋是，中國正在建造軍事前哨站，以便在整個南海投射力量，以及中國希望獲得南海地區已經存在或可能存在的自然資源，主要是漁業和石油。當然，兩類解釋並不相互排斥。

　　中國官方一直堅持認為，中國在南海土地聲索的擴大主要是為了民用，而且目的是改善駐守人員的生活條件。中國特別強調將這些島嶼作為海上搜救行動、航行安全和科學研究的基地。[34]雖然不能一概否定該等主張，但這些設施至少可以認為是多重的用途。即使主要用於科學研究或其他民用的目的，擁有 3 公里長跑道的島嶼也很容易成為前方軍事集結地，因為它們幾乎可以容納任何飛機，包括重型運輸機以及戰鬥機和甚至轟炸機，[35]2018 年 5 月中國空軍將

31　Shannon Tiezzi, "Why China Is Stopping Its South China Sea Island-Building (For Now)," *The Diplomat*, 16 June 2015, https://thediplomat.com/2015/06/why-china-is-stopping-its-south-china-sea-island-building-for-now/.

32　「天鯤號」長 140 公尺，寬 27.8 公尺，吃水 6.5 公尺，設計航速 12 節，總裝機功率 25,800 千瓦，最大挖深為 35 公尺，最大輸泥距離 15,000 公尺，輸泥效率為每小時 6,000 立方公尺。

33　Jesse Johnson, "China Unveils Massive 'Magic Island-Maker' Dredging Vessel," *Japan Times*, 4 November 2017, https://www.japantimes.co.jp/news/2017/11/04/asia-pacific/china-unveils-massive-island-building-vessel/.

34　US Department of Defense, *Annual Report to Congress: Military and Security Developments Involving the People's Republic of China 2017* (Office of the Secretary of Defense, 15 May 2017), p. 12.

35　IISS, "China's Land Reclamation in the South China Sea," *Strategic Comments*, Vol. 21, Comment 20 (2015), p. ix.

一架 H-6K 戰略轟炸機降落在永興島，進一步證明了此點。[36]

在 2015 年 9 月與美國總統歐巴馬的聯合記者會上，與中國國家主席習近平提到了在建島嶼的軍事化問題。在經常遭到過度解讀的提法中，他提出了中國的官方立場：「中國在南沙群島上進行的相關建設活動，並不針對或影響任何國家，中國不打算追求軍事化。」[37]後面提到的軍事化在很大程度上被解釋為一種承諾，但聲明中並沒有任何內容可以支持此類假設。此外，「軍事化」一詞本身非常廣泛，可以包括一系列不同的活動。中國在西沙群島中的永興島部署了各種防空和反艦導彈，包括與俄羅斯 S-300 系統類似的先進的 HQ-9 防空導彈。

在美國將一艘軍艦駛過該地區作為其「航行自由」（Freedom of Navigation）計畫的一部分後不久，中國又部署了 YJ-62 反水面導彈作為補充。[38]雖然西沙群島占據了南海的不同部分，因此不在習近平講話的範圍內，但危險的是，此舉可能預示著新建立的島嶼將進一步軍事化。[39]雖然依據觀察，南沙群島的新建人工島上有高射砲和導彈點防禦系統（Contain Antiaircraft Guns and Missile Point Defence Systems, CIWS），但到目前為止，還沒有明確的證據表明該地部署了永久性的進攻性或防禦性遠程導彈。2018 年 5 月，中國在南沙群島的人工島礁上部署了反艦導彈和防空導彈。[40]然而，目前仍不清楚該等導彈是永久性部署還是僅僅作為 2018 年 4 月進行的大型海軍演習的一部分而暫時部署。[41]

36　Ankit Panda, "South China Sea: What China's First Strategic Bomber Landing on Woody Island Means," *The Diplomat*, 22 May 2018, https://thediplomat.com/2018/05/south-china-sea-what-chinas-first-strategic-bomber-landing-on-woody-island-means/.

37　The White House, "Remarks by President Obama and President Xi of the People's Republic of China in Joint Press Conference," *Office of the Press Secretary*, 25 September 2015, https://obamawhitehouse.archives.gov/the-press-office/2015/09/25/remarks-president-obama-and-president-xi-peoples-republic-china-joint.

38　Sam LaGrone, "China Defends Deployment of Anti-Ship Missiles to South China Sea Island," *US Naval Institute News*, 31 March 2016, https://news.usni.org/2016/03/30/china-defends-deployment-of-anti-ship-missiles-to-south-china-sea-island.

39　*Ibid.*

40　Amada Macias, "China Quietly Installed Defensive Missile Systems on Strategic Spratly Islands in Hotly Contested South China Sea," *CNBC*, 2 May 2018, https://www.cnbc.com/2018/05/02/china-added-missile-systems-on-spratly-islands-in-south-china-sea.html.

41　Ben Westcott, Ryan Browne, and Zachary Cohen, "White House Warns China on Growing Militarization in South China Sea," *CNN*, 4 May 2018, https://edition.cnn.com/2018/05/03/asia/south-

　　無論中國的官方立場如何，著名的國際安全行為者肯定傾向於如此的結論：該等前哨站一旦建成，將有效地代表美國海軍上將哈里斯（Harry B. Harris）所稱的「沙長城」（Great Wall of Sand）。[42]該等島嶼是否真的能增加中國的安全仍然是個疑問，因為人工島礁被視為非常脆弱的前哨站，遠離中國大陸，因此依賴於漫長的聯絡線路。它們的存在也鼓勵了該地區的其他聲索國增加其在南海的軍事足跡，以對抗中國的野心。雖然該地區的其他國家都無法在軍事上與中國直接競爭，但它們正愈來愈多地轉向日本和美國，以提供額外的制衡力量。由於當地盟友願意承擔自己的那部分責任，如果中國的行動突破了衝突門檻，美國可能會更傾向於進行干預。在現階段，至少在軍事方面，中國的島嶼建設可以視之為是為未來可能發生的衝突進行的預先部署。此也將導致南海地區海警和民兵的增加，同時使解放軍可以選擇與該地區保持一定的距離，以避免過度刺激中國的南海鄰國，同時為未來的軍事部署提供預先部署的設施，如果認為有必要的話。

　　雖然軍事化的爭論仍在繼續，其結果和影響可能會引起中、長期的擔憂，但中國的填海行動可能有短期的原因。任何航海國家追求海權的主要原因之一是資源開採。世界上的海洋是一些最重要的食物和能源資源的來源，而南海在這方面尤其寶貴。該地區有一些世界上最豐富的漁場，最近的調查顯示，它可能含有大量的石油和天然氣儲藏。然而，南海地區的漁業和石油生產都存在重大問題。目前估計存在於南海海底的石油和天然氣儲量差異很大，從 50 至 1250 億桶石油和 70 至 500 萬億立方英尺的天然氣。[43]雖然最高的估計值在很大程度上被認為並非現實，但有一些已證實的儲量可以幫助該地區的國家，尤其是中國，緩解他們的一些能源需求。大多數已知的儲量目前在財政上並不可行，因此對已探明的供應量的最佳估計是 110 億桶石油和 190 兆立方英尺天然氣，其中大部分位於無爭議的領域之內。[44]由於海上石油勘探和生產是風險最大和最昂貴的能源開採形式之一，因此，南海中相對較少的石油和天然氣可能

china-sea-missiles-spratly-intl/index.html.

42　Harry B. Harris, "ADM, Spoken Remarks Delivered to the Australian Strategic Policy Institute," 31 March 2015, http://www.cpf.navy.mil/leaders/harry-harris/speeches/2015/03/ASPI-Australia.pdf.

43　US Energy Information Agency, *Report on the South China Sea*, 7 February 2013, https://www.eia.gov/beta/international/analysis_includes/regions_of_interest/South_China_Sea/south_china_sea.pdf.

44　*Ibid.*

不值得，至少對每年進口 27 億桶石油的中國而言是如此。[45]

　　另一方面，漁業無疑是重要的南海資源之一。漁業不僅為生活在沿海地區的大約 20 億人提供了重要的食物來源，而且還為當地社區提供了收入來源。[46]全球所有漁獲量的 12% 來自於南海，儘管由於南海地區的許多國家沒有足夠的監測能力，此數字可能更高。[47]由於一些魚類資源目前已經因為過度捕撈而降至 1950 年代水準的 5%，再加上必須將魚類作為食物來源，可能會導致嚴重的競爭，並可能導致公開衝突。[48]中國擁有最大的捕魚船隊，具有盡可能多地使用剩餘資源的最大潛力，由於中國聲稱人工島是擴大其專屬經濟區（Exclusive Economic Zone, EEZ）的基礎，它現在擁有的漁船基地更接近最豐富的漁場。由於有這麼多重疊的權利聲索和對日益減少的資源的爭奪，漁業爭端明顯升級，漁船經常被用作代理人，在沒有公開軍事衝突的情況下維護海洋權利聲索。[49]就中國而言，這些船隻往往也是海上民兵的一部分，這使它們在海洋爭端中具有額外的分量。本書現在要解釋的是中國海上民兵的性質和角色。

二、海上民兵

　　中國的海上民兵是中國對南海的影響中研究最不充分、理解最少的因素之一，但同時也是最重要的因素之一。因此，它的成功使用也意味著海上民兵是那些受到中國戰略擴張威脅的行為者最擔心的原因之一。在這方面，海上民兵可以被認為是一種混合力量（Hybrid Force），因此它的使用將被認為是一種混合戰爭的行為。

---

[45] Scott L. Montgomery, "What's at Stake in China's Claims to the South China Sea?," *The Conversation*, 14 July 2016, https://theconversation.com/whats-at-stake-in-chinas-claims-to-the-south-china-sea-62472.

[46] NIC, "The Future of Indian Ocean and South China Sea Fisheries: Implications for the United States," *National Intelligence Council Report*, NICR 2013-38, 30 July 2013, https://www.dni.gov/files/documents/nic/NICR%202013-38%20Fisheries%20Report%20FINAL.pdf

[47] U. Rashid Sumaila and William W. L. Cheung, *Boom or Bust: The Future of Fish in the South China Sea* (ADM Capital Foundation, 2015), pp. 3-4.

[48] Marina Tsirbas, "Saving the South China Sea Fishery: Time to Internationalize," *Policy Options Paper*, No. 3 (National Security College, Australian National University, June 2017).

[49] Clive Schofield, Rasheld Sumaila, and William Cheung, "Fishing, Not Oil, Is at the Heart of the South China Sea Dispute," *The Conversation*, 15 August 2016, http://theconversation.com/fishing-not-oil-is-at-the-heart-of-the-south-china-sea-dispute-63580.

　　與中國人民解放軍或中國海警（China Coast Guard, CCG）不同，海上民兵不是現役軍人或軍警部門。顧名思義，它是一支非正規部隊，主要是為了在戰時補充軍事服務。然而，與陸上民兵不同的是，中國的海上民兵已經不僅僅是提供一批後備部隊，而是獲得了積極的責任。雖然缺乏官方資料說明海上民兵的確切職責，但一些關鍵領域已被確定。海上民兵的四個核心角色可以分成兩對。第一對角色通常與傳統意義上的民兵活動有關，包括：通過後勤、隱蔽和地雷戰等方式協助解放軍和解放軍海軍，[50]以及應急反應，諸如處理海上搜救和在自然災害期間提供援助。[51]第二對責任和活動是最近才有的，也與傳統的角色有更大的差異。海上民兵執行「權利保護」任務，包括執法，以及登島和在有爭議的地區工作，以「展示存在感，表明主權，並配合國家政治和外交鬥爭的需要」。[52]這是一個與中國海警共用的角色，儘管兩者之間的確切關係或劃分很難確定，而且可能取決於情況。最後，海上民兵還準備執行獨立任務，諸如防空導彈或破壞活動。在這方面特別重要的是，民兵有能力協助蒐集情報、監視和偵察，因為他們可以在正常的工作過程中進行這些活動。[53]

　　由於面對如此多的職責，海上民兵顯然是中國海上混合戰爭的關鍵組成部分。然而，只有當民兵擁有相應的能力時，這些職責才會產生有意義的影響，現在我們將對這些能力進行探討。海上民兵的主要能力是其船員和船隻。所有的中國民兵部隊都分為兩大類，即普通預備隊和主力部隊。普通預備役由所有符合條件的男性公民組成，而主力部隊主要由複員的現役軍人組成，他們接受專門的資源和訓練。[54]海上民兵的所有成員都屬於主力部隊，他們接受更頻繁的訓練並獲得更先進的技能。[55]海上民兵部隊往往比陸上民兵部隊規模更小，專業性更強，甚至在其內部結構中開始出現一支精銳的海上民兵部隊。[56]就正

50　Andrew S. Erickson and C. M. Kennedy, "China's Maritime Militia," *CNA*, 7 March 2016, https://www.cna.org/cna_files/pdf/chinas-maritime-militia.pdf.

51　*Ibid.*

52　*Ibid.*, p. 6.

53　*Ibid.*

54　Andrew S. Erickson and C. Kennedy, "Directing China's 'Little Blue Men': Uncovering the Maritime Militia Command Structure," *CSIS Asia Maritime Transparency Initiative*, 11 September 2015, https://amti.csis.org/directing-chinas-little-blue-men-uncovering-the-maritime-militia-command-structure/.

55　Andrew S. Erickson and C. M. Kennedy, "China's Maritime Militia," *CNA*, 7 March 2016, p. 1.

56　Andrew S. Erickson and C. Kennedy, "Directing China's 'Little Blue Men': Uncovering the Maritime Militia Command Structure," *CSIS Asia Maritime Transparency Initiative*, 11 September 2015,

式而言，這些民兵與中國政府沒有任何關係，他們一直被描述為平民漁民。[57]他們的指揮結構以草根基層為基礎，遵循中國決策層常見的軍民雙重結構，從省一級往下。

　　負責民兵活動的主要決策機構是國防動員部（National Defence Mobilisation Department, NDMD），該委員會在國家層次上由中央軍事委員會（Central Military Commission）的指揮，中央軍委是中國負責軍事事務的最高管理委員會。[58]因此，與民兵的日常運作有關的大多數決定都被歸入地方一級，而動員命令和指示則由上面傳遞。大多數民兵部隊是由商業捕魚公司建立的，然後它們與當地人民武裝部協調工作，[59]此就使民兵的確切組成、指揮和控制結構變得更加「模糊」，但顯然，儘管官方立場如此，這些部隊並沒有完全脫離中國政府的權力。

　　中國目前的民兵建設工作旨在建立「新型民兵力量體系」、重點是確保中國的民兵儲備能夠有效地支援「資訊（信息）化戰爭，即在陸地、海上、空中、太空、電磁頻譜和〔計算機〕網路中的系統對抗」。[60]為了實現這一目標，以及提高戰爭以外的軍事行動（諸如應急行動）的成果，新型民兵，也被稱為新質民兵，力求經由 MCF 戰略框架從中國的現代經濟和專業企業中吸收專業和職業技能。[61]中國海上民兵新質分隊職責，包括：海上特種偵察、海上遙感

https://amti.csis.org/directing-chinas-little-blue-men-uncovering-the-maritime-militia-command-structure/.

57　Christopher P. Cavas, "China's Maritime Militia a Growing Concern," *Defense News*, 21 November 2016, https://www.defensenews.com/naval/2016/11/22/chinas-maritime-militia-a-growing-concern/.

58　Andrew S. Erickson and C. M. Kennedy, "China's Maritime Militia," *CNA*, 7 March 2016, pp. 8-9.

59　Conor M. Kennedy and Andrew S. Erickson, "Riding a New Wave of Professionalization and Militarization: Sansha City's Maritime Militia," *CIMSEC*, 1 September 2016, http://cimsec.org/riding-new-wave-professionalization-militarization-sansha-citys-maritime-militia/27689.

60　韓玉平，〈夯實人民武裝的根基〉，《中國共產黨新聞網》，2017 年 11 月 5 日，http://theory.people.com.cn/n1/2017/1105/c40531-29627338.html；李勝華、薛盛屹，〈加快構建新型民兵力量體系〉，《中國軍網》，2016 年 4 月 7 日，http://www.81.cn/mb/2016-04/07/content_6995248.htm。

61　解清，〈提高國防動員潛力轉化效率〉，《中華人民共和國國防部》，2017 年 7 月 11 日，http://www.mod.gov.cn/mobilization/2017-07/11/content_4785215.htm；宮玉聰、倪大偉、丁紹學，〈上海警備區提高應急應戰支援保障能力見聞〉，《中國共產黨新聞網》，2017 年 12 月 8 日，http://cpc.people.com.cn/n1/2017/1208/c415067-29694737.html；魏聯軍、焦景宏、王根成，〈形之變，備之變，訓之變，中國民兵從強大向精銳邁進〉，《新華網》，2018 年 12 月 17 日，http://www.xinhuanet[.]com/mil/2018-12/17/c_1210016924.htm；司李龍、臧晨雨，〈民兵隊伍轉型升級，成為遂行非戰爭軍事行動的重要力量〉，《中華人民共和國國防部》，2020 年 10 月 27

監測、水下目標探測、海洋環境監測、海上氣象水文、海上資訊（信息）支援保障、海上運輸（三）、海上搜救（二）、海上搜救（一）、海上空中搜救、[62]海上特種救援、海上蛙人打撈、海上船舶維修、船舶裝備維修、海上工程搶修搶建保障、遠海防衛、深海支援保障、海上綜合保障，以及海上航道開闢。

三沙市[63]海上民兵的活動範圍最接近南海中一些最具爭議和價值的地區，是中國海上民兵如何組建和運作的一個很好的例子。尤其有趣的是，因為組織這些部隊的漁業公司在招聘資訊中偏愛退伍軍人，並承諾向他們支付工資。這一點很重要，因為通常情況下，民兵是不領工資的。他們從捕魚的收入中獲得報酬，並在不能捕魚的情況下獲得對民兵工作時間的補償。提供工資可能意味著中國正在尋求使最關鍵的民兵部隊專業化，更令人擔憂的是，商業捕魚公司可能只是中國政府的一個幌子。[64]漁船本身也使民兵有別於普通漁民。在最近的現代化浪潮中，三沙市在 2015 年至 2016 年期間接收了 84 艘新船。[65]尤有進者，該等船隻擁有普通漁船所不具備的特點，例如在船體外部焊接了加固欄杆，以減輕碰撞損失。它們還配備了安裝在桅杆上的水炮，能夠進行更複雜的操縱，儘管它們比普通漁船要大，包括吃水較淺，使它們能夠在較淺的水域追擊其他船隻。[66]

在確定了中國海上民兵建立的理論原則後，探討這些原則在實踐中是如何實施的是非常有用的。本文選擇了三起涉及海上民兵船隻的事件，因為以公開資料而言，此三起事件最能說明海上民兵的活動和角色。第一也是最重要的事件是 2012 年的「斯卡伯勒淺灘事件」（Scarborough Shoal Incident），第二個事件是 2015 年 10 月中國對美國海軍拉森號（USS Lassen）通過渚碧礁的反應，第三個是 2009 年 3 月圍繞美國海軍無暇號（USNS Impeccable）的事件。

日，http://www.mod.gov.cn/power/2020-10/27/content_4873288.htm；張珈綺、苗鵬，〈探索新型民兵建設之路〉，《中國民兵》，第 7 期（2017 年），頁 27-30，http://www.81[.]cn/zgmb/2017-08/11/content_7715353.htm; Alex Stone and Peter Wood, *China's Military-Civil Fusion Strategy* (China Aerospace Studies Institute, 15 June 2020), pp. 30-31, 90-92.

62　1 型和 2 型海上運輸未標記為新質。

63　三沙市是中國海南省最南部的市轄區，是中國在南海自身認為無爭議但國際上有爭議領土的行政中心。它位於西沙群島群中。

64　Conor M. Kennedy and Andrew S. Erickson, "Riding a New Wave of Professionalization and Militarization: Sansha City's Maritime Militia," *CIMSEC*, 1 September 2016, http://cimsec.org/riding-new-wave-professionalization-militarization-sansha-citys-maritime-militia/27689.

65　*Ibid.*

66　*Ibid.*

　　斯卡伯勒淺灘（黃岩島）是中國、臺灣和菲律賓之間領土爭端的海洋地物。這場始於 2012 年 4 月 10 日的對峙，導致中國自此對該地物行使事實上的主權。在此次事件中，12 艘中國漁船，其中有數艘是海上民兵船，被一艘回應非法捕魚報告的菲律賓海軍護衛艦攔截。一些船隻被登船檢查，但更多的民兵船隻被召集到該地區，使護衛艦無法執行任務。[67]經過兩個月的緊張對峙，雙方都投入了更多的船隻，包括軍艦，並升級了外交活動，在美國斡旋下，所有船隻都撤離了該地區。然而，中國船隻幾乎立即返回，而北京方面則否認曾有任何交易存在。[68]最初由海上民兵扮演的角色非常重要，因為它被認為是中國在爭議地區主權聲索的延伸。中國以更大、更全副武裝的船隻迅速做出反應，這也表明這些漁民並不是游離於常規捕魚區之外的普通漁民。因此，通過欺騙和不透明的結合，再加上武力的展示，中國已經獲得了對一個具有重要戰略意義地物的控制。海上民兵能夠煽動對峙，並將事件傳達給其他中國海上保護船隻，從而使他們能夠進行干預。雖然他們沒有裝備來對付菲律賓海軍，但他們在對峙結束後奪取淺灘時扮演了重要角色，從而說明了海上民兵的優勢和劣勢。

　　涉及拉森號（USS Lassen）的事件沒有那麼複雜，但它表明了中國如何處理美國在南海存在的趨勢。拉森號驅逐艦在 10 月 27 日駛過南沙群島有爭議的渚比礁時，正在進行航行自由行動（Freedom of Navigation Operation, FONOP）。航行自由計畫的基礎是 1983 年的美國海洋政策，該政策使美國的政策與《公約》約略一致，儘管美國不是簽署國。該檔的核心內容是，美國將遵循《公約》的精神，特別是關於一個國家准許或拒絕外國船隻在其領水或專屬經濟區內通行或飛越的權利，但如果美國認為這種要求過分，或者這種限制會破壞「利益平衡」，則將不予理睬。[69]就本質而言，美國保留為其飛機或船隻行使無害通過的權利，即使在另一個國家的領水內，正如《公約》所規定的，即使該國家已經實施限制。美國國防部每年都會公布一份它認為過分的權利要求

67　Conor M. Kennedy and Andrew S. Erickson, "Model Maritime Militia: Tanmen's Leading Role in the April 2012 Scarborough Shoal Incident," *CIMSEC*, 21 April 2016, https://cimsec.org/model-maritime-militia-tanmens-leading-role-april-2012-scarborough-shoal-incident/.

68　更多細節，包括對峙的深入時程表，參見 Michael Green, Kathleen Hicks, Zack Cooper, John Schaus, and Jake Douglas, *Countering Coercion in Maritime Asia: The Theory and Practice of Gray Zone Deterrence* (CSIS, May 2017), pp. 95-123.

69　US Department of State, "United States Oceans Policy," *Statement by the President*, 10 March 1983, pp. 383-384.

報告，而這些報告構成了進行航行自由行動的基礎。以中國為例，過度主張包括聲稱對專屬經濟區內的空域擁有管轄權，禁止外國實體進行調查活動，以及要求軍艦在中國領海內無害通過時必須事先通知。[70]拉森號軍艦在中國聲稱擁有管轄權的有爭議水域（在其領海外但在聲稱的專屬經濟區內）行使無害通過權，此舉旨在抗議中國在該地區建島。

　　雖然這些水域通常可供任何船隻自由出入，而且人工地物也不會擴大一國的領海，但中國正試圖脅迫其他行為者接受其填海島嶼周圍事實上的領海，迫使他們像在其領海內一樣行事。領海和其他水域的關鍵區別在於允許進行的活動範圍，特別是海軍艦艇。雖然「拉森」號（Lassen）確實駛過了有爭議的地區，但它只將其活動限制在領海內允許的範圍內，此舉可能會對美國的立場發出混合信號。[71]在驅逐艦穿越南海的大部分行程中，它都被解放軍的船隻遠遠地跟在後面，但當它經過渚碧礁（Subi Reef）時，它受到了海上民兵船隻的騷擾。雖然他們沒有直接挑釁或衝撞，因為雙方的規模和武器裝備不同，這樣的行動基本沒有意義，但他們以非武力（Non-Kinetic）的方式清楚地表明了對美艦存在的不滿，至少象徵性地宣稱了中國對該水域的管轄權。[72]如前所述，渚碧礁是中國通過填海造地擴大的南沙群島的地物之一，被視為該地區潛在的重要基地；因此，中國必須讓外國船隻盡可能遠離，或者將這些地物作為中國領海的一部分。

　　美國聲稱中國過度限制的另一個例子是與調查活動有關。2009 年，五艘中國船隻，包括兩艘捕魚的海上民兵船，對美國調查船無暇號（USNS Impeccable）進行了騷擾，甚至試圖切斷其拖曳的陣列，並在距離該船 25 英尺範圍內進行了危險的操作，諸如在其行駛路線上停車，迫使其緊急停車以防止碰撞。[73]作為本文所探討的三起事件中最早的一起，它的附加價值在於提供了

70　US Department of Defense, "Freedom of Navigation (FON) Report for Fiscal Year (FY) 2016," 28 February 2017, p. 1, http://policy.defense.gov/Portals/11/FY16%20DOD%20FON%20Report.pdf?ver=2017-03-03-141349-943.

71　Timothy Choi, "Why the US Navy's First South China Sea FONOP Wasn't a FONOP," *CIMSEC*, 3 November 2015, http://cimsec.org/why-the-us-navys-first-south-china-sea-fonop-wasnt-a-fonop/19681.

72　Christopher P. Cavas, "China's 'Little Blue Men' Take Navy's Place in Disputes," *Defense News*, 2 November 2015, https://www.defensenews.com/naval/2015/11/03/chinas-little-blue-men-take-navys-place-in-disputes/.

73　Raul Pedrozo, "Close Encounters at Sea: The *USNS Impeccable* Incident," *Naval War College Review*, Vol. 6, No. 3 (2009), p. 101.

數據，使人們能夠探討自事件發生以來海上民兵如何運作的變化。他們的行動被認為是建立在禁止調查活動的基礎上，但不限於自然資源的開採。由於無暇號可能是在蒐集聲學數據，以幫助美國追蹤該地區的中國潛艇，因此中國認為它的行為具有挑釁性。[74]整個事件可被視為一種脅迫性外交行為，中國希望藉此發出盡可能明確的信號，即它不會容忍美國在其聲稱擁有管轄權的南海地區進行干涉。[75]雖然這本身並不重要，但這種脅迫性外交的形式不涉及實際的軍艦這一事實是重要的。軍事力量的使用作為脅迫手段會帶來一些後果，諸如公眾的不滿（包括國內和國際）或可能升級。藉由使用非軍事手段，中國正試圖規避這些後果，同時仍能實現其目標。此外，中國將處理這種模糊性的負擔轉移給了其他相關方，向他們提供的只是民兵漁船作為直接對手。本文後面將探討這帶來的額外法律困難。

除海上民兵外，中國還利用海岸警衛隊作為海軍艦艇的替代選項。這是代表整個地區的一個趨勢，日本、印尼和菲律賓都在加強各自的海岸警衛隊的角色。這種對海岸警衛隊的依賴背後的主要原因是，他們代表了一種不那麼軍事化因此不那麼具有威脅性的海軍替代方案。一艘在某國專屬經濟區內非法捕魚的外國船隻被海岸警衛隊的小艇處理，與同一船隻被海軍護衛艦逮捕的形象明顯不同。這也不太可能引發雙方的重大政治對抗。海岸警衛隊的船隻也更適合這種工作，因為他們的角色主要是執法而不是軍事。雖然增加海岸警衛隊的角色背後有合理的邏輯，但必須注意到，海岸警衛隊的輕裝上陣也可能是一個弱點，正是因為他們缺乏某些海上力量。

2016 年春天，印尼和中國在納土納海（Natuna Sea）發生的兩起事件為執法和海軍艦艇的使用提供了一個有趣的對比。在這兩起事件中（2016 年 3 月和 2016 年 5 月），印尼船隻試圖阻止中國漁船侵占印尼專屬經濟區。3 月，漁船被印尼執法船攔截，在被拖到港口時，當時一艘中國海警船隻衝撞並釋放了被俘的漁民。[76]這一事件後，印尼政府決定將專屬經濟區巡邏的主要責任交給海

74　William Lowther, "US Ups Ante in South China Sea by Sending Destroyer," *Taipei Times*, 15 March 2009, http://www.taipeitimes.com/News/taiwan/archives/2009/03/15/2003438536/.

75　Oriana S. Mastro, "Signalling and Military Provocation in Chinese National Security Strategy: A Closer Look at the *Impeccable* Incident," *The Journal of Strategic Studies*, Vol. 34, No. 2 (2011), pp. 220-221.

76　Lyle J. Morris, "Indonesia-China Tensions in the Natuna Sea: Evidence of Naval Efficacy Over Coast Guards?," *The RAND Blog*, 5 July 2016, https://www.rand.org/blog/2016/07/indonesia-china-tensions-in-the-natuna-sea-evidence.html.

軍。同年 5 月，在幾乎相同的情況下，中國海警護衛艦在抓捕和拖走中國漁船的過程中遠遠避開了印尼護衛艦。[77]雖然這個例子並不能最終證明海軍艦艇比海岸警衛隊更有用，但它確實表明，南海周邊國家正在努力充分解決中國海上行動不透明帶來的問題。在一個反應過度或反應不足都可能造成不良後果的環境中，採用正確的戰略至關重要。這一任務因複雜的法律狀況而變得更加複雜，這也是本文要探討的下一個主題。

三、法律戰

混合戰的一個重要面向涉及國際體系的法律和監管性質。雖然在很大程度上無法執行，但國際法律規範還是具有一定程度的合法性（Legitimacy）和支援，因此對混合行為者而言是有用的。國際（法律）規範的影響在自由民主國家特別有影響力，在這些國家，公眾對軍事行動的支持不僅重要，而且也往往難以升高和維持。由於西方世界的大部分國家在對待國際關係方面傾向於法律主義，因此，利用合法性 Legality 和正當性 Legitimacy 可以成為對手的一個有力工具。雖然本書之前的一些部分已經涉及到了國際法的問題，但在南海的背景下將會特別強調，因為與之前的例子不同，當與海洋環境相結合時，國際法的使用和應用有很大不同。

「法律戰」（Lawfare）一詞的起源難以追溯，但該詞的普及往往歸功於鄧拉普（Charles Dunlap）少將的一篇文章。在文中，他將法律戰定義為「使用——或濫用——法律來替代傳統的軍事手段以實現作戰目標的戰略」。[78]鄧拉普進一步將法律戰定義為「利用真實的、被認為的、甚至是精心策劃的違反戰爭法的事件，作為對抗美國軍事力量的非常規手段」。[79]這一定義可以擴展到美國之外，作為任何弱國挑戰強國的一種手段，而法律戰的核心正是強國和弱國之間的這種關係。大多數法律戰的定義來自於國際法律學者，他們總體上似乎接受了可以透過法律管道代替發動戰爭進行挑戰的觀點。事實上，鄧拉普鼓勵將法庭挑戰作為打擊法律戰和阻止未來不當行為的一種方式。[80]然而，在國際關

---

[77] *Ibid.*

[78] Charles J. Dunlap, "Lawfare Today: A Perspective," *Yale Journal of International Affairs* (2008), p. 146.

[79] Charles J. Dunlap, "Lawfare Amid Warfare," *The Washington Times*, 3 August 2007, https://www.washingtontimes.com/news/2007/aug/03/lawfare-amid-warfare/.

[80] Charles J. Dunlap, "Lawfare Today: A Perspective," *Yale Journal of International Affairs* (2008), pp.

係的世界中，這種邏輯可能不會自動適用。法律戰的另一個定義是「一種旨在通過使用、誤用和濫用法律制度和媒體來摧毀敵人的武器，以引起公眾對敵人的強烈不滿」。[81]

就本質上而言，這種觀點認為法律戰是戰略溝通（Strategic Communications）或宣傳（Propaganda）的一部分。戰略溝通，通常視為是為實現國家戰略目標而透過語言或行動進行的溝通，[82]愈來愈被視為現代戰爭的重要方面，而將行動描述為合法或非法是這種辯論的重要部分之一。一些法律戰學者質疑合法形式的法律戰和非法形式的法律戰之間是否有區別。[83]在國際競技場上，這樣的問題只能得到否定的回答，因為此純粹是一個觀點問題。什麼被認為是法律戰——即透過不同的解釋利用國際法為行為者謀取利益的法律戰，以及非法的法律戰——即行為者聲稱因適用或違反國際法律規範而遭受損失，以使其喪失信譽的法律戰，此將根據那個行為者的定義而大不相同。對國際法律體系提出的主要批評之一是，它是由西方自由民主國家為自己的利益而建立的。他們自己對這些規範的解釋和應用不一致，有時甚至是機會主義的，這只會加強這種觀點。像中國、印度和俄羅斯這樣的崛起大國已經公開宣布，它們尋求改變以西方為中心的自由主義世界秩序，因為它們認為這種秩序對它們的侵略性太強，而且有偏見。

考慮到這一點，上述關於法律戰的定義並沒有充分涵蓋混合戰爭的法律戰因素，因為它們都遵循一個基本假設，即國際法是應該被遵守的。雖然這是一個有效的法律立場，但混合戰爭的概念是專門為挑戰或混淆現有秩序而設計的，以使混合行為者能夠在不招致西方國家憤怒的情況下實現其目標。因此，需要一個更廣泛的定義，以涵蓋在混合背景下使用法律戰的全部範圍。在此必須指出的是，以下定義不是一個法律定義，而是一個戰略定義，它只是試圖在混合概念中理解法律戰的必要程度上對其進行定義。在本書中，法律戰將被定義為對國際法律規範的應用或誤用，目的是為混合行為者提供實現其政治目標

148-149.

81　Susan W. Tiefenbrun, "Semiotic Definition of Lawfare," *Case Western Reserve Journal of International Law*, Vol. 43, No. 1 (2011), p. 29.

82　Paul Cornish, Julian Lindley-Frenchm, and Claire Yorke, "Strategic Communications and National Strategy," in *Chatham House Report* (September 2011), p. ix.

83　Gregory P. Noone, "Lawfare or Strategic Communications?," *Case Western Reserve Journal of International Law*, Vol. 43, No. 1 (2010), pp. 83-84.

的優勢。

這種優勢可以是非常具體的，例如在戰鬥中促使個別指揮官對正確的法律路線感到困惑，也可以是非常廣泛的，例如利用國際法律合作的承諾作為一種拖延戰術。混合戰爭本身的限制性對以這種方式使用的法律戰的廣度提供了限制，因為直接或公然違反國際法律規範可能會導致西方的軍事干預。當然，混合戰爭的設計是模糊的，其原因之一正是為了避免這種情境的發生。法律戰只是一個額外的組成部分，它通過質疑一個行動是否真的可以明確地被認定為非法而幫助實現這種不透明性。相反，其他混合行動可以幫助行為者避免因違反既定的法律規範而受到懲罰，如果這是他們的政治目標的話，那麼法律戰本身就是一個可能的目的。在海洋領域這樣一個法律規範特別複雜的環境中，法律戰可以產生令人印象深刻的結果。

在南海的脈絡下，本文探討中國法律戰的兩個方面。第一個方面說明中國如何利用國際法的幌子作為防禦措施，在其行動的合法性問題上迷惑對手，而第二個方面說明中國可能利用法律戰作為向其他國家施壓的手段來接受中國的觀點。這兩種途徑既被中國同時使用，也被中國單獨使用，這一點將通過以海上民兵的法律地位、《公約》中有關填海造地的解釋，以及利用國際協定作為戰略拖延戰術的例子來證明。由於上述大部分議題已經在一定程度上涉及到了，因此本文將充分關注其法律戰方面。

長期以來，海上民兵的確切法律地位一直是與中國在南海打交道的任何行為者爭論的焦點。他們的準軍事性質意味著他們不能只被當作漁民對待，但他們在海上的大部分時間現實是都是如此。中國的海上民兵代表了一種教科書式的混合力量，在許多方面與第五章中描述的真主黨戰士相似。從紙面上看，這些船只是民用漁船，由私營企業擁有和經營，船員是文職人員，也就是非現役軍人。僅僅因為他們是民兵部隊的一部分，並不能立即剝奪他們的平民身分，否則每一個實行軍事徵兵制度的國家幾乎都沒有平民了。海上民兵成員的不同之處在於，他們不僅接受軍事訓練和裝備，而且還操作不是漁船就是民兵船隻。

民兵船不僅配備了水炮，而且還配備了輕型個人武器，甚至是重機槍，儘管這些武器是可拆卸的，因此並不總是存在。民兵船員都有人民海軍的制服，他們在從事「民兵業務」時應該穿著這些制服，而在從事「漁業業務」時則脫下這些制服，儘管中國官員聲稱船員穿著軍用迷彩服是為了防曬。[84]這種區分在紙面上可能比較簡單，但當在海上遇到這樣的情況時，面對民兵的船隻的指揮官就會有法律理由感到困惑。中國的模稜兩可的做法正是在尋求這種混淆。如果這樣的船隻受到攻擊，中國無疑會聲稱他們是無辜的漁民，而實際情況可能完全不同。公眾輿論可能會站在看似弱勢的一方，即漁民，而不是與他們交戰的任何一方，即使他們是出於合法的原因。這種情境不僅是不可想像的，而且與史塔夫里迪斯上將所想像的情況相似；[85]事實上，這種情況以前也發生過，既有暴力事件（1974 年、1988 年），也有 2012 年在黃岩島類似的緊張但不激烈的對峙。

中國經由疏浚和填海造島不僅在該地區而且在全球引起了許多恐懼和憂慮。雖然緊鄰南沙群島的國家認為中國在填海造島的潛在軍事基地是對安全的直接威脅，但其全球影響則源於南海作為商業航運的海上通道的重要性。在南沙群島和西沙群島的戰略要地建立島嶼基地可以使中國有效地監控，如果不是直接控制海上通道的話。雖然中國不太可能想擾亂航運，因為無論如何，大部分航運都是通往中國港口的，但作為重要海上交通線的守護者，有一定的權力和威望。如果發生這種情況，就中國而言，美國在該地區的存在將毫無意義。僅僅是中國對通過南海的貨物流動的影響的威脅，就可以使中國對該地區所有其他國家產生影響力，包括日本、韓國和臺灣，這些國家都對中國有極大的依賴性。

為了確定其對這些島嶼的永久主權聲索，並在一定程度上獲得對這些地區行使主權和權利的合法性，中國已經宣布了對這些地物的明顯過度的海洋聲索。從紙面上看，這些主張似乎是源於《公約》的主旨，如果不是文字的話，而中國正在進行某種程度的替代性解釋。雖然中國是《公約》的簽署國，但似乎中國已經決定某些條款對其不應有如此嚴格的約束力。例如，根據《公約》，人工島不產生任何權利，[86]而且領水以外的海洋地物不將領水擴大到 12海里的界限以外。[87]雖然在國家海岸線 12 海里界限以外擁有的島嶼也產生與其

84　Christopher P. Cavas, "China's Maritime Militia a Growing Concern," *Defense News*, 21 November 2016, https://www.defensenews.com/naval/2016/11/22/chinas-maritime-militia-a-growing-concern/.

85　Admiral James Stavridis, "Maritime Hybrid Warfare Is Coming," *US Naval Institute*, December 2016, https://www.usni.org/magazines/proceedings/2016/december/maritime-hybrid-warfare-coming.

86　UNCLOS, art. 60-68.

87　*Ibid.*, art. 3.

位置有關的相同數量的領水，[88]因此也擴大了專屬經濟區，但這並不適用於岩石[89]或水下地物。[90]雖然法律規定明確賦予了中國在南海填海造地的島嶼上或周圍的權利，但中國還是設法說服或施壓其鄰國，使其認為情況確實如此。

這種法律爭論的另一個方面是中國在東海設立並實施了空中識別區。中國要求所有經過東海的飛機在中國航空管制部門登記，這表明中國正在管理世界的這一部分，這可能是聲稱對其擁有主權的前奏。[91]這種為滿足其戰略需要而擴大國際法律制度的模式正通過應用中國聲稱的特徵所產生的權利而在南海中重複。此外，在應對華盛頓的抗議時，中國指出美國尚未批准《公約》，從而維護了道德高地。雖然這一論點可能不太有說服力，但它代表了一種相對成功的法律戰，因為它還是為中國的聲索提供了一些政治合法性。畢竟，法律戰不需要完美無缺，也不需要被普遍接受，它只需要在足夠長的時間內發揮作用，使混合行為者能夠實現其目標。

常設仲裁法院就菲律賓對中國有爭議的主權聲索所做的裁決表明，中國沒有歷史權利對其聲索的「九段線」（Nine Dash Line, NDL）內的大部分南海提出主權要求。[92]該裁決還裁定，中國對其擁有的合法權利的主張是毫無根據的。[93]雖然該裁決在當時被稱讚為對中國的一次重大法律勝利，但中國立即宣布不遵守該裁決的事實，實際上使其失去了作用。判決之後，中國在這一問題上的立場更加強硬，而且自相矛盾的是，中國拒絕了基於法律的解決方案，而選擇了依賴傳統的權力工具。[94]中國甚至設法與菲律賓新總統杜特蒂談判，後者被認為比其前任更親華，並以改善關係和貿易的名義有效地擱置了該裁決。杜特蒂對中國的積極立場會使這項被認為是法律上勝利的裁決從長遠來看成為他的政治問題，因此他除了在裁決宣布時粗略地承認之外，沒有提及這項裁

88　*Ibid.*, art. 121.

89　*Ibid.*, art. 121-123.

90　*Ibid.*, art. 13.

91　Zachary Keck, "Whit Air Defense Zone, China Is Waging Lawfare," *The Diplomat*, 30 November 2013, https://thediplomat.com/2013/11/with-air-defense-zone-china-is-waging-lawfare/.

92　*The South China Sea Arbitration (Philippines vs China)* (The Hague: Permanent Court of Arbitration, 2016), art. 1203-A1.

93　*Ibid.*, art. 1203-A.

94　Feng Zhang, "Assessing China's Response to the South China Sea Arbitration Ruling," *Australian Journal of International Relations*, Vol. 71, No. 4 (2017), p. 454.

決。[95]總體而言，雖然爭議地區的法律地位至少得到了部分解決，但當地的狀況實際上沒有改變。

　　基於前面的分析，最後的觀察集中在中國行動的戰略含義上。如果考慮到進攻性和防禦性的法律戰，很明顯，中國的最終目標是在南海中施加影響，盡可能地接近於事實上的主權（de Facto Sovereignty）。雖然這種行為對於一個正在崛起的大國來說是正常的，但中國的做法表明，它還沒有準備好以傳統方式挑戰地區霸主（美國）或任何地區小國。無論它是在爭取時間建立自己的軍事能力，還是僅僅想避免貿易中斷，中國似乎都在採取戰略攻勢。在國際法領域，中國似乎在利用對各種法律協定的公開承諾，諸如《公約》或「行為準則」（Code of Conduct），作為緩和和拖延的手段。「行為準則」是東協在 2002 年首次提出的一項協議，是限制和緩和有爭議的主權聲索所引起的緊張局勢的手段。雖然正式的「準則」尚未制定，但為應對中國活動的增加，「準則」問題已被兩次提出（2012 年和 2017 年）。中國在 2013 年首次承諾參與此進程，作為在黃岩島事件後平息局勢的一種方式，並在 2017 年因中國建島而引發緊張局勢後重申了其承諾。[96]

　　因此，中國利用國際法律框架，似乎它將與南海中的其他各方合作，但只是在它擔心緊張局勢升級得太厲害時才會如此為之。這樣的協定往往會在一段時間內打消人們的顧慮，降低公眾對此事的興趣，而且它們也沒有法律約束力。當其他各方因中國的明顯參與而感到欣慰時，中國卻在利用這段時間來進一步加強自己的地位。領土爭端不解決的時間愈長，優勢就愈是轉移到中國身上，因為中國在此期間對該地區實行了事實上的控制。像任何其他形式的法律一樣，國際法最關注的只是正式的法律聲明，這種虛偽的拖延戰術似乎產生了很好的效果。如果再加上上文所述的中國對《公約》的濫用，這種強有力的組合代表了成功的法律戰運動的典型。

95　*Ibid.*, pp. 452-453.

96　Laura Zhou, "What Is the South China Sea Code of Conduct, and Why Does It Matter?," *South China Morning Post*, 3 August 2017, http://www.scmp.com/news/china/diplomacy-defence/article/2105190/what-south-china-sea-code-conduct-and-why-does-it.

第四節　結語：海洋混合戰序幕

在介紹海洋領域時，需要對其不同的規則和環境進行簡要考察。這樣一個根本不同的出發點需要不同的能力和作戰原則，而中國似乎正在迅速掌握這些原則。南中國海的人工島建設是國際關係中與混合戰爭相關的最明顯和最有爭議的問題之一。中國首屈一指的混合戰爭作戰部隊，即海上民兵已經取得了重大成果，而複雜的法律環境意味著海上混合戰爭有可能對升級進行更精細的控制，因此有能力比其他形式的混合戰爭產生更大的成果。雖然所有的現代戰爭都受到不同程度的法律影響，但這一點在海上尤其明顯。我們將對中國對法律框架的使用和濫用進行研究，包括其本身以及與島嶼建設和海上民兵的關係。連接所有這些活動的一個關鍵特徵是行動的能動性，這在海洋領域尤為明顯。本文最後將探討非動能性的海上混合戰爭的特點及其對未來可能產生的影響。

「戰爭」一詞本身往往隱含著行動的動能（Kinetic）性，與戰爭的形象相伴而生。然而，在混合戰的脈絡下，動能戰爭的首要地位在某種程度上受到削弱，而非動能（Non-Kinetic）手段，諸如資訊戰、網路戰和經濟戰，從一般認為是力量倍增器，轉變為其本身就是力量的一種。此並不是說混合戰不具備動能成分，混合戰的常規方面仍然需要包含動能成分，但它確實說明，在不透明的灰色地帶的低層次衝突的現實世界中，非動能途徑乃至關重要。混合戰中的動能程度可以有很大的不同，主要取決於環境，並與發動戰爭領域的性質直接相關。前幾章對混合戰的探討集中在動能混合戰的例子上，但它們也主要集中在動能途徑占主導地位的陸地領域。本文研究了海洋領域的混合戰，並確定非動能混合戰已成為參與脅迫和地緣戰略競爭的首選方式。

就中國而言，它在南海的絕大多數行動都是非動能的性質，在此意義上，它們不涉及發射魚雷或導彈，或發射子彈或砲彈。當民兵船隻衝撞對手或使用水砲時，會出現有限的動能操作，但在大多數情況下，動能只是一種背景威脅。中國人民解放軍對軍艦的使用也表明，他們採取的是非動能的途徑。它的艦艇、飛機和潛艇定期在南海巡邏，但往往不主動涉入爭端，儘管經常可以在地平線上看到它們。

因此，雖然海軍艦艇仍對海上混合戰有所貢獻，但就中國而言，它們已經退居二線，只是作為防止另一行為者升級的最後一道嚇阻線。主要的任務由海警，尤其是海上民兵來承擔。中國的海上民兵代表一支教科書式的混合部隊，他們能夠作為一支常規海軍部隊（儘管是有限的）行事，擁有此類活動所需的訓練和裝備，同時也能作為漁民背景混入之中。利用法律上的模糊性，他們實際上不受外國海軍的動能行動影響，除非是在戰爭時期。然而，混合戰的目的是保持在大規模常規戰爭的門檻以下，在此「灰色地帶」，中國的「小藍人」代表了完美的工具。

經由填海的島礁建設是中國海上混合戰最明顯的方面，而且也是非動能的性質。雖然此過程對環境造成了不可估量的破壞，進而對南海周邊所有國家造成了經濟損失，但它並不是以軍事化的方式所進行。當然，這種斷然的單邊行動代表了可能的威脅，飛機跑道和防禦性砲臺的安裝只是突出了軍事影響的潛力。然而，截至本書撰寫之時，雖然海上民兵利用南沙和西沙群島作為行動基地，但中國在南沙和西沙群島的基地還沒有發起過任何動能軍事行動。

這些島嶼的價值在於其戰略地位和效用。中國不需要對它們進行大量的軍事化，因為它們不是常規的權力投射工具，而是混合型的工具。它們的存在使中國有能力，而且在其自身看來，有權利管理和爭奪南海大片地區的控制權，並獲得所有相應的經濟和政治利益。甚至這些島嶼本身也作為一個混合單位運作，因為它們目前主要用於民用目的，並與該地區的其他島嶼「融為一體」，但可以很容易地藉由空運軍事裝備和部隊來動員，2018 年 4 月的演習證明了此事實。

已確認安裝在南沙群島的防禦能力並不代表動能挑戰，儘管對放置在西沙群島永興島（Woody Island）的先進導彈也不能如此界定。如果中國將永興島作為未來的範本，那麼這些島嶼基地將成為強大的常規力量投射基地，甚至可能能夠嚇阻美國海軍。然而，如此的行動與低水準的混合途徑並不一致，很可能導致局勢升級，使中國已經實現的一些目標發生逆轉。另一方面，對島嶼的臨時和快速動員，將使中國有能力衡量監護國對任何未來更永久性的部署的反應。這種演習也將為中國在該地區的部隊提供寶貴的經驗，如果中國將來想升級壓力的話。

目前，中國似乎正在採用海上混合戰，以加強其在東亞和東南亞地區的地位。與其他混合行為者一樣，中國正經由各種手段尋求有限的利得，以掩蓋其行動，從而避免引起壓倒性的反應。中國還在利用法律戰，試圖避免西方國家對其進行重大和破壞性的法律譴責，從而導致外交或潛在的軍事干預，同時躲在這些法律規範的背後，以轉移批評，爭取時間。縱觀歷史，中國一直是有耐心的大國，它在南海的精心布局是此特點的另一案例而已。

緩慢的步伐是由於這些行動發生的環境，以及中國不希望過度擾亂其區域競爭對手，以防止他們聯合起來反對，可能還有美國的支援。在這種情況下，混合途徑是最合適的，儘管聲稱中國有完全成型的「混合」戰略是過度的解讀，但其行動的模式與西方術語中形容的混合戰略相當的一致。很有可能的是，中國自己還沒有完全意識到混合戰爭潛力，而是在試探性地觀察對手的反應和升級的界限。在中短期內，這種溫和的趨勢可能會持續下去，但就長遠而言，中國混合戰的天平很可能會從以非動能為主向動能傾斜，因為它將積極尋求重新平衡當前的地區秩序。

第八章　結論：對混合戰的總結、
展望與應對

　　在建立「混合戰」理論架構並將其應用於案例研究之後，本文總結全書要點，闡述研究結果，並明確回答序言中提出的研究問題。此外，結論還圍繞「混合戰」辯論的關鍵點總結，並確定「混合戰」術語的意涵及其實際應用及後果。總結整體研究過程，本文必須承認對「混合戰」預測的侷限性，因為本書研究難以完全涵蓋「混合戰」術語的方方面面。然而，如前所述，本書的目標不是提出關於「混合戰」概念的最終說法，而是以建設性和實質性的方式為正在進行的辯論做出貢獻，並希望為其提供資訊，下一步的研究得以依此開展。

　　對戰略複雜性質的清楚認識，對理解當代世界的衝突及其中發生的過程和現象至關重要。然而，在當代政治、安全和國際關係的論述中，戰略是最常遭到濫用或誤用的術語之一。如果不從戰略角度對國際競爭、脅迫，尤其是衝突進行研究，就無法充分研究和探討該等作為。此即為本書研究的問題意識。當然，就某種程度而言，本書也是為「混合戰」與「灰色地帶」進行分析與比較的先行研究。

第一節　混合戰探討的總結

　　對諸如「混合戰」此類現象的了解，對於獲得安全和實現安全方式更深刻的理解至關重要。正如本書內文所言，沒有任何事情是在特定的脈絡之外所發生。研究本身也是如此。因此，對「混合戰」進行總結的最好方式是將「混合戰」開始的脈絡聯繫起來，此脈絡幾乎完全是依循戰略線索。作為現實主義（Realism）傳統的分析，本書的目的是以戰略的方式探討複雜的現象；舉例而言，對政治目標採用脅迫的手段。此不僅符合學術目的，而且對政策制定者和國防規劃者也有實際的用途。

　　本書的目的是為「混合戰」創建統一的定義。在已經充斥著新術語的環境中，問題往往是沒有足夠的時間和精力來正確定義和解釋新術語。「混合戰」就是處於如此的情形，但與其他許多未能獲得關注的術語的不同之處是，「混合戰」一詞成功地存活了下來。然而，要正確研究某種現象，僅僅觀察到它的存在或在學術和非學術文獻中提到它仍遠遠不足。為了解決此問題，本書試圖在現象本身及其實際影響之間，建立與補充此方面缺失的環節。

為了回答「混合戰為何，混合戰如何運作」兩個關鍵問題，本書探討了關於此主題的現有文獻。然而，已發表的「混合戰」定義中，似乎沒有任何能真正回答此問題。如果把此問題分解成兩個部分，一些定義確實至少部分地回答了「混合戰」是如何運作，但卻沒有說明「混合戰」為何。在經歷了本書研究過程之後，現在可以對問題的兩個部分提供相當明確的答案。「混合戰」是獨特的低層次衝突形式，跨越了能力的光譜。「混合戰」是在國家或類國家行為者的中央權威和指導下，故意將常規和非常規戰爭不透明地合併起來進行。

對「混合戰」最常用的批評是，「混合戰」只不過是對一直在進行動作的新術語。行為者總是會尋找對手的弱點，並以不對稱的方式與之交戰，因為此乃實現行為者目標最明確與最容易的方式。欺騙、轉移和隱蔽也不是什麼新鮮事，而是自戰爭開始以來就一直是戰爭的主線。使用非常規手段代替常規手段，以獲得戰術優勢同樣明顯，反之亦然。本書沒有挑戰任何該等假設。然而，用這種論點來宣稱「混合戰」沒有什麼新意的問題，與現有的「混合戰」定義的問題是同樣的狀況。它們都集中在「混合戰」的具體面向或特徵之上，而不是其特點。「混合戰」的任何組成部分本身都並非新鮮，「混合戰」的新穎之處在於它們組合在一起的方式。此並不像某些「混合戰」批評者所認為的那樣，即「混合戰」是離奇的主張。

當還原到基本要素時，戰爭類型之間沒有任何的區別。正如克勞塞維茲（Carl von Clausewitz）所言，就根本而言，戰爭是某種更大規模的決鬥。某國際行為者可以與另一國際行為者交戰的方式總是受到種種的限制，此乃因為有一些要素，包括但不限於現有可用的技術、成本、能力，以及使用其中任何一種要素的意願。因此，個別組成要素的新穎性或陳舊性並不重要。然而，有區別的是該等要素是如何組合。本書甚至進一步藉由探討了「混合戰」發生的背景，以使混合是如此的有趣。它不僅僅是使用「混合戰」行為者的產物，而且也是對之所以使用混合戰更大的國際體系某種適應。當然，此處係指現代國際秩序中對包括衝突和脅迫的認識方式。

國際秩序的特點之一是其系統地厭惡大規模的衝突。主要原因有兩方面。

首先，我們今天所知的國際秩序來自於兩次世界大戰的遺產，包括核武器的出現，至少在書面上是為了防止此類悲劇的重演。其次，任何系統，無論是國際還是其他系統，都試圖防止系統的不穩定，因為此情形可能導致系統消亡。在國際政治的競技場，國際秩序的內部不穩定通常以各種衝突或脅迫的形式出現。

因此，國際體系本身尋求減輕各種衝突或脅迫的使用，或者在無法減輕的情況下，減輕各種衝突或脅迫對整個體系的影響，此方為合乎邏輯。由於國際秩序是西方的取向，西方大國的態度反映了國際體系的態度。在過去的二十多年裡，西方世界，以及延伸到國際秩序，已經轉向減少使用軍事力量作為國際政治的工具。雖然此類趨勢減少了對國際體系構成威脅的大規模常規衝突的數量，但它創造了一種環境，致使較低層次的衝突不僅有可能發生，而且實際上更受歡迎。

為了更好地解釋此新環境，本文以「五元論」的概念。經由結合傳統克勞塞維茲的「三元論」思想和當代國際秩序的原則，「五元論」描述了國際秩序內部和邊緣行為者的環境、條件、限制和相關的機會。在此類情況下，混合戰的額外吸引力是，它可以產生通常需要大規模常規衝突的結果，但並沒有因此產生的複雜問題。就西方守護大國的角度而言，「五元論」說明了與干預和應對此類低層次衝突有關的問題。

「五元論」的現實意味西方世界的行為者必須做出巨大努力以維持盟友關係，此不僅是為了獲得額外的合法性，也是為了填補任何能力上的差距。當然，該等努力是在獲得和維持國內支持之外的部分，在自由民主國家，此往往不是容易之事。額外的「五元論」要求實質上是守護國的民主價值觀和結構的反映。此類對合法性的高標準要求會拖延可能的行動，並且誘發對競爭對手混合行動的不適當限制和謹慎作法。

競爭者由於沒有受到「五元論」的嚴格約束，從而可以利用此點，混淆國際秩序的基本規則；只要他們的行動沒有升級到滿足「五元論」反應所需的條件就可以有效為之。因此，在此類情況下，民主及其相應的合法性要求，可以說是對守護國有效應對混合戰事件能力的某種限制。所有的民主國家都擁有的政治結構以及其運作的透明性和代表性使此問題變得更加複雜。

雖然在國內政治中，更大的透明度和代表性一般認為乃至關重要的條件，但在外交政策中，情況並非總是如此。尤其是在處理需要快速反應的衝突局勢時，涵括太多行為者的決策過程往往無效。此論點也同樣適用於諸如北大西洋公約組織（以下簡稱「北約」）和歐洲聯盟（以下簡稱「歐盟」）之類大型聯盟和國際組織。此兩個組織都經歷了與政策制定緩慢有關的問題，當大量的成員具有發言權，而且也擁有相同分量的決策制定權時。無論是利比亞、敘利亞還是首次烏克蘭的危機，即使做出了決定，反應也總是很慢。

此類問題並非特別新穎，因為其他「新戰爭」概念也提出了類似的觀察。像「三街區戰爭」（Three Block War, 3BW）、「第四代戰爭」（Fourth-Generation Warfare, 4GW）或「複合戰爭」（Compound War, CW）等概念的共同點，恰恰在於國家之間衝突正在衰退的預設。此就導致了合乎邏輯、儘管是錯誤的結論，即常規戰爭正在失去其作為國際脅迫工具的意義。上述三個概念認為，未來的戰場是和平或國家建設者透過反恐或反叛亂與壓迫性政府的殘餘勢力作戰。幸運的是，制度上的惰性和政治上不願意將軍事力量完全重組為非常規戰爭，已經對此類觀念產生了巨大的反作用。只有那些已經享有大量常規權力，通常以核力量為補充，所能產生的安全和嚇阻力的國家，方有可能發展該等概念。

在實踐中，此意味它們僅限於西方世界，並在一定程度上僅限於國際秩序。然而，世界上的其他行為者並不將此視為是打未來戰爭的可行方式，而是視為是可以利用的弱點。「混合戰」彌合了大規模常規戰爭的衰落與繼續追求只能經由正統軍事力量實現的國家目標的需要之間的那種學術和實際認知上的不協調。與其他相互競爭的概念不同，「混合戰」並不僅僅侷限於常規或非常規的楚河漢界。此或許使「混合戰」在充分分析方面更具挑戰性，但此也使「混合戰」成為某種更有力的威脅。

如果認為「混合戰」是一種神奇的武器，可以在任何情況下戰勝任何對手，那將是錯誤的想法。歷史已經多次表明，此類工具並不存在。「混合戰」有一些弱點，主要是需要控制其升級。此外，「混合戰」是只能少用的途徑，因為「混合戰」是建立在不透明的基礎之上。雖然此類不透明性提供了巨大的潛力，但也意味「混合戰」將隨著反覆使用而減弱。

就本質而言，「混合戰」有非常陡峭的收益遞減曲線。某個行為者使用的次數愈多，它就變得愈清晰，效果就愈差。此也與長期存在的升級問題有關，因為不透明的「混合戰」只是普通戰爭。確切而言，「混合戰」的有用性在於何處結束，自然取決於使用「混合戰」的行為者。如果認為和預期的收益是值得冒險的標的，那麼即使是不太理想的混合途徑也較純粹的常規或非常規途徑要好。

對戰爭成本的戰略考慮是關鍵。重要的是，「成本」一詞並不僅僅指行動的經濟成本，而是指整體戰略和政治成本。舉例而言，將克里米亞重新納入俄羅斯的經濟成本估計為 90 億美元，而由於俄羅斯的干預而對其實施的經濟制裁又增加了此數字。那麼，就純粹的財政角度而言，俄羅斯的行動不可能值得收益。然而，就戰略角度而言，奪取克里米亞鞏固了俄羅斯作為黑海地區支配權力的地位，保證了塞瓦斯托波爾（Sevastopol）海軍基地的持續使用，並向北約和歐盟發出了明確的訊息，即他們繼續向東擴張，俄羅斯將不再被動地接受。

2022 年俄羅斯入侵之前，烏克蘭頓巴斯地區的衝突進一步強化了後一點，同時使俄羅斯對烏克蘭國內政治產生了直接影響。雖然一些分析家認為，該等相對微弱的道德或基於自尊的收益仍然不值得俄羅斯成為國際棄兒，但此類論證方式毫無意義，至少目前的戰事證明了此點。修昔底德（Thucydides）在西元前五世紀就寫過國家為了聲望、恐懼或自利而開戰的故事；因此，國家為了聲望或榮譽而開戰的想法並不新鮮。因此，對俄羅斯而言，正是此三種因素的結合導致了莫斯科決定干預烏克蘭的行動。歸根究底，俄羅斯要決定什麼對其而言是重要的行動，俄羅斯的戰略計算決不僅僅是由經濟因素所驅動。

在擴大「混合戰」的視野時，本書也研究了中國的情況。關於中國海洋混合戰的章節不僅展示了不同領域如何影響「混合戰」的進行，而且還擴展了「混合戰」作為修正主義大國工具的概念。中國的案例清楚地表明，中國正在利用現行國際秩序的架構來發揮自身最大的優勢。雖然使用法律戰，以及圍繞海上民兵的模糊的合法性，可能不如俄羅斯的直接軍事干預的途徑有影響力，但就階段性甚至長遠而言，中國的作為可能可以證明是更成功的案例。

如果俄羅斯式的「混合戰」十分容易出現收益遞減的情況，尤其是 2022 年俄羅斯對烏克蘭發動所謂的「特別軍事行動」，那麼在中國的案例中，此類效率下降的情況就不那麼明顯。當然，它的曲線會更平坦，跨越更長的時間段。另一方面，北京也需要更長的時間來實施和獲得所有的回報。與任何脅迫工具一樣，它最終要歸結於使用「混合戰」行為者之戰略文化。因此，「混合戰」是非常廣泛的概念，不受來自文化、哲學或政治差異的限制。由於「混合戰」是基於合理的戰略邏輯，幾乎任何有能力和意願的行為者都可以使用之。

關於未來衝突的現代思維的主要缺點之一是假定衝突將主要由非國家行為者進行。雖然並非完全的錯誤，但此類假設源於西方國家在後冷戰時代的相對有限的經驗。國際非國家恐怖主義的興起，以及由此產生的美國全球反恐戰爭加強了此思路推進。持續一段時間以來，雖然恐怖主義仍在後臺徘徊，但重點似乎已經從恐怖主義轉移到了網路戰和政治虛假資訊之上。

在西方世界，主要是由於俄羅斯的「混合戰」，對它的反應代表了最好的案例，即當某術語被誤用時可能會發生什麼結果。此兩種趨勢似乎遵循相似的路徑。在此兩種情況下，一種現象的出現導致西方政策制定者試圖快速得出重要的結論和解決方案，而此往往是基於不正確或不完整的資訊。學術界理解不足的趨勢也無濟於事，因為圍繞恐怖主義的辯論再次推動了此趨勢，即對定義採取更為寬鬆的途徑。雖然學術界對各式各樣定義的細微之處可能感到探討的興趣，但對具體的政策制定沒有相對作用。

此種錯誤現在又在混合戰方面重演了。精確和簡明定義的價值不僅在於它能讓行為者了解什麼是「混合戰」，而且更重要的是什麼不是「混合戰」。它還將其置於正確的背景下，並提供一定的可預測性。因此，定義應盡可能地具有指導性，而不是盡可能地廣泛。在定義中囊括全部的戰爭型態，實屬徒勞之舉，所以精確地定義相關的戰爭類型不僅是明智，而且應該積極地為之。此外，對恐怖主義和「混合戰」的應對途徑之間的錯誤等價是進一步的問題，因為此兩種現象沒有直接的可比性。「混合戰」是更廣泛的現象，而恐怖主義則是指單一類型的戰術。此外，恐怖主義可以是混合戰的工具之一，但它不是「混合戰」的決定性特徵。

以 2006 年黎巴嫩戰爭中的真主黨（Hezbollah）為例，恐怖主義和「混合戰」之間的此類二分法不僅明顯，而且實際上已經由真主黨自身作為某種戰術使用。由於以色列在打擊使用恐怖主義戰術的叛亂主義者方面有很多的經驗，它的大部分國防學說都是針對此種類型的衝突。當與以色列對抗的時候，真主黨實際上顛覆了自己的學說，採用混合途徑以獲得優勢。此並不是說真主黨在2006 年的黎巴嫩戰爭中沒有使用恐怖主義，但它並不是唯一，甚至是主要的戰術。經由擴大其戰爭學說，真主黨設法從相對強勢的位置與以色列交戰，因為以色列國防軍如此專注於反恐行動，以至於忽略了真主黨常規能力，最重要的是地面部隊。

就學說方面而言，以色列尤其順應了後定義（Postdefinition）世界的趨勢，或許比當時任何其他國家都更加如此。透過將其國防學說建立在後結構主義者（Post-Structuralist）對安全哲學的途徑上，它不僅在恐怖主義的路線上更進一步，而且還試圖從根本上改變國防的組織方式，最重要的是，改變國防的表述和看法。此乃關於恐怖主義的辯論主導國家安全的時代所遺留的問題。就以色列而言，考慮到其一直在處理恐怖主義事件，此在一定程度上得確合理。然而，此類狹隘的途徑有明顯的弱點，而真主黨不僅準確地確定了該等弱點在何處，而且還設法充分地利用了該等弱點。在此類情況下，甚至不能聲稱此類觀察只能在回溯時提出，因為當時就有很多人提出了警告。

就純粹的戰略角度而言，此類不平衡的國防途徑顯然也充滿了危險。正如在任何軍事領域，專業化可以產生巨大的成果，但如果過於專注，就會變得有害，因為它鼓勵對手利用不對稱的途徑，從而抵消專業化的優勢。為了避免此類情況的發生，全方位途徑（Full-Spectrum Approach）始終是可取的方式，但此在財政和人力需求方面都是昂貴的提議。一般認為，歷史上所有的衝突在某種程度上都是不對稱的性質。「混合戰」並沒有挑戰此類不對稱性；它和其他類型的戰爭一樣，都是不對稱的性質。「混合戰」的關鍵優勢在於能夠利用全方位的能力，但如此為之的同時又低於大規模常規戰爭的門檻。就西方的角度而言，此在學說上被認為幾乎不可能，或者至少不切實際，所以不同的國家都獲在更大或更少的程度上對各種能力的組合進行了專業化。「混合戰」不是專門化，它只是較低層次的衝突類型。

如前所述，「新戰爭」的辯論主要集中在非國家行為者之上。此處，「混合戰」進一步偏離了既定的規範，因為它是一種不能由非國家行為者使用的途徑，正如傳統上所理解的內容。經典的叛亂、恐怖組織、解放運動和其他此類行為者幾乎是純粹的不對稱，也就是說，他們傾向於專注於他們能夠實現的最不對稱途徑，以便盡可能多地獲得對對手的相對優勢。此就造成了國家所面臨的同樣的專業化問題。過度致力於一種或另一種戰爭形式對行為者帶來了某些優勢，而且也同時也帶來了弱點。非國家行為者就其性質而言，僅限於使用非常規手段，因此他們可以透過簡單地拒絕參與常規衝突來克服其固有的弱點。另一方面，國家在此類問題上往往沒有選擇。

如果非國家行為者代表了充分的威脅，他們就必須與之交戰，即使他們必須在不利的條件下如此為之。就邏輯而言，各國會設法改變這些條件以適應自己的實力，而非國家行為者除了發揮自己的優勢，希望能更快地降低國家的戰鬥力，從而改變衝突的性質。另一方面，「混合戰」則沒有此類限制。由於它總是由常規和非常規戰爭組成，專業化的問題從未出現過；因此，唯一的問題是，在任何特定時間，混合行動的常規或非常規方面被給予更多的強調。將重點從一種形式調整到另一種形式，比從根本上將整個途徑從常規轉向非常規，或反之亦然要容易得多。然而，此確實對可以利用「混合戰」的行為者類型提出非常明顯的限制。傳統的非國家行為者無法制定混合戰略，因為他們完全致力於非常規戰爭。常規戰爭需要廣泛的後勤和官僚支援，而且比非常規戰爭要昂貴得多。它還傾向於利用先進的技術能力，而這些能力對於任何常規的非國家行為者而言，幾乎是不可能獲得或創造的能力。因此，「混合戰」本身的特點意味著它只能由國家或非常類似國家的行為者使用。

真主黨無疑就是如此的類國家行為者。雖然由許多國家列為恐怖組織、政治運動或國中之國，但它顯然不是傳統的非國家行為者。它不僅在黎巴嫩境內擁有和管理自己的領土，而且還管理人口、徵稅，並提供社會和其他服務。真主黨的性質可能最好被描述為具有激進派的社會政治運動，而不是上述任何一個術語。雖然它可能不會被承認為實際的主權國家，但就「混合戰」而言，它不需要走那麼遠。成為類國家行為者的關鍵要求是有能力發動常規戰爭，至少要達到足以進行「混合戰」的程度。真主黨在 2006 年的黎巴嫩戰爭中證明了自身擁有此類能力。

然而，基於兩項因素，類國家行為者的數量不可能大幅增加。首先，對真主黨而言，2006 年的黎巴嫩戰爭，本身並非取得完全的勝利，甚至真主黨自己的領導階層後來也承認，如果他們知道代價是什麼，他們就不會發動此次行動。其次，非國家行為者追求常規能力必須付出代價，此使其成為更突出的威脅，並因此成為目標。對於大多數該等組織而言，取代或推翻一國並不是他們的目標，試圖經由常規手段來實現此目標，幾乎肯定會導致失敗。混合途徑只是某些能夠利用它的非國家行為者之選擇。對於其他人而言，此實際上代表了一條可能導致他們失敗或毀滅的道路，因為他們將獲得常規能力的可見性和力量，但卻沒有相應的效用。就本質而言，他們將成為更大的威脅和更大的目標，而不是他們需要或想要的情景。

在透過國際關係的理論視角觀察「混合戰」時，有數點尤其值得注意。對於這樣一種相對低層次的戰爭類型，它在整個體系中引起了巨大的漣漪，但卻沒有大幅度改變權力平衡。此外，與其他一些當代戰爭趨勢不同，諸如恐怖主義，它不能說從根本上挑戰民族國家的威斯特伐利亞體系。它不是針對文化、宗教或政治的傾向。就理論而言，它是國家利益和高級國際政治的工具，不受政治意識形態的限制。就本質而言，「混合戰」是一種利用國際秩序中自由主義傾向的現實政治工具。它的目標是推進國際秩序中通常會阻止其實現的國家核心利益。此點不是由使用「混合戰」的行為者來證明，而是由國際秩序中的大國對使用「混合戰」的反應方得以證明。以烏克蘭為例，西方國家幾乎到最後都集中在指責俄羅斯違反國際規範和價值觀。

　　對這種情況最普遍的看法仍然是，俄羅斯在某種程度上背叛了這個體系，並試圖繼續如此為之，以破壞歐洲的穩定或重新建立蘇聯，或兩者兼而有之。在回應方面，對宣傳、網路活動和政治言論的關注也是自由主義和建構主義途徑的癥狀。當俄羅斯吞併一大塊烏克蘭時，歐盟對此的回應是譴責俄羅斯不遵循歐盟的價值體系。當然，俄羅斯也不能倖免於與公眾對其行動的看法有關的問題。然而，使用混合途徑使其能夠限制負面看法的影響。如果有的話，俄羅斯實際上是以一種克制的方式行事。可以說，蘇聯解體後，烏克蘭和俄羅斯之間複雜的法律關係可以讓俄羅斯對克里米亞提出聲索，它可以透過純粹的常規手段，而且有一定的理由。當然，它可以奪取塞瓦斯托波爾，此乃俄羅斯想要奪回的最珍貴的資產。

　　有關俄羅斯「混合戰」的重要問題是，俄羅斯或其他一些行為者是否有可能對烏克蘭的干預作為未來「混合戰」的範本。驚鴻一瞥，俄羅斯似乎創造了某種原型，可以在世界任何其他戰略競爭的舞臺上複製。然而，將俄羅斯的成功經驗直接移植到其他案例中，存在一些問題。首先，烏克蘭國內的情況十分的獨特。一國有如此明顯的內部二元對立是十分的罕見。早在俄羅斯積極干預之前，烏克蘭內部本身就存在數種不同的趨勢。其次，烏克蘭與俄羅斯非常接近，並且已經有俄羅斯軍隊駐紮在克里米亞。其三，最終導致烏克蘭危機的不同因素匯合在一起，是很難準確的預測。事實上，俄羅斯 2022 年對烏東的「特別軍事行動」已經引來反制措施。

　　危機本身並不令人驚訝，因為許多觀察家多年來一直在警告如此的可能性。然而，俄羅斯對烏克蘭克里米亞的奪取中，烏克蘭政府的全面影響和迅速崩潰讓所有人都感到意外，甚至是俄羅斯。俄羅斯與國際秩序其他國家在應對烏克蘭危機方面的主要區別是，2014 年 2 月亞努科維奇（Viktor Yanukovych）下臺後，俄羅斯迅速恢復了冷靜。當北約和歐盟仍在評估烏克蘭危機的後果時，俄羅斯決定進行干預，以保護它所認為的在克里米亞的核心國家利益。雙方最大的分歧在於各自的解決方案。雖然西方準備與烏克蘭新政府合作，並可能向陷入困境的國家提供經濟援助，但它不準備為確保烏克蘭的領土完整而進行干預。

　　就技術而言，1994 年的《布達佩斯備忘錄》（*Budapest Memorandum*）要求美國、英國和俄羅斯尊重並維護烏克蘭的中立和領土完整。然而，《布達佩斯備忘錄》本身對如何實現此目標則非常含糊，而且無論如何都沒有法律約束力。雙方都指責對方違反了協議。西方指責俄羅斯不尊重烏克蘭的領土完整，而俄羅斯則認為，北約和歐盟早就違背了烏克蘭的中立承諾。西方未能做出堅決回應的最重要後果，或許是削弱了任何其他類似的承諾。白俄羅斯和哈薩克是《布達佩斯備忘錄》中類似保證的對象，鑑於俄羅斯的侵略性，甚至連北約最東部的成員都質疑該聯盟是否願意保護它們。

　　波羅的海三個共和國經常受到提及為俄羅斯「混合戰」未來可能的目標。此想法源於錯誤的看法，即俄羅斯吞併克里米亞是出於對更多領土的渴望。如果再加上上述西方決心的減弱，就會出現北約是否真的會保衛波羅的海共和國的問題。在 2014 年之後的數年裡，北約在再保證行動上投入了大量精力，以緩解其東部成員國的焦慮。新的高度戒備特遣部隊已經建立，並部署在波羅的海共和國，而且進行了更多的演習，其目的正是為了反擊俄羅斯的侵略。

　　波羅的海地區以及俄羅斯的其他邊境地區的情況與烏克蘭有根本的不同。中亞各共和國政府（哈薩克、塔吉克、土庫曼和烏茲別克）以及白俄羅斯的政府都或多或少地親俄，俄羅斯已經對其國內和外交政策產生了重大的影響。高加索地區雖然仍然不穩定，但已經明確劃分，而且俄羅斯的利益也相對安全。這就只剩下與中國的漫長邊界，以及波羅的海各共和國。與中國的關係排除了俄羅斯對中國使用「混合戰」的可能性，而且即使試圖這樣做也會有很大的困難，因為邊界的絕大部分位於偏遠的西伯利亞，遠離重要的人口中心和軍事駐紮地。

　　此外，俄羅斯和中國之間的權力平衡是經由核子和常規嚇阻以實現，因此限制了混合戰的效用。同樣，波羅的海的三個共和國受到北約集體防禦條款的保護，俄羅斯很可能不想冒著與北約直接對抗的風險，尤其是愛沙尼亞、拉脫維亞和立陶宛對俄羅斯沒有什麼戰略價值。可以說，它們在目前的狀態下更有價值，因為它們可以經由簡單地在邊境附近調動少量軍隊來轉移北約對它們的注意力。

　　雖然這三個國家都有俄羅斯族裔人口，但莫斯科不太可能想或能夠利用該等人口作為干預的藉口。就烏克蘭而言，俄羅斯確實提到了保護講俄語的人，作為干預克里米亞和東烏克蘭的一個理由。然而，此只是為了塑造公眾輿論，就根本而言，此乃非常務實的戰略計算。針對波羅的海各共和國的此類修辭恰恰只是一種修辭。它作為宣傳或心理戰的某種形式的確有用，但此不會為烏克蘭式的「混合戰」提供充分的理由。

　　簡言之，俄羅斯—烏克蘭模式的「混合戰」干預，其原型價值有限。雖然它當然可以作為未來發生的「混合戰」的靈感或理論模型，但它發生的具體環境使它不能成為可以簡單地移植到世界另一個地方並加以複製的模式，誠如2014年俄羅斯入侵烏克蘭的情形難以被複製。然而，此並沒有削弱研究烏克蘭案例的價值。2014年對克里米亞的奪取和烏克蘭頓巴斯地區的持續衝突提供了許多有用的經驗，說明國家行為者如何在政治上有爭議、軍事上有危險的環境中利用「混合戰」作為實現目標的手段。

烏克蘭自1991年獨立以來，一直處於北約與俄羅斯競爭的斷層線上，因此雙方都不得不謹慎行事。西方在1990年代末和2000年代初缺乏此類謹慎，最終帶來了2013年至2014年的危機，此時的俄羅斯確實沒有多少選擇了。由於是國際秩序中的大國（尤其是優越的北約和歐盟成員國）進入了俄羅斯勢力範圍的此重要戰略的組成部分，俄羅斯無法直接挑戰他們，否則會違背整個體系。混合途徑是既有選項中最好的選擇。整個局勢的最大價值在於提供了戰略教訓，即當一群過度自信、充滿意識形態的國家試圖傳播其政策議程而不充分考慮地緣政治和戰略現實時，可能會引發不同的後果。僅僅因為有關的意識形態是西方的自由民主，從而並不能使此類戰略誤判的嚴重性降低。

第二節　混合戰的未來

「混合戰」概念為世人提供了對當代和未來安全與防禦挑戰的重要見解。「混合戰」需要傳統和非傳統的權力工具與顛覆工具的交相作用或融合。這些手段或工具以同步方式混合，利用對手的弱點並實現協同效應。混合動能工具和非動能戰術的目的是為了以最佳方式對敵對國造成損害。此外，「混合戰」有兩個明顯的特徵。

首先，戰爭與和平時期之間的界限變得模糊。此意味戰爭門檻很難識別或辨別。戰爭變得難以捉摸，因為它變得難以實施。儘管相對於動能作戰更為容易、成本更便宜、風險更小，但低於戰爭門檻或直接公開暴力的「混合戰」也能帶來好處。舉例而言，與非國家行為者合作贊助和散布虛假資訊比將坦克開進另一國的領土或將戰鬥機緊急升空進入他國領空要可行得多。成本和風險明顯減少，但損害卻是真實的存在。此處的關鍵問題是：是否會發生沒有直接戰鬥或物理對抗的戰爭？隨著「混合戰」滲透到國家之間的衝突當中，可以肯定地回答此問題。這也與戰爭哲學密切相關。正如古代軍事家孫子所言，最高的兵法是不戰而屈人之兵。

　　「混合戰」的第二個定義特徵涉及模糊性和歸因。混合攻擊通常具有很多模糊性。這種模糊性是由混合行為者故意創造和擴大，以使歸因和響應變得複雜。換言之，目標國家不是無法檢測到混合攻擊，就是無法將其歸因於可能實施或贊助該攻擊的國家。經由利用檢測和歸因的門檻，混合行為者使目標國家難以制定政策和戰略應對措施。

　　對於未來的情況，或許不可能有明確的答案，因為預測總是基於一些不斷變化的變數。在戰略的世界中也是如此，因為變數在不斷變化，而且行為者們積極希望挑戰戰略預測，以有利於他們自身的利益和目標。然而，按照著眼當前的戰略傳統，本書最後將對「混合戰」的未來做出四項戰略預測，希望在深入分析的最後，做出如此的研究發現。

　　首先，「混合戰」將繼續存在。它反映了國際秩序的性質。除非這個秩序本身發生任何巨大的變化，否則，「混合戰」將繼續成為國際秩序下任何修正主義挑戰者的有力工具。

　　其次，在未來二十年裡，全球各地的混合衝突數量可能會增加。由於「混合戰」利用了國際秩序以及該秩序守護者的具體弱點，只要該等弱點能夠加以利用，「混合戰」就會持續存在。改善該等弱點的學說變革是緩慢、多代人的過程，可能會持續到 21 世紀中期。假設此類變化終究真的發生了，那麼在變化的趨勢轉向反對它之前，混合途徑對國際行為者仍具有相當的吸引力，此過程可能至少會持續二十年。另一方面，雖然混合衝突的數量可能會增加，但數量不會急劇上升，因為如上所述，能夠實施混合衝突的行為者數量有限。所有這些行為者還需要注意過度使用所帶來的收益遞減問題。

　　其三，對於使用「混合戰」的行為者和作為其目標的行為者而言，「混合戰」的成本將穩步增加。再次，成本不僅僅侷限於金錢上的影響，而且主要還是戰略上的成本。隨著混合衝突發生率的上升，目標將變得更加雄心勃勃，並開始從具有戰略意義地區的周邊向中心轉移。簡言之，「更容易」的目標最終會實現，而其他「更難」的目標將不得不持續追求。每增加一步都會帶來升級的危險，因為它勢將愈來愈接近國際秩序中大國的核心利益。

　　最後，「混合戰」將繼續成為對戰爭特徵具影響的補充，但不會改變其性質。數十年來，各種「新戰爭」概念的支持者的共同錯誤是斷言此類新的戰爭途徑已經改變了戰爭的性質。無論用什麼方法來進行戰爭，戰爭的性質一直而且將保持不變。它的目的和目標仍然是政治的性質，任何希望在脅迫方面取得成功的行為者都必須承認此現實。對於該等使用「混合戰」的人而言，堅持戰爭的政治性質實際上意味成功與失敗的區別。作為國際關係的基本特徵之一，它在人類互動中將永遠存續，儘管經常遭到某種程度的忽視。本書為「混合戰」提供了較為精確、簡明、可用的定義和概述，在此概念的性質中，沒有任何事物會從根本上改變戰爭的性質。「混合戰」不是戰爭的未來。然而，至少在可預見的未來，未來的戰爭行為將是混合的性質。

第三節　混合戰的應對

傳統戰爭，以阿富汗和伊拉克戰爭的經驗表明，無論衝突各方或對手的能力有多麼懸殊，全面戰爭在人員、經濟以及社會和政治損失方面都會造成極高昂的代價。由於技術的快速進步和不對稱戰爭的興起，即使針對資源和影響力相對較少的國家，全面戰爭也可能無效。因此，勝利可能會變得極其艱難。

隨著戰爭成本的不斷上升以及各國可以使用更新的工具，全面戰爭的意願可能會減弱。然而，此並非預示著衝突的減弱，而是改變了戰爭的動態。正是在這種背景下，各國愈來愈多地訴諸低於武裝衝突門檻的混合戰，以追求其零和安全目標。簡言之，儘管衝突的性質保持不變，但總體安全環境正在發生根本性的變化。

克勞塞維茲表示：「戰爭只不過是政治以其他的方式延續。」雖然此情形可能仍然是事實，但隨著當代混合戰的出現，戰爭手段已顯著擴展。此意味「政治—戰爭」矩陣變得更加複雜，因為戰爭的動態處於不斷變化的狀態。戰爭現在意味著一系列的可能性。有時，它可能需要結合非國家行為者的動能行動。有時，它可能涉及發起針對關鍵基礎設施的網路攻擊，以及虛假資訊活動。這些途徑十分廣泛，它們融合或併置的方式也很廣泛。

「混合戰」使衝突動態變得模糊，不僅因為它提供了龐大且不斷擴大的工具包來削弱對手，還因為它允許在兩個方面同時削弱對手的安全。此也與「混合戰」的總體目標有關。在能力方面，目標國家在政治、軍事、經濟、社會、資訊和基礎設施（Political, Military, Economic, Social, Information, and Infrastructure, PMESII）領域的脆弱遭到利用，因為它在實際和功能上受到削弱。

國家安全受到破壞的第二條戰線本質上仍然是觀念性的部分，並且與國家的合法性息息相關。正如挪威發展合作署（Norwegian Agency for Development Cooperation）的報告指出，「國家合法性關係到國家與社會聯繫的基礎，以及國家權威的合理性。」因此，合法性本質上是權威或國家令狀的基石。

　　為了破壞或損害將國家及其選民聯繫在一起的社會契約，混合行為者試圖削弱國家機構與人民之間的信任。此導致國家失去合法性，在很大程度上取決於現代公眾的信任，進而失去在國內領域充當利維坦的能力。由此推論，混合攻擊會損害國家的理念基礎和無縫運作的能力。

　　慮及「混合戰」的複雜性和動態性，專家們提出了一系列政策和戰略應對措施。其中一些措施圍繞著以細緻的方式檢測、阻止、反擊和響應混合威脅的措施。然而，隨著資訊、認知和社會領域成為「混合戰」的基石，任何缺乏信心和信任建設的解決方案都可能無法提供有效的解藥。

　　本書已經討論過，「混合戰」常常發生在傳統戰爭門檻以下。此處的中心舞臺是平民的角色：他們如何思考和行動與國家有關。當代數位和社群媒體平臺允許混合行為者相當輕鬆地影響此點，從而損害敵方國家。俄羅斯針對一些西方國家的網路虛假資訊活動就是很好的例子，其中一些活動非常微妙但嚴重。

　　此外，正如前文所提及，沒有人民，國家就沒有骨氣。它從其人民那裡獲得合法性，同樣也獲得權力。此部分尤其適用於民主結構的政體。經由挑撥國家和人民之間的關係，可以為國家的崩潰創造條件。此正是混合行動者在戰爭門檻以下從事的行為。

　　混合威脅通常是針對目標國家或國家間政治團體的脆弱性而量身定制。目的是利用它們加深在國家和國際層面上製造與加劇兩極分化。此意味民主社會內部和之間的共存、和諧和多元化的核心價值觀以及政治領導人的決策能力受到危險的侵蝕。最終，混合威脅削弱的是信任。

　　正是由於此原因，建立信任必須視為是抵禦混合威脅的關鍵堡壘，尤其是那些旨在破壞民主國家和政體的威脅。此外，信任仍然是針對混合威脅的任何政策或戰略應對措施取得成果的必要條件。換言之，如果缺乏信任，任何事情都不會產生作用或發生預期的結果。

　　信任不能被理解為單層或單向度的現象。多個層面和多個領域都需要它。例如，人們必須對政府的國家機關有信心，以確保其決定得到遵守。令人震驚的是，有證據表明，在許多西方國家，國家機構由於公眾信任度下降而失去信譽。無論在美國還是在西歐，公眾信任水準自 1970 年代以來一直在穩步下降。最重要的不僅僅是公眾對國家的信任。人民之間的信任也同樣重要。民粹主義在世界不同地區（包括西方國家）的興起是政治群體內部社會政治兩極分化加劇的症狀。此不僅會危及社會層面的和諧，還會危及社群的社會和政治結構，從而使各級決策過程難以達成共識。

面對嚴重危及國家和社會安全的混合威脅，建立、重建和加強信任對於建立持久的抵禦能力依然至關重要。社群內部和社群之間建立信任應該成為消除混合與混合威脅的關鍵。此需要在結構和政策層面持續努力，在國家和人民之間建立牢固的聯繫，並以有意義的透明度、所有權和包容性為基礎。

自 2006 年以來，儘管「混合戰」一直主導著安全研究，然而，在 2015 年之後，「灰色地帶」一詞也愈來愈多地與中國和俄羅斯有關。然而，文獻中也存在關於灰色地帶活動、其與「混合戰」的關係，以及其實踐的爭論和混淆。藉由比較俄羅斯和中國最近的做法，討論和評估該等概念之間的理論關係，以及它們對國際安全的影響。本文認為，「混合戰」和灰色地帶或許既不新鮮也不相同，灰色地帶概念的出現反映了美國的戰略注意力從俄羅斯轉向中國，而且旨在協調美國的國家利益和其他盟國的安全關切。然而，國際社會也認知到「灰色地帶」概念是真實的存在，並應與「混合戰」區分開來。

參考文獻

王湘穗，〈混合戰爭是當前國際政治博弈的重要工具〉，《經濟導刊》，第 11 期（2018 年），頁 10-14。

司李龍、臧晨雨，〈民兵隊伍轉型升級，成為遂行非戰爭軍事行動的重要力量〉，《中華人民共和國國防部》，2020 年 10 月 27 日，http://www.mod.gov.cn/power/2020-10/27/content_4873288.htm。

吳光世等，〈朝鮮第四代戰爭遂行戰略和應對方案〉，《韓國東北亞論叢》，第 74 號（韓國東北亞學會，2015 年），頁 114-115。

李勝華、薛盛屹，〈加快構建新型民兵力量體系〉，《中國軍網》，2016 年 4 月 7 日，http://www.81.cn/mb/2016-04/07/content_6995248.htm。

孫武，《孫子兵法大全》（台北：華威國際，2019 年）。

宮玉聰、倪大偉、丁紹學，〈上海警備區提高應急應戰支援保障能力見聞〉，《中國共產黨新聞網》，2017 年 12 月 8 日，http://cpc.people.com.cn/n1/2017/1208/c415067-29694737.html。

張珈綺、苗鵬，〈探索新型民兵建設之路〉，《中國民兵》，第 7 期（2017 年），頁 27-30，http://www.81[.]cn/zgmb/2017-08/11/content_7715353.htm。

喬良、王湘穗（1999），《超限戰：對全球化時代戰爭與戰法的想定》（北京：解放軍文藝出版社，1999 年），http://www.c4i.org/unrestricted.pdf。

解清，〈提高國防動員潛力轉化效率〉，《中華人民共和國國防部》，2017 年 7 月 11 日，http://www.mod.gov.cn/mobilization/2017-07/11/content_4785215.htm。

儲召鋒，〈美國低強度衝突戰略的理論發展及里根政府的實踐〉，《軍事歷史研究》，第 2 期（2011 年），頁 114-123。

韓玉平，〈夯實人民武裝的根基〉，《中國共產黨新聞網》，2017 年 11 月 5 日，http://theory.people.com.cn/n1/2017/1105/c40531-29627338.html。

韓愛勇，〈大國地緣政治競爭的新嬗變——以混合戰爭和灰色地帶為例〉，《教學與研究》，第 2 期（2022 年），頁 71-82。

魏聯軍、焦景宏、王根成，〈形之變，備之變，訓之變，中國民兵從強大向精銳邁進〉，《新華網》，2018 年 12 月 17 日，http://www.xinhuanet[.]com/mil/2018-12/17/c_1210016924.htm。

"60 Minut Po Goryachim Sledam (vechernij vypusk v 18:50)," *Rossia 1*, 29 November 2019, https://www.youtube.com/watch?v=BN6Z3TyoUP0.

"89up Releases Report on Russian Influence in the EU Referendum," *89up*, 10 February 2018, http://89up.org/russia-report.

"Chinese Submission to the UN Division for Ocean Affairs and the Law of the Sea," Notes Verbales CML/17/2009, http://www.un.org/Depts/los/clcs_new/submissions_files/mysvnm33_09/chn_2009re_mys_vnm_e.pdf.

"Crimea, Sevastopol Officially Join Russia as Putin Signs Final Decree," *RT*, 21 March 2014, https://www.rt.com/news/russia-parliament-crimea-ratification-293/.

"Deputat rady zayavil o vozvrashhenii fashizma na Ukrainu," *Izvestiya*, 28 October 2019, https://iz.ru/937270/2019-10-28/deputat-rady-zaiavil-ovozvrashchenii-fashizma-na-ukrainu.

"How Far Do EU-US Sanctions on Russia Go?," *BBC News*, 15 September 2014, http://www.bbc.co.uk/news/world-europe-28400218.

"Israel Accused Over Lebanon," *BBC News*, 6 September 2006, http://news.bbc.co.uk/1/hi/6981557.stm.

"MH17: Four Charged with Shooting Down Plane over Ukraine," *BBC News*, 19 June 2019, https://www.bbc.com/news/world-europe-48691488.

"Na Forume OON De-fakto Priznali Krym Rossijskim," *RuBaltic.ru*, 29 November 2019, https://www.rubaltic.ru/news/29112019-na-forume-oon-priznalikrym-rossiyskim-de-fakto-/RuBaltic.ru.

"Nasrallah Wins the War," *The Economist*, 17 August 2006, http://www.economist.com/node/7796790.

"New Government Announced under PM Saad al-Hiri," *Al Jazeera*, 18 December 2016, http://www.aljazeera.com/news/2016/12/lebanon-announces-government-saad-al-hariri-161218201145680.html.

"Scars Remain Amid Chechen Revival," *BBC News*, 3 March 2007, http://news.bbc.co.uk/1/hi/programmes/from_our_own_correspondent/6414603.stm.

"The Lessons of Libya," *The Economist*, 19 May 2011, https://www.economist.com/node/18709571.

"Историк объяснил 'демонизацию' пакта Молотова-Риббентропа в

Прибалтике," *RIA Novosti*, 22 Август 2019, https://ria.ru/20190822/ 1557767282.html.

"На форуме ООН де-факто признали Крым российским," *RuBaltic.ru*, 29 ноября 2019, https://www.rubaltic.ru/news/29112019-na-forume-oon-priznali-krym-rossiyskim-de-fakto-/.

Adler, Emanuel, "Seizing the Middle Ground: Constructivism in World Politic," *European Journal of International Relations*, Vol. 3, No. 3 (1997), pp. 319-363.

Allison, Graham, "Thucydide's Trap Case File," *Belfer Center for Science and International Affairs*, 23 September 2015, http://belfercenter.ksg.harvard.edu/ publication/24928/thucydides_trap_case_file.html.

Allison, Graham, *Destined for War: Can America and China Escape Thucydides's Trap?* (New York: Houghton Mifflin Harcourt, 2017).

Arquilla, John, "From Blitzkrieg to Bitskrieg: The Military Encounter with Computers," *Communications of the ACM*, Vol. 54, No. 10 (2011), pp. 58-65.

Arquilla, Jrquilla and Theodore Karasik, "Chechnya: A Glimpse of Future Conflict?," *Studies in Conflict & Terrorism*, Vol. 22, No. 3 (1999), pp. 207-229.

Art, Robert. J., "The Fungibility of Force," in Robert J. Art and Jennifer Ann Greenhill, eds., *The Use of Force: Military Power and International Politics*, 8th ed. (Oxford: Rowman & Littlefield, 2015).

Aviad, Guy, "Hezbollah's Force Buildup of 2006-2009," *Military and Strategic Affairs*, Vol. 1, No. 3 (2009), pp. 3-22, https://www.inss.org.il/wp-content/uploads/ sites/2/systemfiles/(FILE)1269344472.pdf.

Azani, Eitan, "The Hybrid Terrorist Organization: Hezbollah as a Case Study," *Studies in Conflict & Terrorism*, Vol. 36, No. 11 (2013), pp. 899-916.

Bădălan, Eugen, *Sisteme Globale De Securitate* (Bucuresti: Editura Centrul Tehnic-editorial al Armatei, 2009).

BAE Systems, "Destroyers," http://www.baesystems.com/en-uk/product/destroyers.

Bassford, Christopher, "Primacy of Policy and Trinity in Clausewitz's Thought," in Hew Strachan and Andreas Herberg-Rothe, eds., *Clausewitz in the Twenty-First Century* (Oxford: Oxford University Press, 2007).

Bauman, Robert F., "Conclusion," in Thomas Huber, ed., *Compound Warfare: That Fatal Knot* (Fort Leavenworth, KS: US Army Command and General Staff

College Press, 2002), https://www.armyupress.army.mil/Portals/7/combat-studies-institute/csi-books/compound_warfare.pdf.

Baylis, John, James J. Wirtz, and Jeannie L. Johnson, "Introduction: Strategy in the Contemporary World," in John Baylis, James J. Wirtz, and Jeannie L. Johnson, eds., *Strategy in the Contemporary World*, 7th ed. (Oxford: Oxford University Press, 2022).

Bezpečnostní Informační Služba, Výroční zpráva Bezpečnostní informančí služby za rok 2017 (2018), https://www.bis.cz/public/site/bis.cz/content/vyrocni-zpravy/2017-vz-cz.pdf.

Bilingsey, Dodge, *Fangs of the Lone Wolf: Chechen Tactics in the Russian-Chechen Wars 1994-2009* (Solihull: Helion & Company Limited, 2013).

Boltenkov, Dmitry, "Home of the Black Sea Fleet: History and Disposition of Russian Forces in Crimea," in Colby Howard and Ruslan Pukhov, *Brothers Armed: Military Aspects of the Crisis in Ukraine* (Minneapolis, MN: East View Press, 2015).

Bowen, Andrew S., "Coercive Diplomacy and the Donbas: Explaining Russian Strategy in Eastern Ukraine," *Journal of Strategic Studies*, Vol. 42, No. 2 (2017), pp. 1-32.

Bowker, Mike, "The War in Georgia and the Western Response," *Central Asian Survey*, Vol. 30, No. 2 (2011), pp. 187-211.

Brooke-Holland, Louisa, Claire Mills, and Nigel Walker, "A Brief Guide to Previous British Defence Reviews," House of Commons Library Briefing Paper, No. 27313 (2023), https://researchbriefings.files.parliament.uk/documents/CBP-7313/CBP-7313.pdf.

Brown, Chris and Kirsten Ainley, *Understanding International Relations*, 4th ed. (Basingstoke: Palgrave Macmillan, 2009).

Brownlee, Lisa, "Why 'Cyberwar' Is So Hard to Define," *Forbes*, 17 July 2015, https://www.forbes.com/sites/lisabrownlee/2015/07/16/why-cyberwar-is-sohard-to-define/#1708cd4131f1.

Bull, Hedley, *The Anarchical Society: A Study of Order in World Politics* (New York: Columbia University Press, 2002).

Bush, George H. W., *National Security Strategy of the United States* (Washington,

DC: The White House, 1991).

Bush, George W., *The National Security Strategy of the United States of America 2002* (Washington, DC: The White House, 2002).

Buzan, Barry, *People, States and Fear: The National Security Problem in International Relations* (Brighton: Whatsheaf Books, 1983).

Cabinet Office, *The National Security Strategy of the United Kingdom: Security in an Interdependent World* (March 2008), https://www.gov.uk/government/uploads/system/uploads/attachment_data/file/228539/7291.pdf.

Cambridge Dictionary, "Hybrid," https://dictionary.cambridge.org/zht/%E8%A9%9E%E5%85%B8/%E8%8B%B1%E8%AA%9E-%E6%BC%A2%E8%AA%9E-%E7%B9%81%E9%AB%94/hybrid.

Carr, Edward H., *The Twenty Years' Crisis, 1919-1939* (Basingstoke: Palgrave Macmillan, 2001).

Cavas, Christopher P., "China's 'Little Blue Men' Take Navy's Place in Disputes," *Defense News*, 2 November 2015, https://www.defensenews.com/naval/2015/11/03/chinas-little-blue-men-take-navys-place-in-disputes/.

Cavas, Christopher P., "China's Maritime Militia a Growing Concern," *Defense News*, 21 November 2016, https://www.defensenews.com/naval/2016/11/22/chinas-maritime-militia-a-growing-concern/.

Chan, Steve, *Thucydides's Trap?: Historical Interpretation, Logic of Inquiry, and the Future of Sino-American Relations* (Ann Arbor: University of Michigan Press, 2020).

Choi, Timothy, "Why the US Navy's First South China Sea FONOP Wasn't a FONOP," *CIMSEC*, 3 November 2015, http://cimsec.org/why-the-us-navys-first-south-china-sea-fonop-wasnt-a-fonop/19681.

Clausewitz, Carl von, *On War*, Volume 1 (Los Angeles: Enhanced Media, 2017).

Clinton, William J., *A National Security Strategy of Engagement and Enlargement* (Washington, DC: The White House, 1994).

Convention on the Law of the Sea (Montego Bay, 12 November 1982), *United Nations Treaty Series*, Volume 1833, Issue 31363, http://www.un.org/depts/los/convention_agreements/texts/unclos/unclos_e.pdf.

Cor, Edwin G. and Stephen Sloan, eds., *Low-Intensity Conflict, Old Threats in a New*

World (Boulder and Oxford: Westview, 1992).

Corbett, Julian S., *Principles of Maritime Strategy* (Mineola, NY: Dover Publications, 2015).

Cornish, Paul, Julian Lindley-French, and Claire Yorke, "Strategic Communications and National Strategy," in *Chatham House Report* (September 2011).

Council of Europe, "Declaration by the Committee of Ministers on the Terrorist Assault in Beslan," 9 September 2004, https://wcd.coe.int/ViewDoc.jsp?p=& Ref=Decl-09.09.2004&Language=lanEnglish&Ver=original&Site=DC&Back ColorInternet=DBDCF2&BackColorIntranet=FDC864&BackColorLogged=FD C864&direct=true.

Cronin, Patrick M. and Ryan Neuhard, "Total Competition, China's Challenge in the South China Sea," *Center for a New American Security*, 8 January 2020, pp. 5-28.

Crooke, Alastair and Mark Perry, "How Hezbollah Defeated Israel: Part 1 Winning the Intelligence War," *Asia Times Online*, 12 October 2006, http://www. atimes.com/atimes/Middle_East/HJ12Ak01.html.

Cross, Sharyl, "Russia's Relationship with the United States/NATO in the US-Led Global War on Terrorism," *The Journal of Slavic Military Studies*, Vol. 19, No. 2 (2006), pp. 175-192.

CSIS, "Asia Maritime Transparency Initiative," https://www.csis.org/programs/asia-maritime-transparency-initiative.

Dannreuther, Roland and Luke March, "Chechnya: Has Moscow Won?," *Survival*, Vol. 50, No. 4 (2008), pp. 97-112.

Daoud, David, "Hezbollah's Latest Conquest: Lebanon's Cabinet," *Newsweek*, 12 January 2017, http://www.newsweek.com/hezbollahs-latest-conquest-lebanonsc abinet-541487.

de Waal, Thomas, "The Still-Topical Tagliavini Report," *Carnegie Moscow Center*, 30 September 2015, http://carnegie.ru/commentary/?fa=61451.

de Wijk, Rob, *The Art of Military Coercion* (Amsterdam: Amsterdam University Press, 2014).

de Wijk, Rob, "Hybrid Conflict and the Changing Nature of Actors," in Jilian Lindley-French and Yves Boyer, eds., *The Oxford Handbook of War* (Oxford:

Oxford University Press, 2014).

Deibert, Ron J., Rafal Rohozinski, and Masashi Crete-Nishihata, "Cyclones in Cyberspace: Information Shaping and Denial in the 2008 Russia-Georgia War," *Security Dialogue*, Vol. 43, No. 1 (2012), pp. 3-24.

Deutsche Welle, "European Press Review: 'An Act of War'," 16 July 2006, http://www.dw.com/en/european-press-review-an-act-of-war/a-2097777.

Dias, Vanda Amaro, "The EU and Russia: Competing Discourses, Practices and Interests in the Shared Neighbourhood," *Perspectives on European Politics and Society*, Vol. 14, No. 2 (2013), pp. 256-271.

Donnelly, Jack, *Realism and International Relations* (Cambridge: Cambridge University Press, 2000).

Dunlap, Charles J., "Lawfare Amid Warfare," *The Washington Times*, 3 August 2007, https://www.washingtontimes.com/news/2007/aug/03/lawfare-amid-warfare/.

Dunlap, Charles J., "Lawfare Today: A Perspective," *Yale Journal of International Affairs* (2008), pp. 146-154.

Echevarria, Antulio J., "Globalization and the Clausewitzian Nature of War," *The European Legacy*, Vol. 8, No. 3 (2003), pp. 317-332.

Echevarria, Antulio J., "Fourth-Generation War and Other Myths," *Strategic Studies Institute*, November 2005, http://ssi.armywarcollege.edu/pdffiles/pub632.pdf.

Eisenkot, Gadi, "IDF Strategy," August 2015, p. 9, English translation published by Ahmad Samih Khalidi, "Special Document File: Original English Translation of the 2015 Gadi Eisenkot IDF Strategy," *Journal of Palestine Studies*, Vol. 45, No. 2 (2016), pp. 1-33.

Elran, Meir, "The Civilian Front in the Second Lebanon War," in Shlomo Brom and Meir Elran, eds., *The Second Lebanon War: Strategic Perspectives* (Tel Aviv: Institute for National Security Studies, 2007), pp. 103-122, https://www.inss.org.il/wp-content/uploads/sites/2/systemfiles/(FILE)1285063319.pdf.

Erickson, Andrew S. and Conor M. Kennedy, "Directing China's 'Little Blue Men': Uncovering the Maritime Militia Command Structure," *CSIS Asia Maritime Transparency Initiative*, 11 September 2015, https://amti.csis.org/directing-chinas-little-blue-men-uncovering-the-maritime-militia-command-structure/.

Erickson, Andrew S. and Conor M. Kennedy, "China's Maritime Militia," CNA, 7

March 2016, https://www.cna.org/cna_files/pdf/chinas-maritime-militia.pdf.

Erickson, Andrew S. and Conor M. Kennedy, "Riding a New Wave of Professionalization and Militarization: Sansha City's Maritime Militia," *CIMSEC*, 1 September 2016, https://cimsec.org/riding-new-wave-professionalization-militarization-sansha-citys-maritime-militia/.

European Commission, EU Defense Industry, "Hybrid Threat," https://defence-industry-space.ec.europa.eu/eu-defence-industry/hybrid-threats_en.

European Council, *European Security Strategy: A Secure Europe in a Better World* (Brussels, 12 December 2003).

European Council, *Shared Vision, Common Action: A Stronger Europe, a Global Strategy for the European Union's Foreign and Security Policy* (Brussels, June 2016).

Exum, Andrew, "Hizballah at War: A Military Assessment," *Policy Focus*, Vol. 63 (The Washington Institute for Near East Policy, 21 December 2006), http://www.washingtoninstitute.org/policy-analysis/view/hizballah-at-war-a-military-assessment.

Fayutkin, Dan, "Russian-Chechen Information Warfare 1994-2006," *The RUSI Journal*, Vol. 151, No. 5 (2006), pp. 52-55.

Feldman, Yotam, "Dr. Naveh, Or, How I Learned to Stop Worrying and Walk Through Walls," *HAARETZ*, 25 October 2007, http://www.haaretz.com/israel-news/dr-naveh-or-how-i-learned-to-stop-worrying-and-walk-through-walls-1.231912.

Felgenhauer, Pavel, "The Russian Army in Chechnya," *Central Asian Survey*, Vol. 21, No. 2 (2002), pp. 157-166.

Feng, Huiyun and Kai He, *China's Challenges and International Order Transition: Beyond "Thucydides's Trap"* (Ann Arbor: University of Michigan Press, 2020).

Freedman, Lawrence, *Strategy: A History* (Oxford: Oxford University Press, 2013).

Freilich, Charles D., "Israel in Lebanon—Getting It Wrong: The 1982 Invasion, 2000 Withdrawal, and 2006 War," *Israel Journal of Foreign Affairs*, Vol. 6, No. 3 (2012), pp. 41-75, https://www.belfercenter.org/sites/default/files/legacy/files/getting-it-wrong-in-lebanon-freilich.pdf.

Fridman, Ofer, Vitaly Kabernik, and James C. Pearce, eds., *Hybrid Conflicts and*

Information Warfare: New Labels, Old Politics (London: Lynn Rienner Publishers, 2019).

Gaddis, John L., *Strategies of Containment: A Critical Appraisal of Postwar American National Security Policy* (Oxford: Oxford University Press, 1982).

Galeotti, Mark, *Russia's Wars in Chechnya 1994-2009* (Oxford: Oxford Osprey Publishing, 2014).

Garau, P. Perez-Seoane, "NATO's Criteria for Intervention in Crisis Response Operation: Legitimacy and Legality," in *Royal Danish Defense College Brief* (Copenhagen, September 2013).

Gates, Robert M., *Quadrennial Defense Review* (Washington, DC: Department of Defense, 2010).

Gates, Robert M., "Remarks by Secretary Gates at the Security and Defense Agenda," Department of Defense News Transcript, Brussels, 10 June 2011, http://archive.defense.gov/Transcripts/Transcript.aspx?TranscriptID=4839.

Gerasimov, Valery, "The Value of Science Is in the Foresight," *Military Review*, January-February 2016, pp. 23-29.

Geren, Pete, and George W. Casey, *A Statement on the Posture of the United States Army 2008* (2008 Army Posture Statement, 26 February 2008).

Gershaneck, Kerry K., "China's 'Political Warfare' Aims at South China Sea," *Asia Times*, 3 July 2018.

Giannopoulos, Georgios, Hanna Smith, and Marianthi Theocharidou, eds., *The Landscape of Hybrid Threats: A Conceptual Model Public Version* (European Union and Hybrid CoE, 26 November 2020), https://euhybnet.eu/wp-content/uploads/2021/06/Conceptual-Framework-Hybrid-Threats-HCoE-JRC.pdf.

Giles, Keir, "Understanding the Georgia Conflict, Two Years On Reviews and Commentaries—part 2: Making Sense in Russia and the West," (NATO Research Review, Rome: NATO Defense College, September 2010).

Giles, Keir, "Russia's New Tools for Confronting the West: Continuity and Innovation in Moscow's Exercise of Power," Chatham House Research Paper, 21 March 2016, pp. 31-32, https://www.chathamhouse.org/publication/russias-new-tools-confronting-west.

Götz, Elias, "It's Geopolitics, Stupid: Explaining Russia's Ukraine Policy," *Global Affairs*, Vol. 1, No. 1 (2015), pp. 3-10.

Government Accountability Office, *National Defense: Hybrid Warfare*, GAO-10-1036R (Washington, DC: U.S. Government Accountability Office, 2010).

Government of Japan, *The Constitution of Japan*, 3 November 1946, http://japan.kantei.go.jp/constitution_and_government_of_japan/constitution_e.html.

Government of Japan, *National Security Strategy*, 17 December 2014, http://www.cas.go.jp/jp/siryou/131217anzenhoshou/nss-e.pdf.

Government of Russia, *Russian National Security Blueprint*, 17 December 1997, http://fas.org/ nuke/guide/russia/doctrine/blueprint.html.

Government of Russia, *National Security Concept of the Russian Federation*, 10 January 2000, http://fas.org/nuke/guide/russia/doctrine/gazeta012400.htm.

Government of Russia, *Russia's National Security Strategy to 2020*, 12 May 2009,http://rustrans.wikidot.com/russia-s-national-security-strategy-to-2020.

Government of Russia, *Russian Federation's National Security Strategy*, 31 December 2015, http://www.ieee.es/Galerias/fichero/OtrasPublicaciones/Internacional/2016/Russian-National-Security-Strategy-31Dec2015.pdf.

Gray, Colin. S., *Another Bloody Century* (London: Phoenix, 2006).

Gray, Colin S., "War—Continuity in Change, and Change in Continuity," *Parameters*, Vol. 40 (2010), pp. 5-13.

Gray, Colin S., *Modern Strategy* (Oxford: Oxford University Press, 2012).

Gray, Colin S., *Strategy and Defense Planning* (Oxford: Oxford University Press, 2014).

Gray, Colin. S., *The Future of Strategy* (Cambridge: Polity Press, 2016).

Green, Michael, Kathleen Hicks, Zack Cooper, John Schaus, and Jake Douglas, *Countering Coercion in Maritime Asia: The Theory and Practice of Gray Zone Deterrence* (CSIS, May 2017), https://csis-website-prod.s3.amazonaws.com/s3fs-public/publication/170505_GreenM_CounteringCoercionAsia_Web.pdf.

Greenhill, Kelly M. and Peter Krause, eds., *Coercion: The Power to Hurt in International Politics* (Oxford: Oxford University Press, 2018).

Gulyaeva, Olga, "Russian Vision of the EU in Its Interactions with the

Neighborhood," *Baltic Journal of European Studies*, Vol. 3, No. 3 (2013), pp. 175-194.

Guzzini, Stefano, "A Reconstruction of Constructivism in International Relations," *European Journal of International Relations*, Vol. 6, No. 2 (2000), pp. 147-182.

Haass, Richard N., "World Order 2.0," *Foreign Affairs*, Vol. 96, No. 2 (2017), pp. 2-9.

Haass, Richard N., "Liberal World Order, RIP," *Council on Foreign Relations*, 21 March 2018, https://www.cfr.org/article/liberal-world-order-rip.

Hagel, Chuck, *Quadrennial Defense Review* (Washington, DC: Department of Defense, 2014).

Hanauer, Larry, "Crimean Adventure Will Cost Russia Dearly," *The Moscow Times*, 7 September 2014, https://themoscowtimes.com/articles/crimean-adventure-will-cost-russia-dearly-39112.

Harik, Judith Palmer, *Hezbollah: The Changing Face of Terrorism* (London: I.B. Tauris & Co Ltd., 2005).

Harris, Harry B., "ADM, Spoken Remarks Delivered to the Australian Strategic Policy Institute," 31 March 2015, http://www.cpf.navy.mil/leaders/harry-harris/speeches/2015/03/ASPI-Australia.pdf.

Havel, Václav, *Art of the Impossible: Politics as Morality in Practice* (New York: Alfred A. Knopf, Inc., 1997).

Helmer, Daniel I., "Flipside of the COIN: Israel's Lebanese Incursion Between 1982-2000," in *The Long War Series Occasional Paper 21* (Fort Leavenworth, KS: Combat Studies Institute Press, 2007), https://www.armyupress.army.mil/Portals/7/combat-studies-institute/csi-books/helmer.pdf.

Herzog, Michael, "New IDF Strategy Goes Public," *The Washington Institute, Policy Analysis*, 28 August 2015, http://www.washingtoninstitute.org/policy-analysis/view/new-idf-strategy-goes-public.

Heuser, Beatrice, "Introduction," in C. Clausewitz, ed., *On War* (Oxford World's Classics, Oxford: Oxford University Press, 2008), pp. vii-xxxii.

Hizballah Issues "Open Letter" on Goals, Principles (CIA, 16 February 1985), https://www.cia.gov/readingroom/docs/DOC_0000361273.pdf.

HM Government, *A Strong Britain in an Age of Uncertainty: The National Security*

Strategy (London: The Stationary Office, October 2010), https://assets. publishing.service.gov.uk/government/uploads/system/uploads/attachment_data/ file/61936/national-security-strategy.pdf.

HM Government, *Securing Britain in an Age of Uncertainty: The Strategic Defense and Security Review* (London: The Stationary Office, October 2010).

HM Government, *National Security Strategy and Strategic Defense and Security Review 2015: A Secure and Prosperous United Kingdom* (November 2015), https://www.gov.uk/government/publications/national-security-strategy-and-strategic-defence-and-security-review-2015.

Hoffman, Frank. G., *Conflict in the 21st Century: The Rise of Hybrid Wars* (Arlington, VA: Potomac Institute for Policy Studies, 2007).

House of Commons, Deb 25 July 1990: Volume 177, cc 468-70, https://publications.parliament.uk/pa/cm198990/cmhansrd/1990-07-25/Debate-1.html.

House of Commons, "21 March 2011: Column 700," http://www.publications. parliament.uk/pa/cm201011/cmhansrd/cm110321/debtext/110321-0001.htm# 1103219000645.

Howard, Michael, "The Causes of Wars," *The Wilson Quarterly*, Vol. 8, No. 3 (1984), pp. 90-103.

Howard, Michael, *Clausewitz a Very Short Introduction* (Oxford: Oxford University Press, 2002).

Huber, Thomas, "Compound Warfare: A Conceptual Framework," in Thomas Huber, ed., Compound Warfare: That Fatal Knot (Fort Leavenworth, KS: US Army Command and General Staff College Press, 2002), pp. 1-10.

Hybrid CoE, "Hybrid Threats," *The European Centre of Excellence for Countering Hybrid Threats*, https://www.hybridcoe.fi/hybrid-threats.

Hynek, Nik and Andrea Teti, "Saving Identity from Postmodernism? The Normalization of Constructivism in International Relations," *Contemporary Political Theory*, Vol. 9, No. 2 (2010), pp. 171-199.

IDF, "The Second Lebanon War: A Timeline," 7 July 2016, https://www.idflog. com/2016/07/07/second-lebanon-war-timeline/.

IFES, "The Political Affiliation of Lebanese Parliamentarians and the Composition of the Different Parliamentary Blocs," *IFES Lebanon Briefing Paper*, September 2009, https://www.ifes.org/sites/default/files/lebanon_parliament_elections_200909_0.pdf.

IISS, "The NATO Capability Gap," *Strategic Survey 2012*, Vol. 100, No. 1 (1999), pp. 15-21.

IISS, "China's Land Reclamation in the South China Sea," *Strategic Comments*, Vol. 21, Comment 20 (2015), pp. ix-xi.

IISS, "The Future of US Syria Policy," *Strategic Comments*, Vol. 23, No. 1 (2017), pp. ix-xi.

Ikenberry, G. John, "The End of Liberal International Order?," *International Affairs*, Vol. 94, No. 1 (2018), pp. 7-23.

IMO, "International Shipping Facts and Figures," *Maritime Knowledge Centre*, 6 March 2012, http://www.imo.org/en/KnowledgeCentre/ShipsAndShippingFacts AndFigures/TheRoleandImportanceofInternationalShipping/Documents/Internat ional%20Shipping%20-%20Facts%20and%20Figures.pdf.

ITIC, "Terrorism in Cyberspace: Hezbollah's Internet Network," *The Meir Amit Intelligence and Terrorism Information Center*, 3 April 2013, http://www. terrorism-info.org.il/en/article/20488.

Jasper, Scott and Scott Moreland, "The Islamic State Is a Hybrid Threat: Why Does That Matter?" *Small Wars Journal*, 12 February 2014, http://smallwarsjournal. com/jrnl/art/the-islamic-state-is-a-hybrid-threat-why-does-that-matter.

Jervis, Robert, "Hans Morgenthau, Realism, and the Scientific Study of International Politics," *Social Research*, Vol. 61, No. 4 (1994), pp. 853-876.

Johnson, Jesse, "China Unveils Massive 'Magic Island-Maker' Dredging Vessel," *Japan Times*, 4 November 2017, https://www.japantimes.co.jp/news/2017/11/04/ asia-pacific/china-unveils-massive-island-building-vessel/.

Jones, Sam, "Estonia Ready to Deal with Russia's 'Little Green Men'," *Financial Times*, 13 May 2015, https://www.ft.com/content/03c5ebde-f95a-11e4-ae65-00144feab7de.

Kasapoglu, Can, "Russia's Renewed Military Thinking: Non-Linear Warfare and Reflexive Control," Research Paper, No. 121 (Rome: NATO Defense College, November 2015).

Kashin, Vasility, "Khrushchev's Gift: The Questionable Ownership of Crimea," in Colby Howard and Ruslan Pukhov, eds., *Brothers Armed: Military Aspects of the Crisis in Ukraine* (Minneapolis, MN: East View Press, 2014), pp. 1-24.

Katz, Yaakov, "Post-battle Probe Finds Merkava Tank Misused in Lebanon," *Jerusalem Post*, 3 September 2006, http://www.jpost.com/Israel/Post-battle-probe-finds-Merkava-tank-misused-in-Lebanon.

Keck, Zachary, "Whit Air Defense Zone, China Is Waging Lawfare," *The Diplomat*, 30 November 2013, https://thediplomat.com/2013/11/with-air-defense-zone-china-is-waging-lawfare/.

Kemp, Geoffrey, "Maritime Access and Maritime Power: The Past, the Persian Gulf and the Future," in Alvin J. Cottrell, ed., *Sea Power and Strategy in the Indian Ocean* (California: Sage Publications Inc., 1981).

Kennedy, Conor M. and Andrew S. Erickson, "Model Maritime Militia: Tanmen's Leading Role in the April 2012 Scarborough Shoal Incident," CIMSEC, 21 April 2016, https://cimsec.org/model-maritime-militia-tanmens-leading-role-april-2012-scarborough-shoal-incident/.

Keohane, Robert O. and Joseph S. Nye, "Power and Interdependence in the Information Age," *Foreign Affairs*, Vol. 77, No. 5 (1998), pp. 81-94.

Kinross, Stuart, "Clausewitz and Low Intensity Conflict," *Journal of Strategic Studies*, Vol. 27, No. 1 (2004), pp. 35-58.

Kober, Avi, "The Israel Defence Forces in the Second Lebanon War: Why the Poor Performance?," *Journal of Strategic Studies*, Vol. 31, No. 1 (2008), pp. 3-40.

Krauthammer, Charles, "The Unipolar Moment," *Foreign Affairs*, Vol. 70, No, 1 (1991), pp. 23-33.

Kulick, Amir, "Hezbollah vs. the IDF: The Operational Dimension," INSS Strategic Assessment, Vol. 9, No. 3 (2006), pp. 7-8, https://strategicassessment.inss.org.il/wp-content/uploads/antq/fe-86260370.pdf.

Kunz, Barbara, "Hans J. Morgenthau's Political Realism, Max Weber, and the Concept of Power," *Max Weber Studies*, Vol. 10, No. 2 (2010), pp. 189-208.

LaGrone, Sam, "China Defends Deployment of Anti-Ship Missiles to South China Sea Island," *US Naval Institute News*, 31 March 2016, https://news.usni.org/2016/03/30/china-defends-deployment-of-anti-ship-missiles-to-south-china-sea-island.

Lambeth, Benjamin S., *Air Operations in Israel's War Against Hezbollah* (Santa Monica, CA: RAND Corporation, 2011), rand.org/content/dam/rand/pubs/monographs/2011/RAND_MG835.pdf.

Lambeth, Benjamin S., "Learning from Lebanon: Airpower and Strategy in Israel's 2006 War against Hezbollah," *Naval War College Review*, Vol. 65, No. 3 (2012), pp. 83-105.

Lane, David, "'Coloured Revolution' as a Political Phenomenon," *Journal of Communist Studies and Transitional Politics*, Vol. 25, No. 2-3 (2009), pp. 113-135.

Lappin, Yaakov, "In-House Hezbollah Missile Factories Could Add to Massive Arms Buildup," *The Algemeiner*, 20 March 2017, https://www.algemeiner.com/2017/03/20/in-house-hezbollah-missile-factories-could-add-to-massive-arms-buildup/.

Larsen, Henrik B. L., "The Russo-Georgian War and Beyond: Towards a European Great Power Concert," *European Security*, Vol. 21, No. 1 (2012), pp. 102-121.

Lavrov, Anton, "Timeline of Russian-Georgian Hostilities in August 2008," in Ruslan Pukhov, ed., *The Tanks of August* (Moscow: Centre for Analysis of Strategies and Technologies, 2010), pp. 37-76.

Lavrov, Anton and Alexsey Nikolsky, "Neglect and Rot: Degradation of Ukraine's Military in the Interim Period," in Colby Howard and Ruslan Pukhov, *Brothers Armed: Military Aspects of the Crisis in Ukraine* (Minneapolis, MN: East View Press, 2014), pp. 57-73.

Lind, William S., "Understanding Fourth Generation War," 15 January 2004, http://www.antiwar.com/lind/?articleid=1702.

Losh, Jack, "Is Russia Killing Off Eastern Ukraine's Warlords?," *Foreign Policy*, 25 October 2016, http://foreignpolicy.com/2016/10/25/who-is-killing-eastern-ukraines-warlords-motorola-russia-putin/.

Lovelace, Douglas, ed., *Terrorism: Commentary on Security Documents, Volume 141: Hybrid Warfare and the Gray Zone Threat* (Oxford: Oxford University Press, 2016).

Lowther, William, "US Ups Ante in South China Sea by Sending Destroyer," *Taipei*

Times, 15 March 2009, http://www.taipeitimes.com/News/taiwan/archives/2009/03/15/2003438536/1.

Luo, Shuxian, "The Rising Power's Audiences and Cost Trade-offs: Explaining China's Escalation and Deescalation in Maritime Disputes," *Asian Security*, Vol. 18, No. 2 (2021), pp. 172-199.

Luttwak, Edward N., "Towards Post-Heroic Warfare," *Foreign Affairs*, Vol. 74, No. 3 (1995), pp. 109-122.

Macias, Amanda, "China Quietly Installed Defensive Missile Systems on Strategic Spratly Islands in Hotly Contested South China Sea," *CNBC*, 2 May 2018, https://www.cnbc.com/2018/05/02/china-added-missile-systems-on-spratly-islands-in-south-china-sea.html.

Mahan, Alfred T., *Influence of Sea Power Upon History* (Pantianos Classics, 2016) (originally published in 1890).

Mansoor, Peter R., "Introduction," in Williamson Murray and Peter R. Mansoor, eds., *Hybrid Warfare: Fighting Complex Opponents from the Ancient World to the Present* (New York: Cambridge University Press, 2012), pp. 1-17.

Martinson, Ryan D., "The Militarization of China's Coast Guard," *The Diplomat*, 21 November 2014, https://thediplomat.com/2014/11/the-militarization-of-chinas-coast-guard/.

Mastro, Oriana S., "Signalling and Military Provocation in Chinese National Security Strategy: A Closer Look at the Impeccable Incident," *The Journal of Strategic Studies*, Vol. 34, No. 2 (2011), pp. 219-244.

Matthews, Matt M., "Interview with BG (Ret.) Shimon Naveh," (Colette Kiszka, trans.) Operational Leadership Experiences (Fort Leavenworth, KS: Combat Studies Institute, 1 November 2007), p. 3, https://smallwarsjournal.com/documents/mattmatthews.pdf.

Matthews, Matt M., "Hard Lessons Learned—A Comparison of the 2006 HezbollahIsraeli War and Operation CAST LEAD: A Historical Overview," in Scott C. Farquhar, ed., *Back to Basics: A Study of the Second Lebanon War and Operation CAST LEAD* (Fort Leavenworth, KS: Combined Studies Institute Press, 2009), pp. 5-44.

Mattis, Jim, *Summary of the 2018 National Defense Strategy of the United States of*

America (Washington, DC: Department of Defense, January 2018).

Mellies, Penny L., "Hamas and Hezbollah: A Comparison of Tactics," in Scott C. Farquhar, ed., *Back to Basics: A Study of the Second Lebanon War and Operation CAST LEAD* (Fort Leavenworth, KS: Combined Studies Institute Press, 2009), pp. 45-82.

Menon, Rajan and Eugene Rumer, *Conflict in Ukraine* (London: MIT Press, 2015).

Merridale, Catherine, *Moscow Politics and the Rise of Stalin* (London: Palgrave Macmillan, 1990).

Ministry of Defense, "77th Brigade," http://www.army.mod.uk/structure/39492.aspx.

Ministry of Defense, *Strategic Defense Review*, July 1998, http://archives. livreblancdefenseetsecurite.gouv.fr/2008/IMG/pdf/sdr1998_complete.pdf.

Ministry of Defense, *Security and Stabilizations: The Military Contribution*, Joint Doctrine Publication 3-40, JDP 3-40 (November 2009), https://www.gov.uk/ government/uploads/system/uploads/attachment_data/file/49948/jdp3_40a4.pdf.

Montgomery, Scott L., "What's at Stake in China's Claims to the South China Sea?," *The Conversation*, 14 July 2016, https://theconversation.com/whats-at-stake-in-chinas-claims-to-the-south-china-sea-62472.

Moravcsik, Andrew, "Liberalism and International Relations Theory," Paper No. 92-6 (1992), pp. 1-50, https://www.princeton.edu/~amoravcs/library/liberalism_ working.pdf.

Morgenthau, Hans J., *Politics Among Nations: The Struggle for Power and Peace*, 5th ed. (New York: Alfred A. Knopf, 1973).

Morris, Lyle J., "Indonesia-China Tensions in the Natuna Sea: Evidence of Naval Efficacy over Coast Guards?," *The RAND Blog*, 5 July 2016, https://www.rand.org/blog/2016/07/indonesia-china-tensions-in-the-natuna-sea-evidence.html.

Najžer, B., "Hybrid Defence—An Idea Worth Pursuing," *Weekly Analysis, Norwegian Atlantic Committee*, 2016, https://www.atlanterhavskomiteen.no/ ukens-analyse/hybrid-defence-an-idea-worth-pursuing.

NATO, *The North Atlantic Treaty* (Washington, DC, 4 April 1949), http://www.nato. int/cps/en/natolive/official_texts_17120.htm.

NATO, *Study on NATO Enlargement* (5 November 2008), http://www.nato.int/cps/en/

natohq/official_texts_24733.htm.

NATO, "Enlargement," 3 December 2015, http://www.nato.int/cps/en/natohq/topics_49212.htm.

Nemeth, William J., *Future War and Chechnya: A Case for Hybrid Warfare* (Monterey, CA: Naval Postgraduate School, 2002).

NIC, "The Future of Indian Ocean and South China Sea Fisheries: Implications for the United States," *National Intelligence Council Report*, NICR 2013-38, 30 July 2013, https://www.dni.gov/files/documents/nic/NICR%202013-38%20Fisheries%20Report%20FINAL.pdf.

Nikolsky, Alexey, "Little, Green and Polite: The Creation of Russian Special Operations Forces," in Colby Howard and Ruslan Pukhov, *Brothers Armed: Military Aspects of the Crisis in Ukraine* (Minneapolis, MN: East View Press, 2014), pp. 124-134.

Noone, Gregory P., "Lawfare or Strategic Communications?," *Case Western Reserve Journal of International Law*, Vol. 43, No. 1 (2010), pp. 73-85.

Notes Verbales CML/17/2009, http://www.un.org/Depts/los/clcs_new/submissions_files/mysvnm33_09/chn_2009re_mys_vnm_e.pdf.

Nye, Joseph S., "Soft Power," *Foreign Policy*, Vol. 80 (1990), pp. 153-171.

Nye, Joseph S., *Soft Power: The Means to Success in World Politics* (New York: Public Affairs, 2005).

Obama, Barack H., *National Security Strategy 2015* (Washington, DC: The White House, February 2015).

Olmert, Ehud, "In Retrospect: The Second Lebanon War," *Military and Strategic Affairs*, Vol. 6, No. 1 (2014), pp. 3-18, https://www.inss.org.il/he/wp-content/uploads/sites/2/systemfiles/SystemFiles/MASA6-1Eng%20(4)_Olmert.pdf.

OSCE, *Ukraine, Presidential Election, 17 January and 7 February 2010: Final Report* (28 April 2010), http://www.osce.org/odihr/elections/ukraine/67844.

Oxford English Dictionary, "Alliance," http://www.oed.com/view/Entry/5290?rskey=eKLjvN&result=1&isAdvanced=false#eid.

Oxford English Dictionary, "Archetype," http://www.oed.com/view/Entry/10344?redirectedFrom=archetype#eid.

Oxford English Dictionary, "Coercion," http://www.oed.com/view/Entry/35725? redirectedFrom=coercion#eid.

Oxford English Dictionary, "Hybrid," http://www.oed.com/view/Entry/89809? redirectedFrom=hybrid#eid.

Oxford English Dictionary, "Legality," http://www.oed.com/view/Entry/107012? redirectedFrom=legality#eid.

Oxford English Dictionary, "Legitimacy," http://www.oed.com/view/Entry/107111? redirectedFrom=legitimacy#eid.

Oxford English Dictionary, "Threat," http://www.oed.com/view/Entry/201152? rskey=zLMoGh&result=1#eid.

Oxford English Dictionary, "War," http://www.oed.com/view/Entry/225589? rskey=T3lUWH&result=1#eidn.

Oxford English Dictionary, "Warfare," http://www.oed.com/view/Entry/225719? rskey=nhuhkZ&result=2#eid.

Panda, Ankit, "South China Sea: What China's First Strategic Bomber Landing on Woody Island Means," *The Diplomat*, 22 May 2018, https://thediplomat.com/2018/05/south-china-sea-what-chinas-first-strategic-bomber-landing-on-woodyisland-means/.

Pedersen, Jacob Dalsgaard, *Putin the Predictable? An Examination of the Foreign Policy Strategy of Putin's Russia* (Development and International Relations Master's Thesis, Aalborg University, 31 May 2018), https://projekter.aau.dk/projekter/files/281610533/Putin_the_Predictable.pdf.

Pedrozo, Raul, "Close Encounters at Sea: The USNS Impeccable Incident," *Naval War College Review*, Vol. 62, No. 3 (2009), pp. 101-111.

Perez-Seoane Garau, P., "NATO's Criteria for Intervention in Crisis Response Operation: Legitimacy and Legality," in *Royal Danish Defence College Brief* (Copenhagen, September 2013).

Pirnuta, Oana-Andreea and Dragos N. Secarea, "Defining the Liberal Concept of Security: Liberalism and Its Impact on Security Systems," *Review of the Air Force Academy*, Vol. 20, No. 1 (2012), pp. 103-108.

Qaseer, Qassim, "30 Years after the Open Letter: Hezbollah and the Necessary Revisions," *Middle East Monitor*, 31 December 2014, https://www.

middleeastmonitor.com/20141231-30-years-after-the-open-letter-hezbollah-and-the-necessary-revisions/.

RAND Corporation, "Cyber Warfare," http://www.rand.org/topics/cyber-warfare.html.

Rapaport, Amir, "The IDF and the Lessons of the Second Lebanon War," *Mideast Security and Policy Studies, No. 85* (The Begin-Sadat Center for Strategic Studies, December 2010), https://besacenter.org/wp-content/uploads/2010/07/MSPS85En.pdf.

Report on the Investigation into Russian Interference in the 2016 Presidential Election, Special Counsel Robert S. Mueller, III. (Washington: US Department of Justice, March 2019), https://www.justice.gov/storage/report.pdf.

Resor, Stanley, "Opposition to NATO Expansion," Arms Control Association, http://www.armscontrol.org/act/1997_06-07/natolet.

Robertson, Jordan and Michael Riley, "Mysterious' 08 Turkey Pipeline Blast Opened New Cyberwar," Bloomberg, 10 December 2014, https://www.bloomberg.com/news/articles/2014-12-10/mysterious-08-turkey-pipeline-blast-opened-new-cyberwar.

Roy, Denny, "How China Is Slow Conquering the South China Sea," *National Interest*, 7 May 2020.

Rumsfeld, Donald H., *Quadrennial Defense Review* (Washington, DC: Department of Defense, 2001).

Saaman, Jean-Loup, "The Dahya Concept and Israeli Military Posture vis-à-vis Hezbollah Since 2006," *Comparative Strategy*, Vol. 32, No. 2 (2013), pp. 146-159.

Sakwa, Richard, "Conspiracy Narratives as a Mode of Engagement in International Politics: The Case of the 2008 Russo-Georgian War," *The Russian Review*, Vol. 71 (2012), pp. 581-609.

Sakwa, Richard, *Frontline Ukraine: Crisis in the Borderlands* (London: I.B. Tauris & Co. Ltd., 2015).

Sayer, Andrew R., *Method in Social Science: A Realist Approach* (London: Routledge, 1992).

Schiff, Ze'ev, "The Foresight Saga," *Haaretz*, 11 August 2006, http://www.

haaretz.com/the-foresight-saga-1.195001.

Schmid, Johann, "Hybrid Warfare on the Ukrainian Battlefield: Developing Theory Based on Empirical Evidence," *Journal on Baltic Security*, Vol. 5, No. 1 (2019), pp. 5-15.

Schofield, Clive, Rashid Sumaila, and William W.L. Cheun, "Fishing, Not Oil, Is at the Heart of the South China Sea Dispute," *The Conversation*, 15 August 2016, http://theconversation.com/fishing-not-oil-is-at-the-heart-of-the-south-china-sea-dispute-63580.

Sheehan, Michael and Wyllie Sheehan, *The Economist Pocket Guide to Defense* (Oxford: Basil Blackwell Ltd., 1986).

Simpson, Gerry J., Law, *War and Crime: War Crimes, Trials and the Reinvention of International Law* (Polity, 2007).

Simpson, John, "Russia's Crimea Plan Detailed, Secret and Successful," *BBC*, 19 March 2014, http://www.bbc.co.uk/news/world-europe-26644082.

Sindelar, Daisy, "Was Yanukovich's Ouster Constitutional," *Radio Free Europe/Radio Liberty*, 23 February 2014, http://www.rferl.org/a/was-yanukovychs-ouster-constitutional/25274346.html.

SIPRI, "Military Expenditure by Country as Percentage of Gross Domestic Product, 1988-2002," https://www.sipri.org/sites/default/files/Milex-share-of-GDP.pdf.

SIPRI, "SIPRI Military Expenditure Database," http://www.sipri.org/research/armaments/milex/milex_database.

Sismondo, Sergio, *Science Without Myth: On Constructions, Reality, and Social Knowledge* (New York: SUNY, 1996).

Slim, Randa, "Hezbollah and Syria: From Regime Proxy to Regime Savior," *Insight Turkey*, Vol. 16, No. 2 (2014), pp. 61-68, https://www.insightturkey.com/commentaries/hezbollah-and-syria-from-regime-proxy-to-regime-savior.

Smith, Rupert, *The Utility of Force—The Art of War in the Modern World* (London: Penguin Books, 2005).

Snyder, Michael D., "Information Strategies Against a Hybrid Threat: What the Recent Experience of Israel Versus Hezbollah/Hamas Tell the US Army," in Scott C. Farquhar, ed., *Back to Basics: A Study of the Second Lebanon War and Operation CAST LEAD* (Fort Leavenworth, KS: Combined Studies Institute

Press, 2009), pp. 103-146, https://www.armyupress.army.mil/Portals/7/Primer-on-Urban-Operation/Documents/Back-to-Basics.pdf.

Snyder, Timothy, *Road to Unfreedom: Russia, Europe, America* (London: Bodley Head, 2018).

Speller, Ian, *Understanding Naval Warfare* (Abingdon: Routledge, 2014).

Speller, Ian, *Understanding Naval Warfare*, 3th ed. (Abingdon: Routledge, 2023).

Sprehe, K. Holzwart, "Ukraine Says 'NO' to NATO," *Pew Research Center*, 29 March 2010, http://www.pewglobal.org/2010/03/29/ukraine-says-no-to-nato/.

Stavridis, Admiral James, "Maritime Hybrid Warfare Is Coming," *US Naval Institute*, December 2016, https://www.usni.org/magazines/proceedings/2016/december/maritime-hybrid-warfare-coming.

Stone, Alex and Peter Wood, *China's Military-Civil Fusion Strategy* (China Aerospace Studies Institute, 15 June 2020).

Sumaila, U. Rashid and William W. L. *Cheung, Boom or Bust: The Future of Fish in the South China Sea* (ADM Capital Foundation, 2015), https://www.admcf.org/wp-content/uploads/2019/11/4-Resource-a_-Boom-or-Bust_-The-Future-of-Fish-in-the-South-China-Sea-English-version-November-2015.pdf.

Tangredi Sam J., *Globalization and Maritime Power* (University Press of the Pacific, 2004).

Tangredi, Sam J., "Globalization and Sea Power: Overview and Context," in Sam J. Tangredi, ed., *Globalization and Maritime Power* (Washington: National Defense University Press, 2002).

Taylor, Claire, "The Defence White Paper," House of Commons Library Research Paper, 04/71 (17 September 2004), https://www.nuclearinfo.org/wp-content/uploads/2020/09/The-Defence-White-Paper.pdf.

Terriff, Terry, Aaron Karp, and Regina Karp, eds., *Global Insurgency and the Future of Armed Conflict: Debating Fourth-Generation Warfare* (London: Routledge, 2010).

The South China Sea Arbitration (Philippines vs China) (The Hague: Permanent Court of Arbitration, 2016), https://pca-cpa.org/wp-content/uploads/sites/175/2016/07/PH-CN-20160712-Award.pdf.

The White House, "Remarks by President Obama and President Xi of the People's

Republic of China in Joint Press Conference," *Office of the Press Secretary*, 25 September 2015, https://obamawhitehouse.archives.gov/thepress-office/2015/09/25/remarks-president-obama-and-president-xi-peoplesrepublic-china-joint.

The White House, Office of the Press Secretary, "Remarks by the President on Ending the War in Iraq," 21 October 2011, https://www.whitehouse.gov/the-press-office/2011/10/21/remarks-president-ending-war-iraq.

The White House, Office of the Press Secretary, "Statement by the President on the End of the Combat Mission in Afghanistan," 28 December 2014, https://www.whitehouse.gov/the-press-office/2014/12/28/statement-president-end-combat-mission-afghanistan.

Thucydides, *The History of the Peloponnesian War* (Oxford World's Classics, Oxford: Oxford University Press, 2009).

Tiefenbrun, Susan W., "Semiotic Definition of Lawfare," *Case Western Reserve Journal of International Law*, Vol. 43, No. 1 (2011), pp. 29-60.

Tiezzi, Shannon, "Why China Is Stopping Its South China Sea Island-Building (For Now)," *The Diplomat*, 16 June 2015, https://thediplomat.com/2015/06/why-china-isstopping-its-south-china-sea-island-building-for-now/.

Till, Geoffrey, *Seapower: A Guide for the Twenty-First Century* (London: Frank Cass, 2004).

Till, Geoffrey, *Seapower: A Guide for the Twenty-First Century* (Abingdon: Routledge, 2013).

Tira, Ron, "Breaking the Amoeba's Bones," *INSS Strategic Assessment*, Vol. 9, No. 3 (2006), pp. 7-15, https://www.inss.org.il/he/wp-content/uploads/sites/2/systemfiles/Tira_English_final_for%20site.pdf.

Tobias Bunde, Benedikt Franke, Adrian Oroz, and Kai Wittek, "Munich Security Report 2015: Collapsing Order, Reluctant Guardians?," *Munich: Munich Security Conference*, February 2015, https://doi.org/10.47342/FPKC7635.

Traynor, Ian, "Russia Denounces Ukraine 'Terrorists' and West over Yanukovich Oustin," *The Guardian*, 25 February 2014, https://www.theguardian.com/world/2014/feb/24/russia-ukraine-west-yanukovich.

Trenin, Dmitri, "Russia in the Caucasus: Reversing the Tide," *Brown Journal of World Affairs*, Vol. 15, No. 2 (2009), pp. 143-155.

Trenin, Dmitri V., Aleksei. V. Malashenko, and Anatol Lieven, *Russia's Restless Frontier* (Washington, DC: Carnegie Endowment for International Peace, 2004).

Trump, Donald J., *National Security Strategy of the United States of America 2017* (Washington, DC: The White House, December 2017).

Tseluyko, Vyacheslav, "Rebuilding and Refocusing the Force: Reform and Moderinzation of the Ukrainian Armed Forces," in Colby Howard and Ruslan Pukhov, *Brothers Armed: Military Aspects of the Crisis in Ukraine* (Minneapolis, MN: East View Press, 2015), pp. 187-208.

Tsirbas, Marina, "Saving the South China Sea Fishery: Time to Internationalise," Policy Options Paper, No. 3 (National Security College, Australian National University, June 2017), https://nsc.crawford.anu.edu.au/sites/default/files/publication/nsc_crawford_anu_edu_au/2017-07/policy_option_3_v3.pdf.

Tsygankov, Andrei P. and Mattew Tarver-Wahlquist, "Duelling Honors: Power, Identity and the Russia-Georgia Divide," *Foreign Policy Analysis*, Vol. 5 (2009), pp. 307-326.

UCDP, "Definitions," Uppsala Conflict Data Programme, Department of Peace and Conflict Research, Uppsala University (2018), http://www.pcr.uu.se/research/ucdp/definitions/.

UK Maritime and Coastguard Agency, "About Us," https://www.gov.uk/government/organisations/maritime-and-coastguard-agency/about.

UN, "Lebanon—UNIFIL Background," 2002, http://www.un.org/Depts/DPKO/Missions/unifil/unifilB.htm#background.

UN, "Report of the Commission of Inquiry on Lebanon Pursuant to Human Rights Council Resolution S-2/1," *UN Human Rights Council*, A/HRC/3/2, 23 November 2006, http://www2.ohchr.org/english/bodies/hrcouncil/docs/special session/A.HRC.3.2.pdf.

UNSC, *Resolution 1244* (New York, United Nations, 10 June 1999), https://documents-dds-ny.un.org/doc/UNDOC/GEN/N99/172/89/PDF/N9917289.pdf?OpenElement.

UNSC, *Resolution 1559* (2 September 2004), http://undocs.org/S/RES/1559.

US Army, *Military Operations in Low Intensity Conflict, FM 100-20/AFP 3-20* (12 May 1990), http://www.globalsecurity.org/military/library/policy/army/fm/100-

20/10020ch1.htm.

US Army, "Full Spectrum Operations in Army Capstone Doctrine," *2008 Army Posture Statement*, http://www.army.mil/aps/08/information_papers/transform/ Full_Spectrum_Operations.html.

US Department of Defense, "Freedom of Navigation (FON) Report for Fiscal Year (FY) 2016," 28 February 2017, http://policy.defense.gov/Portals/11/FY16 %20DOD%20FON%20Report.pdf?ver=2017-03-03-141349-943.

US Department of Defense, *DOD Dictionary of Military and Associated Terms* (March 2017), http://www.dtic.mil/doctrine/dod_dictionary/.

US Department of Defense, *Annual Report to Congress: Military and Security Developments Involving the People's Republic of China 2017* (Office of the Secretary of Defense, 15 May 2017), https://www.defense.gov/Portals/1/ Documents/pubs/2017_China_Military_Power_Report.PDF.

US Department of Defense, *2022 National Defense Strategy of the United States* (27 October 2022).

US Department of State, "The Truman Doctrine, 1947," *Office of the Historian*, https://history.state.gov/milestones/1945-1952/truman-doctrine.

US Department of State, "United States Oceans Policy," *Statement by the President*, 10 March 1983, https://www.state.gov/documents/organization/143224.pdf.

US Department of State, *Country Reports on Terrorism—2009* (August 2010), https://www.state.gov/j/ct/rls/crt/2009/.

US Department of State, *Joint Statement Issued by Partners at the Counter-ISIL Coalition Ministerial Meeting* (Washington, DC., 3 December 2014), http://www. state.gov/r/pa/prs/ps/2014/12/234627.htm.

US Department of the Navy, "The Commander's Handbook on the Law of Naval Operations," *Naval Warfare Publication*, NWP 1-14M, July 2007, http://www. jag.navy.mil/documents/NWP_1-14M_Commanders_Handbook.pdf.

US Energy Information Agency, *Report on the South China Sea*, 7 February 2013, https://www.eia.gov/beta/international/analysis_includes/regions_of_interest/So uth_China_Sea/south_china_sea.pdf.

US National Security Council, "NSC 68: A Report to the National Security Council," 14 April 1950, https://www.trumanlibrary.org/whistlestop/study_collections/

coldwar/documents/pdf/10-1.pdf.

Vartanyan, Olesya and Ellen Barry, "Ex-Diplomat Says Georgia Starte War with Russia," *The New York Times*, 25 November 2008, http://www.nytimes.com/2008/11/26/world/europe/26georgia.html.

Vego, Milan N., "A Case Against Systemic Operational Design," *Joint Forces Quarterly*, Vol. 53 (2nd Quarter 2009), pp. 69-75.

Waltz, Kenneth N., "The Emerging Structure of International Politics," in Kenneth N. Waltz, ed., *Realism and International Politics* (Abingdon: Routledge, 2008).

Wang, Dong and Travis Tanner, eds., *Avoiding the "Thucydides' Trap": U.S.-China Relations in Strategic Domains* (London: Routledge, 2022).

Wendt, Alexander, *Social Theory of International Politics* (New York: Cambridge University Press, 1991).

Wendt, Alexander, "Anarchy is What States Make of it: The Social Construction of Power Politics," International Organization, Vol. 46, No. 2 (1992), pp. 391-425.

Wendt, Alexander, "Constructing International Politics," *International Security*, Vol. 20, No. 1 (1995), pp. 71-81.

Westcott, Ben, Ryan Browne, and Zachary Cohen, "White House Warns China on Growing Militarization in South China Sea," *CNN*, 4 May 2018, https://edition.cnn.com/2018/05/03/asia/south-china-sea-missiles-spratly-intl/index.html.

Whyte, Leon, "The Real Thucydides' Trap," *The Diplomat*, 6 May 2015, http://thediplomat.com/2015/05/the-real-thucydides-trap/.

Williams, Michael C., "When Ideas Matter in International Relations: Hans Morgenthau, Classical Realism, and the Moral Construction of Power Politics," *International Organization*, Vol. 58, No. 4 (2004), pp. 633-665.

Wolfers, Arnold, "Political Theory and International Relations," in Arnold Wolfers ed., *Discord and Collaboration* (Baltimore: John Hopkins University Press, 1962).

Yetiv, Steve A. and Katerina Oskarsson, *Challenged Hegemony: The United States, China, and Russia in the Persian Gulf* (Stanford: Stanford University Press, 2018).

Yilmaz, Serdar and Doğan Çay, "Contemporary Reflections of Political Realism: The

Case of Crimea," *International Journal of Russian Studies*, Vol. 7, No. 2 (2018), pp. 177-189.

Yoshihara, Toshi, "The 1974 Paracels Sea Battle: A Campaign Appraisal," *Naval War College Review*, Vol. 69, No. 2 (2016), pp. 46-51.

Zhang, Feng, "Assessing China's Response to the South China Sea Arbitration Ruling," *Australian Journal of International Relations*, Vol. 71, No. 4 (2017), pp. 440-459.

Zhou, Laura, "What Is the South China Sea Code of Conduct, and Why Does It Matter?," *South China Morning Post*, 3 August 2017, http://www.scmp.com/news/china/diplomacy-defence/article/2105190/what-south-china-sea-code-conduct-and-why-does-it.

Александр Карпов, Елена Онищук, Алёна Медведева, «Представить себя жертвой»: почему Украина пытается апеллировать к Будапештскому меморандуму, *RT*, 5 декабря 2019, https://russian.rt.com/ussr/article/694192-budapeshtskii-memorandum-istoriya-zelenskii.

Алексей Латышев, Алёна Медведева, «Паразитируют на системе евроатлантической безопасности»: какие проблемы стоят на пути создания единой европейской армии, *RT*, 13 сентября 2019, https://russian.rt.com/world/article/667874-evropa-armiya-doklad?fbclid=IwAR2o9AKsoP8wc2-Zhh7OLzfDI5qsyPwm5ixG9vvIDTp70VEN5rJgYN1h9gw.

Георгий Мосалов, Анастасия Румянцева, Полина Полетаева, «Ложная интерпретация событий»: в России ответили на заявление Киева о «репарациях» за Донбасс RT 2019c RT. 2019c. "«Lozhnaya interpretaciya sobytij»: v Rossii otvetili na zayavlenie Kieva o «reparaciyax» za Donbass," *RT*, 1 ноября 2019, https://russian.rt.com/russia/article/682908-ukraina-rossiyareparacii?fbclid=IwAR3vVs65B1ZsrML2iZN__t6fKPBzsXaQ8AMpdxBiyPBNaEY0GrlRoCI6uBM.

Путин заявил о проведении специальной военной операции в связи с ситуацией в Донбассе, 24 февраля 2022, https://www.interfax.ru/russia/916975.

Пятрас Рекашюс, Байки о пакте Молотова—Риббентропа: о чем печалятся литовские "патриоты", *Sputnik*, 21 August 2019, https://lt.sputniknews.ru/20190821/Bayki-o-pakte-Molotova--Ribbentropa-o-chem-pechalyatsya-litovskie-patrioty-10010858.html.

Федеральный закон от 20 июля 2012 г. N 121-ФЗ "О внесении изменений в отдельные законодательные акты Российской Федерации в части регулирования деятельности некоммерческих организаций, выполняющих функции иностранного агента," Принят Государственной Думой 13 июля 2012 года, Одобрен Советом Федерации 18 июля 2012 года. Российская газета—Федеральный выпуск №5839 (166), https://perma.cc/5PKS-F8FH.

國家圖書館出版品預行編目資料

論混合戰之概念與實踐：戰略的視角/ 孫國祥
著；—初版. —臺北市：五南圖書出版股份有限
公司, 2023.12
　面；　公分.
ISBN 978-626-366-794-5（平裝）

1.CST: 國際衝突 2.CST: 國際關係 3.CST: 戰略

578.18　　　　　　　　　　　112019263

4P97

論混合戰之概念與實踐：
戰略的視角

作　　者 ― 孫國祥

發 行 人 ― 楊榮川

總 經 理 ― 楊士清

總 編 輯 ― 楊秀麗

副總編輯 ― 劉靜芬

責任編輯 ― 黃郁婷

封面設計 ― 姚孝慈

出 版 者 ― 五南圖書出版股份有限公司

地　　址：106 台北市大安區和平東路二段 339 號

電　　話：(02)2705-5066　　傳　　真：(02)270(

網　　址：https://www.wunan.com.tw

電子郵件：wunan@wunan.com.tw

劃撥帳號：０１０６８９５３

戶　　名：五南圖書出版股份有限公司

法律顧問　林勝安律師

出版日期　2023 年 12 月初版一刷

定　　價　新臺幣 420 元

※版權所有·欲利用本書內容，必須徵求本公司同意※